图书在版编目（CIP）数据

品牌：如何打造品牌的学问/(英）克莱纳，（英）迪尔洛夫著；项东译.—西安：陕西师范大学出版社，2003.9

（终极管理思想文库）

ISBN 7-5613-2749-8

Ⅰ.品… Ⅱ.①克…②迪…③项… Ⅲ.企业管理：质量管理—研究—世界 Ⅳ.F279.1

中国版本图书馆CIP数据核字（2003）第077348号

著作权合同登记号：陕版出图字25-2003-096号

图书代号：SK3N0616

品牌：如何打造品牌的学问

作　　者：(英）斯图尔特·克莱纳　德·迪尔洛夫

译　　者：项　东

责任编辑：周　宏

特约编辑：张　勤　李　昭

封面设计：耀午书装

出版发行：陕西师范大学出版社

（西安市陕西师大120信箱　邮编：710062）

印　　刷：北京天竺颖华印刷厂

开　　本：787×1092　1/16

印　　张：16.25

字　　数：250千

版　　次：2003年9月第1版

印　　次：2003年9月第1次印刷

ISBN 7-5613-2749-8/F·71

定　　价：32.00元

品牌

如何打造品牌的学问

◆最新修订本，1999年至今已用16种文字在全球发行超过200万册

◆被《哈佛商业评论》推荐给全球经理人阅读的企业实操手册

当我洒上设计师精心调制的香水时，我说我是不可抗拒的；
当我走出宝马车的时候，我说我是一位商业银行家；
当我痛饮下一杯强力啤酒之后，我说我是一位纯真少年；
当我穿上李维斯牛仔裤的时候，我说我是英俊潇洒的。

——**英国首席经济学家** 约翰·凯（John Kay）

[英] 斯图尔特·克莱纳德·迪尔洛夫／著
项东／译

陕西师范大学出版社

目录

译者序

《品牌——如何打造品牌的学问》是作家斯图尔特·克莱纳有关商业的“Ultimate Book”系列图书中的重要一集。与近期由中国青年出版社出版，已在国内发行的《竞争的资本》（Ultimate Business Library）一书风格不同的是，本书更注重于从实践方面论述世界最伟大品牌的兴衰成败，并穿插着一些有关品牌的最为重要的理论概念。该书没有枯燥的说教，只是用最简洁的语言给我们揭示了隐藏在世界最伟大品牌背后的秘密。该书既可以作为商业学校学生的教材资料，也适合做商业工作者业余学习的读物，当然，该书所包含的一个个充满神奇色彩、惊心动魄的故事也适合做一般人茶余饭后的休闲读物。

通过了解这些世界最著名品牌的过去、今天和明天，对于如今总是出现在我们身边的诸如可口可乐、乐高、亨氏、宜家、维珍等品牌，我们不会再感到是一个简单的标识或符号，我们将会对它们赋予更多的情感色彩。更为重要的是“它山之石，可以攻玉”，该书可以使我们对世界知名品牌有一个更全面和更深刻的了解，借鉴其经验，吸取其教训。

我们可以看到品牌是长期积累的产物，这50个世界著名品牌，都是经过十数年甚至是上百年的艰苦努力，才获得今天如日中天的地位。当然在知识经济和信息化为特征的现代商业社会里，这个过程有可能大大地缩短，比如英特尔和微软，但他们的成功也不是一蹴而就的，也是依靠他们投入自己所有的智慧和决心，克服重重险阻才铸就辉煌的。

同时，拥有一个知名品牌，也并不意味着企业可以高枕无忧了，品牌也不断面临着来自消费者、经销商和自身的压力和挑战。世界最为著名的品牌柯达、胡佛、罗尔斯-罗伊斯等都有过惨痛的教训，甚至最终花落他家，即使是像可口可乐、英特尔、IBM这样的品牌超级明星也有过走麦城的时候。21世纪的商业竞争将更加激烈，为了应对这种挑战，企业的管理者必须用他们全部的智慧去培育和维护自己点石成金的利器——品牌。

对于我本人来说，是在重病当中翻译此书的。面对人生的重大变故，亲人、同事和好友给予了我众多帮助和鼓励，在此对他们表示感谢。同时，美国的Hanya Kim小姐对书中存在的疑难点进行了修正，补充，对此表示感谢。当然由于译者水平的限制，译文如有不足之处，尽请读者赐教：Email： dong@pantvchina.com。

项东

2003年8月17日

简介

品牌在我们的生活中无处不在——无论是我们穿戴的衣物还是品尝的食物；孩子玩耍的玩具还是我们日常饮用的饮料；我们日常使用的手机还是吸食的香烟。我们在那些小心翼翼维护自身品牌形象的报纸上阅读着有关品牌的信息。我们忠实于品牌，几乎每一件事物都能被打上品牌的印记——小到鸡蛋，大到国家。未来品牌宣传的潜力看起来是巨大的。付出这种努力有时是值得的——"这就像是百事可乐！"前苏联政治家谢瓦尔德纳泽（Eduard Shevardnadze）在格鲁吉亚第比利斯（Georgia Tblisi）一家可口可乐灌装工厂开幕仪式上如是说。

任何例外都不存在。《金融时报》（Financial Times）将品牌称作"现代社会的闪亮标志"。品牌世界不仅能够扩展到它所能够制造、提供和呼吸的每一样事情上，而且还能够重新改造传统关系。小的、地区性的产品转变为国家和国际性享有盛誉的赚钱机器。联合丽华（Unilever）的产品每天销售量达到令人惊奇的 1.5 亿件；每天有超过 10 亿人使用吉列（Gillette）的产品；每天有 3 800 万人在麦当劳（McDonald's）就餐。

品牌是一种强有力的武器。它能够改变整个行业的前景。其中一些甚至能够深深根植于整个民族的心智。Vegemite（一种涂抹面包的果酱，译者注）成为澳大利亚文化的一种标记，澳大利亚人用它喂养幼儿就像用母亲的乳汁一样。意大利人对于 Nutella（一种巧克力酱，译者注）的喜爱，也是一种与此十分相近的奇怪现象——表面上看起来，这是一个能让心理学家们研究多年的课题。在有关意大利青年性幻想的调查中，人们多次提及巧克力味道之所以传播如此之广应归功于阿贝托·艾柯（Umberto Eco）（意大利著名作家，译者注）的文化影响。Nutella 的生产厂家费雷罗公司(Ferrero）曾高深莫测地将自己的产品描述为“巧克力的升华物”。

无论是巧克力棒、卷烟、汽车、商店还是服装，品牌是 20 世纪最伟大的标志性事物之一。实际上大多数标志性品牌为美国所有。另一个事实是，美国的商人能够比欧洲竞争对手更快地发展一个品牌。这可以部分归结于地理环境：美国公司拥有巨大的、单一的国内市场；而欧洲却没有。当美国企业能够在美国和其他英语国家进行大规模广告和市场营销战的时候，欧洲公司必须首先学会适应各个国家之间的文化差异。

具有重要意义的是，品牌的历史与美国的历史紧密相连。那些曾经周游美国乡村的漂流者携带着当时所能知道的每一种治疗方法、兴奋剂、药方。这种医药方面的大集合可能并没有改写医疗纪录，但它们对于成功品牌的贡献是不容忽视的。19 世纪末，它们在国内品牌宣传的发展过程中扮演了微小但显著的角色。特许医药和烟草确定了这种趋势。尽管还仅仅是在某一些地区内，但是它们已经发展成一种为人们所认知的品牌名字和识别符号。

地区性品牌增加为更大规模的进一步发展提供了基础。替代那些劣质、地区性产品的约束，品牌向高质量大规模市场迈进了一大步。这种条件是非常有利的。有效的泛美国的运输开始出现，于是芝加哥生产的成功产品能够在圣路易斯以有利的价格卖掉。

但这种进步并不只限于运输——生产流程和包装也获得了改进，而广告宣传也为人们所接受。商业交易法案也有了某些变化，而工业化和城市化进程进一步加强。随着品牌扩展，对它们的管理也坚定地按新的方式进行下去。公司的拥有者和管理者们各负其责。他们所运用的各种工具组合——从奖金到为大规模广告宣传而准备的免费样本——都获得了快速发展。

第一次世界大战后的一段时期巩固了品牌所占据的地位。广告宣传变得日益流行，而获得品牌被认为是一种成功和进步。消费者希望得到福特（Ford）牌小轿车，而不是其他品牌；他们从西尔斯（Sears）购买商品，而不是其他商店。

成功带来了复杂性。公司开始拥有一定数量的品牌并能够利用它们进行生产、分发和销售。随着数量众多的工人重复操作同样的生产线以及管理职能部门的出现，复杂性也鼓励人力职能部门的出现。管理被划分为诸如市场营销、销售、研发和生产等不同职能。这种划分被无情地强迫执行。亨利·福特（Henry Ford）曾经提出："一个部门中的人员没有必要知道其他部门在干些什么，这是那些确保所有部门都能正常运转的计划制定者应该知道的事情。"福特本人坚信管理者应该彼此隔绝、不受同僚所遇问题的影响，而将自己的注意力单纯地放在规定所干的事情上。

这种管理科学思想的没落已为人们熟知和接受了。查理·卓别林（Charlie Chaplin）在电影《摩登时代》（Modern Times）中无情地给予了讽刺。这种管理科学带来的副作用是工人之间的疏远，各个部门间缺乏合作，并且完全缺乏灵活性。任何单个人的职责都被这种系统所吞噬，任何想像都无法获得扩展，聪明才智也没有机会获得发展。

当管理科学使管理进入一条漫长的死胡同时，品牌发展进入了一个新方向。几乎占据主导地位的职能化大生产的伟大拥护者亨利·福特从神坛上掉了下来。感谢通用汽车（GM）对进一步管理创新所做的探索。

福特公司是采用流水线生产技术的先驱。早在 1920 年，福特公司的生产速度就已达到每分钟 1 辆车；它的著名黑色 T 型轿车占据了市场 60% 的份额。而当时，通用汽车公司精打细算、惨淡经营，只苦苦挣得 12%左右的市场份额。福特公司垄断着汽车市场，对于竞争对手来说惟一可行的明智之举似乎就只有入主微不足道的豪华车市场。而阿尔弗莱德·斯隆（Alfred P. Sloan）却不这么想，他出人意料地将通用汽车的注意力放在当时尚未成型的中间市场。他的目标就是生产一种能适合"每一个人的钱包和不同用途"的汽车。

在当时，通用汽车公司是一个极难控制的多公司组成的联合体。它共有八种车型，但实际上各车型不仅与福特竞争，而且相互间也激烈竞争。斯隆将八种车型压缩到五种，并且每种车型都明确定位于某一独特的市场细分，避免自相残杀。这五种车型分别是雪佛兰（Chevrolet）、奥兹莫比尔（Oldsmobile）、庞蒂克（Pontiac）、别克（Buick）和凯迪拉克（Cadillac）。它们都定期更新和改良，并且有多种颜色可供选择。在福特公司继续提供实用的、值得信赖的汽车的时候，通用公司却向顾客提供了另一种选择。到1925年，通用汽车全新的组织架构和每年推出新款的不懈努力发挥了巨大功效，通用汽车首次超过了还继续死抱T型车不放的福特公司。《商业周刊》（Business Week）曾经评论道："从这以后，如果你提到庞蒂克，任何消费者都能够告诉你什么样的人驾驶这种车。"[①]

当通用汽车的斯隆证明了品牌是多么重要的时候，1931年宝洁公司（Procter & Gamble）使职能性组织向前迈进了一大步，它创立了新的职能——品牌管理。像对Ivory和Camay浴皂一样，宝洁公司相信对品牌进行管理的最好方法就是将职责授予单个的人——品牌经理。（你不可能对宝洁的发展产生异议。它现在的年收入达到了400亿美元。）

品牌点滴

"良好管理的品牌将继续生存下去，只有那些管理不善的品牌才会死掉。"

——乔治·布尔（George Bull）

这种系统并不是一夜间就传遍整个世界，但逐渐的，品牌管理成为人们所接受的职能活动，附属于销售和市场营销——并且通常被称为是它们的较低级附属。由于受到20世纪50年代经济振兴，大量新产品和新品牌不断涌现的刺激，品牌管理变得流行起来。购物中心的发展和电视广告的出现为这种发展提供了更多的机会。我们获得的从来都没有如此之好，从来也没有如此之多。品牌管理提供了一些在繁荣所带来的混乱中建立秩序的希望。

截至1967年，美国84%的消费品大生产厂家设有品牌经理一职。尽管职务名称已经发生变化，但这种系统即使在今天仍然在大范围内盛行。20世纪90年代，这种品牌管理系统开始在诸如企业再造（re-engineering）这样的趋势中受到质疑，这些趋势打破了长期建立起来的职能障碍。

定义品牌

这样做使得我们有关品牌组成的概念发生了转变——通常是缓慢而又

精细的——随时间流逝。在开始时是伴随产品的。品牌是产品上的一个标记——一种署名或符号——表示它的来源和物主身份。有关品牌组成的传统观点是由市场营销大师菲利普·科特勒（Philip Kotler）在他的经典教科书《营销管理》（Marketing Management）中加以总结的。科特勒写道："(一个品牌就是）一个名字、术语、标记、符号或是图案，或是这些的综合，目的就是识别一个卖方集团所提供的产品和服务，并且将它们与竞争对手所提供的区分开来。"②

这种陈旧的品牌定义的症结在于仍执迷于物质产品。产品是孤立存在的；而品牌存在于缥缈的企业氛围中。首先是产品，而品牌只是使哪一个公司在什么地方生产了产品变得更清晰一些。约翰·彭伯顿（John Pemberton）的大脑滋补剂是一种产品，但是品牌——可口可乐——却不仅仅是这些。

更现代一些的定义是由理查德·科赫（Richard Koch）在他的著作《金融时报有关管理和金融方面的索引》（The Financial Times Guide to Management and Finance）中做出的，他将品牌定义为："是给与一个组织所提供的产品和服务的一种视觉图案和/或名字，目的是将它与竞争对手的产品区分开来，并且使得顾客确信产品是拥有高品质和持久质量的。"这个定义反映了我们这个时代强调的中心，科赫强调了不同性——使你的产品和服务不同（或看起来不同）——并且获得持久不变的质量。

更近一些，或许也是更有用一些的是三位美国咨询专家对品牌的定义："在供应商和买家之间创造一种互动的承认关系，超越孤立的交易和特殊的个体。"这是我们时代一个具有重要意义的标记，品牌现在被认作是一种"关系"，而不仅仅是一种产品。③

英国开放大学商学院（The Open University Business School）的品牌市场营销学教授莱塞里·塞纳托尼（Leslie de Chernatony）对这种品牌定义回应道："品牌就是，通过它的员工，在顾客和品牌之间、员工和员工之间、员工和顾客之间或员工和拥有者之间所进行有关各种关系的一种积极的活动……在传递它们的时候，有关公司价值观和个人角色的不充分沟通都会迅速造成品牌所支持的价值观与局内人在与成员交易时感知的价值观之间的不连续。"

或许有关品牌最具实践性和当代性的定义来自于博思管理顾问公司（Booz-Allen & Hamilton）："品牌就是一种传递关键数据到市场影响抉择的速记方法。在多数以消费者为中心的工业中，品牌是一个取得差异化和竞争优势的重要手段，当顾客缺乏数据做出见多识广的产品选择和/或在竞争者之间产品差异性很小或没有的时候，它们的影响力最显著。需要额外补充的是，当消费者将决策看得更为重要的时候，品牌更具重要性。”④

品牌点滴

“品牌忠诚非常像一个洋葱。它拥有外层和核心。核心就是那些坚持到底的使用者。”

——埃得文·阿提兹（Edwin Artzt）

寻找终极品牌

在我们这个新世界中充斥着品牌，当我们在搜寻那些在物质和精神上都升华了的终极品牌的时候，我们发现终极品牌都具有以下一些特征：

1. 终极品牌是具有普遍性的

终极品牌能够在非常平凡的商业活动中以创新方法出售非常世俗的产品。现在品牌世界已经扩展到了所有行业和所有商业活动领域。你处于什么样的行业其实并不重要，重要的是什么样的品牌宣传。这个品牌世界一度被快速发展的消费产品左右。现在这个世界满眼都是零售品牌——从贝纳通（Benetton）到沃尔玛（Wal-Mart）——以及金融服务公司。它们意识到了无论你是出售热狗，还是提供清洁服务，品牌都能够带来竞争优势。

新猪公司（New Pig Corporation）就是一个见证。除了这个名字，对于40多个国家中的17万顾客来说，他们确实是把新猪公司当回事的。但在另一方面，你可用不着对该公司这么认真。毕竟，它的员工餐厅叫做猪槽，它的价目表被人们称作小猪日志。

新猪可不是一个具有讽刺意味的公共关系公司。它通过直接邮寄销售一系列超过2 500种的清洁、脱脂棉和容器产品。新猪的产品——诸如脱脂棉袜子和垫子——既不性感也没有特别的趣味性。对于每一种不能预见的产品，新猪总是赋予“猪”这个品牌。新猪品牌是广泛深入人心的。产品目录也以呼噜猪产品集合为特色，包括了呼噜猪帽子和呼噜猪衬衫。这个公司可以被人们在800-hot-hogs上呼叫，并且它的总部就设在名叫一头猪大街（one pork avenue）的地方。

新猪获得了人们的广泛认同，在新猪品牌背后没有什么聪明或战略性东西。它的目标就是引诱顾客进来，并且使呆板的产品看起来有趣。这种做法显然卓有成效。毫无疑问给过去没有品牌的产品以品牌就能够使公司获得竞争优势。模仿者试图侵入这块市场——这里有蛇（snake）和鳄鱼(gator)——但是都落在了充满朝气的新猪后面。品牌确实是这么回事。

2. 终极品牌具有个性、心理性和物质性

管理大师汤姆·彼得斯（Tom Peters）说：“你穿着袖子上印有与众不同‘C’字母的T恤衫，牛仔裤上显眼地钉着李维斯（Levi's）标牌，手表表面印有‘嗨——我制造了它’的保证标记，你的自来水笔上有制造者的标记……你带着品牌、品牌、品牌。”终极品牌为你弹奏了一曲个性和旋。它们使你感觉更好、更新、更大、更小、更高兴、更舒服、更温馨、更自信。它们达到了其他品牌只能在梦中想做到的事情。”

在新时代，品牌是由顾客驾驭的。这不仅是物质上的，还是心理上的。品牌就是关于核心和思想。未来学者瓦特·威克（Watts Wacker）说：“一个品牌就是一种承诺，并且是最终你必须遵守你的承诺。一种产品就是这种承诺的人造产物。可口可乐承诺了新鲜；Gateway计算机承诺使你在硅的大草原上驰骋。在你所卖的和所相信的之间没有什么区别。”出售的东西是有信仰的。更加重要的是，人们总是购买他们所信任和信仰的，并且准备为之付出额外价格。最终，品牌之所以发生作用是因为信任销售。

品牌经营就是一种信任。喜立滋（Schlitz，一种美国啤酒）的故事就是一个见证。如今在铺天盖地的百威（Budweiser）、米勒（Miller）、Molson和其他标识的海洋中我们只能偶尔一见它的标识。但在1974年，喜立滋可是美国第二大最受欢迎的啤酒品牌。它占据了美国16.1%的市场份额并且看起来能够长久地生存下去。于是酿造商推出了一种新的、具有革命性的方法：“加速发酵法”。这种方法节省了时间和金钱。这看起来满足了大家关心的所有问题。这种啤酒的味道也和原来的一样——那还有什么可

担心的呢?

问题在于顾客并不信任这种新的酿造流程。他们相信这样生产出来的啤酒标准要低于他们过去所期望的。尽管味道相同，但顾客们并不相信这一点。喜立滋的市场份额跌至了不到1%，而且它的品牌价值也从1974年的超过10亿美元跌至了1980年的7 500万美元。

不仅如此，品牌宣传的自身特性意味着人们越来越善待自己并把自己当作品牌。对于体育明星和电影明星来说，这早已是他们生活中实际存在的一个状况。然而，现在很少有人使用品牌宣传发展自身事业。汤姆·彼得斯说:“我们是自己公司——我公司的CEO。在今天商业社会里，我们最重要的工作就是使那些搜寻品牌的市场商人追寻你。”我们为了取得进步，就像对品牌一样进行市场营销和销售自己。

汤姆·彼得斯应该明白，因为他是品牌商业思想的先锋。管理大师的行为日益成为一种品牌。哈佛商学院的教授米切尔·波特（Michael Porter）是一位高度成功的管理思想家、作者和咨询专家——他说自己总是明白保护和发展“米切尔·波特品牌”。他知道如果将自己的精力分割成太多份，试图做过多的事情，那么他的名望——他的卓著的智力和远见——就会离他而去。

品牌点滴

“当我洒上设计师精心调制的香水时，我说我是不可抗拒的；当我走出宝马车的时候，我说我是一位商业银行家；当我痛饮下一杯强力啤酒之后，我说我是一位纯真少年；当我穿上李维斯牛仔裤的时候，我说我是英俊潇洒的。”

——约翰·凯（John Kay）

3. 终极品牌具有彻底改造商业、有些时候是整个工业的能量

绝对伏特加（Absolut vodka）的成功就是一个见证。在我们当今这个时代，这个伏特加品牌无处不在。它在美国市场进口伏特加中排名第一，占据了60%的市场份额。绝对伏特加的成功构建于绝妙的品牌发展。一个聪明的广告战役使它成为一个属于所处时代的品牌。它所作的广告（由

TBWA Chiat/Day 公司制作）是精于讽刺和老于世故的，伴随着变化纷呈的酒瓶，已成为一种经典——有关它的一本广告书竟然销售了令人惊异的15 万册。

有关绝对伏特加最令人惊异的是它竟然是由一家瑞典政府所拥有的国营工业企业生产的，或许这是有关国有企业最好的广告宣传。实际上，在当今私有化时期，绝对伏特加日益成为国有控制惟一取得成功的宣传榜样。绝对伏特加也是一个品牌会蕴含多大能量的见证。十年前，这个品牌还不为人知；它的产品也并不时髦；市场是由那些拥有长久历史的品牌所占据的。司木露（Smirnoff，一种伏特加的商标名）成为市场上的当家人，而不是其他品牌。

还有就是见证了国家篮球协会（National Basketball Association，NBA）的兴衰。1996 年，NBA 从门票收入和出售电视转播权中收入了 12 亿美元。而十年前，这个数字仅为 2.55 亿美元。促销、赞助和其他商业活动又为 NBA 带来了 30 亿美元的进项（1986 年，这个数字只有 1.07 亿美元）。2002 年，NBA 签订了一项为期 4 年的电视转播合同，整个合同价值达到了 46 亿美元，比上一个合同整整提高了 24.6 亿美元。

令人感兴趣的是，实际上 NBA 的产品非常有限。NBA 仅仅拥有 29 支球队，而篮球也并不是一项十分普遍流行的体育活动。谁能说出英国的一支篮球队或运动员的名字呢？然而由于 NBA 在品牌发展上的特有技巧，它获得了成功。

Ask Jeeves：dot com 的品牌宣传

当你听到“Ask Jeeves（询问 Jeeves）”的时候你想到的是什么问题呢？对位于加利福尼亚 Emeryville 的这个同名公司，最有希望的答案就是一位手端盘子的快乐男管家。

Jeeves，这个使 ask.com 网站熠熠生辉的自然语言搜索引擎，就是一个网上品牌宣传的最好例子。这个知识渊博的男管家不仅仅出现在公司的网站上——尽管实际上它出现在每一页。它也不仅仅是公司的一个象征符号。比起普通的企业品牌这可是一个概念上的领先，这位极具个性的风度翩翩的 Jeeves 是公司和其产品的化身。

事实证明市场营销的绝妙行为从来也没有发生过。Jeeves 在管家学校之外几乎不可能获得通过，因为公司中的人怀疑人们会对这个概念产生歧义。对于公司前CEO罗伯特·鲁贝尔（Robert Wrubel）来说，他曾担心人们最终会将口号“Ask Jeeves”错误地记成“ask cheese（询问奶酪）”甚至是“ask jesus（询问耶稣）”。

非常幸运的是，鲁贝尔和他的团队相信自己的直觉。这是一次获得灵感的行动。这个友好的男管家可以博得很广泛的欢迎。恭敬但是有用的、个性的、友好的和值得信赖的，这个男管家在帮助顾客提供他们所需要的信息方面是可以信赖的。

Ask Jeeves并不是惟一一个使用人物形象来代表品牌的。就像宠物网站（Pets.com）的非常成功的短袜Taco Bell Chihuahua，boo.com网站臭名远扬的总是走恶运的Boo小姐，并且谁又能忘记麦当劳叔叔（Ronald McDonald）呢？然而Ask Jeeves是被小心呵护的，这个男管家形象并没有以不适当的式样招摇惑众。取而代之的是他躲在幕后等待着随时提供服务。甚至他的形象也被设计得并不显得太势利。推测起来大概是防止我们中间社会党人会产生厌恶。

并不是Jeeves鹤立鸡群、高人一筹的判断力阻止了它参与许多姿态鲜明的、游击队式的市场营销活动。Academy Awards将它看作是一群管家使用银盘子往杯中倒水来提供街头服务。Ask Jeeves开始进行的商业活动，在纽约金融中心掀起了一场所谓“管家风暴”的活动，众多的管家蜂拥而出占据了人行道，向大众分发《华尔街周刊》和《纽约时报》。

为了紧紧跟上众多dot-com公司对营销活动日新月异的创新精神，Ask Jeeves通过多种不同渠道来传递自己的信息。公司在1 500万个苹果上贴上标签，标签图案是公司标识旁印有这样一个问题：“为什么纽约被称做大苹果？”这种策略也被扩展到6 000万个桔子上，并结出了丰硕成果。在Ask Jeeves网站上有关桔子的查询增长了30%。

Jeeves诞生后，它激起人们越来越大的兴趣，而且对于这种用处颇大的典范的认知程度越来越深，人们可能会错误地理解它是互联网上最好的搜索工具。而事实并非如此，Google这个被很多老百姓和信息搜寻者所热爱的搜索引擎在许多方面都优越于Ask Jeeves。Yahoo，这个世界上少数几位网络超级巨星之一，排名也比Jeeves靠前。Alta Vista也是一位强有力的竞争对手。但是这些品牌都缺乏个性。其他的搜索引擎都不能产生出Ask Jeeves这样的忠诚度。很难想像一位因特网用户与其他搜索引擎建立了关系或是以一个人物引导的公司电子邮箱——Jeeves的信箱几乎被挤爆了。这就是品牌的价值。

在2000年，Ask Jeeves经历了一场企业重组。CEO鲁贝尔、总裁和COO特德·布里斯科（Ted Briscoe）以及市场营销副总裁大卫·西勒尔（David Hellier）离开公司去了Play Streaming Media Group。同时，有多达150名员工也离开公司。尽管经历了这场巨大震荡，公司的管理层仍然预言了30%的年度增长，并且有125家全球性企业成为公司客户。Jeeves仍然坚韧地阔步前进。

问题是这个品牌是否拥有足够的强势保持它在搜索引擎第一梯队中的领先位置是很难回答的事情。当然你可以经常去询问Jeeves。

链接：www.ask.com

在格伦·瑞夫金（Glenn Rifkin）和萨姆·希尔（Sam Hill）所著的《激进市场营销》（Radical Marketing）一书中，他们提出了NBA之所以成功的一些关键要素。第一，就是实施了产品线延伸——比如举办专业女子联盟赛；第二，NBA建立和培育了数量众多的战略联盟。它能够与零售商和电视网络紧密合作；第三，当其他企业争相支付宣传账单时，NBA也从中获得实实在在的收益。当迈克尔·乔丹为耐克公司（Nike）大做广告的时候，其实他也在为NBA做广告；最后，它有使自身名字总在新闻中适当出现的诀窍。

在此之外是其他一些重要因素——一位机敏的领导人；NBA品牌的整个使用过程维持高标准；具有创造力的员工（无论是赛场上还是幕后）和全球观念。问题在于NBA这个品牌成功的妙方是否能够比使它熠熠生辉的伟大人物——迈克尔·乔丹的运动生涯持续得更久。不容辩驳的是当2001年乔丹复出回到了华盛顿奇才队（Washington Wizards），一举扭转了NBA日渐颓势的门票销售、扑灭了队员为薪金喋喋不休的争吵和平息了篮球正在演变为一项微不足道运动的争论。

品牌类型

林恩品牌咨询协会（Upshaw & Associates）的林恩·阿普绍（Lynn Upshaw）归纳出六种类型的、具有各自市场作用的品牌：

产品品牌：（比如包装产品）。这是大多数人提起品牌时所能想到的。它们仍然是最原始和最普遍的品牌产品——梅塞德斯轿车（Mercedes）、玛斯糖果（Mars）和百事可乐都是产品品牌的例子。

服务品牌：（比如无形服务）。比起产品品牌更少见一些，服务品牌就是通过比品牌符号所关联的实际物质更密切联系的服务而获得突出感觉的品牌。从本质上说维珍航空（Virgin Airlines）就是一个服务品牌；你购买了服务，从地点A到B的维珍模式的航空旅行。联邦快递（FedEx）、维萨（Visa）、花旗银行（Citibank）——这些都是服务品牌。

个人品牌：（比如个人作为品牌）。这或许起始于好莱坞不久以前的标志性人物——克拉克·盖伯（Clark Gable）、玛丽莲·梦露（Marilyn Monroe），甚至更久远一些的查理·卓别林。今天，个人品牌涵盖了从体育明星——迈克尔·乔丹（Michael Jordan）、齐达内（Zinedine Zidane）、迈克尔·约翰逊（Michael Johnson）到流行乐坛——披头士、感恩而死（Grateful Dead）、布兰妮·斯皮尔斯（Britney Spears）——到商业大师诸如托尼·洛宾斯（Tony Robbins）和汤姆·彼得斯。

组织品牌：（比如企业品牌、慈善机构和政党）。品牌日益超越了产品/服务并且归于组织品牌之类。组织就是品牌而且品牌成为战略计划过程的不可分割的一个部分。比如，微软（Microsoft）、维珍和索尼（Sony）都将品牌概念作为企业的核心。

事件品牌：（比如音乐会、锦标赛、比赛）。这些是事件，通常是体育和艺术，它们拥有自己的生命并提升为卓越品牌。比如超级碗（Superbowl）、奥林匹克（Olympics）、三大男高音（Three Tenors）、美国大师赛（US Masters）都是很好的例子。

地理品牌：（比如国家、城市、旅游胜地）。旅游业和休闲业的增长以及全球旅游促使为地域进行品牌宣传。在Portes de Soleil滑雪、在法国的利维拉（Riviera）日光浴，你的假日旅行很难远离品牌宣传。

4. 终极品牌是全球化的

全球化是我们这个时代最伟大的战斗口号之一。在品牌世界中再也没有像它叫得这么响亮的了。

全球化品牌，当然，宣称比实际达到要容易得多。将全球和当地因素结合起来是一个雷区——没有什么地方比拥有不同文化和种族的欧洲更加明显了。比如说，芝加哥市场调查公司（Mintel）发现22%的法国人喜欢尝试名人所推崇的产品。而英国人则小心翼翼、不为所动——只有1%的人认为会受到影响。这项调查结果直截了当地回答了为什么英国电视广告仍然采用默默无闻的小人物。

在不同国家中，人们看问题的角度是不同的。比如，西班牙人都会被任何运动和现代性事物所吸引。但是，品牌所必须面对的可不仅仅是民族品味和成见。根据在单个国家中品牌所处的环境和所占市场地位不同，方法或许也会有差异。软饮料 Orangina 在不同国家中所处的市场地位和定价都有所不同。它是一个能够对当地市场做出快速反应的全球性品牌。比如，在法国，它非常流行——是排在可口可乐之后的第二大饮料，但在英国，则作为一个超级品牌与当地品牌 Tango 和 Sunkist 在橙汁碳酸型饮料市场上竞争。在英国和爱尔兰，Schweppes 是作为一种混合型饮料，而在法国和西班牙则作为一种酒精饮料。发现一种同时适合两个市场需要的纯粹方法在实践上不可能的。

从组织观点看，在特定国家市场上的强势通常意味着这个品牌具有更大的独立性——强调的是当地而不是全球。

品牌点滴

“你的品牌最好能够提供某种特殊的东西，要不然就不能再获得生意。”

——沃伦·巴菲特（Warren Buffett）

5. 终极品牌是明达的

最简单的品牌就是所有者声明。商业社会里，品牌能够追溯到公元前7世纪古希腊人在陶罐上印上的标记，以后中世纪商人在他们的产品上打上印记以保护产品和消费者免受劣质模仿者的危害。（当然，在现代社会，人们精于复制这种商标——无论是鳄鱼、索尼、劳力士还是 Le Coq Sportif——都受到惟妙惟肖仿冒者的侵袭。）

今天，品牌不仅仅是一种识别标记，而且是一种现成的信息来源。《经济学家》（Economist）的一期曾经尖锐地评论："品牌的要点，也是它多年来总是这样的，就是提供信息。这种信息的形式完全根据市场的不同和时间的不同而变化。一些产品给人们一种有关它的使用者风格、现代性和财富的明确声明——例子包括了服装、汽车和其他附件。其他主旨转达了一种可靠性，也就是说或是通晓或是其他事情。然而，无论是什么信息，正确的问题就是：这个购买者是否仍然需要或想要它。"⑤

见证地球上最大的书店——拥有超过 250 万本书的亚马逊网站。这是电子商务的一个样本，是第一个伟大的电子零售品牌。

揭开遮盖在电子世界上的迷雾，通过亚马逊订购的第一本书是在 1994 年秋发送的［这是创立者杰夫·贝索斯（Jeff Bezos）和他夫人个人订购的］；1997 年，亚马逊销售了它的第 100 万本书。1997 年，销售额攀升到了 1.48 亿美元，年销售额以 8 番的额度递增。1998 年销售额增长了 838%。（尽管令人不满的是公司只是在 2002 年第一个季度才公告运营获得利润。）

亚马逊网站最初的模式就是一家世界最大的图书商店，但是人们很快发现它实际上不光销售图书，而且还销售信息。比如，今天亚马逊每当新书来到的时候就会向那些注册了喜好这类书的顾客发送电子邮件。这类信息也同时帮助公司能够更好地理解它的顾客和确定它的市场营销。

它的网站还鼓励在使用者之间进行"聊天"，这也是公司服务的一个部分。为了鼓励讨论，它不仅在顶尖报纸上刊登有关书目评价，还鼓励消费者发送自己的读书评价，并且在亚马逊网站上登出。关于这一点，麦肯锡咨询公司的咨询师约翰·哈格尔（John Hagel）和阿瑟·阿姆斯特朗（Arthur Armstrong）在他们的《网络收益》（Net Gain）一书中这样描述，这是一种极具威力的"社区构建物"——是针对电子频道的一种新诡计——是一些为网站交易增加价值和构建电子品牌强势的东西。

品牌点滴

“今天，品牌就是任何事物，是所有类型的产品和服务——从会计事务所到运动鞋市场到餐馆——就是指出如何超越它们各自分类的狭窄边界，变成一个像斯沃琪（Swatch）这样嘀哒作响的品牌。”

——汤姆·彼得斯（Tom Peters）

6. 终极品牌是被精心使用的

20 世纪 80 年代，品牌曾经不幸和不准确地与硬性销售的肤浅企业家作风联系在一起。当时任何事情都在交易，而且品牌的换手就像从市区酒吧内出手偷来的手表一样。企业兼并者拥有大量品牌，并且经营它们以达到最大市场份额。通常，品牌精神——它的惟一性——在这个过程中丢失了。这里存在着一种两难境地。这些公司所学到的教训是尽管品牌能够在短期内被玩世不恭地运用而获得利益，但遇到一种困难的境地，如果想要保持经久不衰就需要周期性地添加新鲜血液。品牌不得不面临再生或是死亡；但如果太大幅度地改变品牌就等于杀死了会下金蛋的鹅。

新可口可乐的教训就是一个极好的例子。1985 年，可口可乐公司的 CEO 罗伯特·戈伊祖塔（Roberto Goizueta）决定做一件不可思议的事情——改变著名的可口可乐配方。他这么做实际上是犯了一个干扰我们这个星球上最具威力品牌的错误（见可口可乐一文）。消费者对此做出了激烈反映。面对这种潜在的大祸，戈伊祖塔的解决办法是独出心裁的品牌重新命名：经典可乐诞生了。

从可口可乐品牌包含的巨大能量和其他一些事情中，我们学到之所以是困难方式就是因为品牌是一种非常敏感的东西——是过去与未来之间绝妙的平衡。记住喜立滋，你必须改变品牌以保持它的活力，但是太多的改变，你就会疏远了那些忠实的顾客。世上没有什么能够刀枪不入的品牌。品牌管理完全是一门充满了精细和神秘的艺术。

最近几年，品牌在地球上又重新焕发了青春。企业们都认识到品牌既不是琐碎的也不是一种必然的恶行，而是一种重要的、昂贵的和潜在有利可图的投资。它们包容一切就是生活的一个方面——部分是由于人们对于保证、标注和识别的需求造成的。

7. 品牌是简单的

品牌职能从根本上是直截了当的。品牌就是刺激、符号和代表——就是自从我们开始购买或出卖产品而采取的行动。品牌就是买卖的一种速记，公司希望通过它能够引导我们购买它们特别的产品。

8. 地球上任何地方存在的任何事物都能被赋予品牌

在品牌时代里，没有什么事情能够超出品牌的范畴——我们可以见证到品牌宣传技能方法正在被足球队、流行乐队、政治党派、甚至国家例行公事采用。

管理咨询的三位专家萨姆·希尔、桑迪普·代亚（Sandeep Dayal）和杰克·麦戈瑞斯（Jack McGrath）曾经建议如何给沙子和其他“差异很小”的产品和服务制定品牌。[6]

制定品牌的第一步，希尔、代亚和麦戈瑞斯建议道，就是简单的“从每一个角度挖掘市场——利润、需求和行为——以识别那些对区别性做出响应的顾客。”在初始阶段坚信没有市场能够完全相似的。这种争论使顾客能够分成三个集团：金标准顾客（如果他们的需求得到满足，愿意支付额外价格）；潜在顾客（对价格更感兴趣，但观点能够改变）；无可救药的顾客（短期和价格固定）。

随着对顾客更加清晰地理解——对于市场的了解是没有任何一种替代物的——公司能够发展到品牌的第二个阶段——区别性。这曾经完全跟产品相关。现在，基于服务的区别变得越来越重要。区别性现在能够连接在一起以弥补品牌，使得它能够有连续和强有力的沟通。最终，一个公司必须与自己结盟“以加强和防护品牌与区别性的基础源泉”。他们推断：“关键在于运用经过训练和精心考虑的方法，这种方法是以市场为起始、明白如何能够创造和传递价值，最为重要的是，能够列举出如何支付它的费用。支付它的费用需要品牌，扩大在整个组织的所处理事务之外的关系。”延伸各种关系是终极品牌的核心。

品牌点滴

“任何愚蠢的活动都会（对品牌）造成损害，而创造一个品牌需要天赋、信念以及坚定不移。”

——大卫·奥格威（David Ogilvy）

有关品牌的终极宝典

本书并不是有关品牌的最终评语。也不是20世纪或其他任何时期最伟大品牌的最具权威的名单。这是根据我们以往有关该项课题所阅读的文章和检讨众多有关品牌理论的专家意见和最杰出实践经验所挑选出来的。这些品牌之所以被选上是因为它们的影响力以及按照其他任何衡量标准所带来的冲击。在品牌领域，比起其他任何商业世界，冲击就是一切。我希望我们精心选出的这50个品牌是一种既考虑了其他问题又结合了兴趣的组合。它们是具有丰富故事的品牌。

令人感到欣慰的是，如果根据财务标准来衡量，我们所列举出的许多品牌也能够榜上有名。

2001年世界上最有价值的品牌

名次/(2000年名次)/品牌	品牌价值（亿美元）
1（1）可口可乐（Coca-Cola）	689.5（725.3）
2（2）微软（Microsoft）	650.7（701.9）
3（3）IBM（IBM）	527.5（531.9）
4（6）通用电气（GE）	424.5（390.5）
5（5）诺基业（Nokia）	350.4（385.3）
6（4）英特尔（Intel）	346.7（381.3）
7（8）迪斯尼（Disney）	326.0（363.7）
8（7）福特（Ford）	301.0（335.5）
9（9）麦当劳（McDonald's）	252.9（278.6）
10（10）美国电报电话公司（AT&T）	228.3（255.5）

来源：国际品牌集团（Interbrand）

品牌时间路线

1. 最初阶段（20世纪前）

- 美国运通（American Express）
- 百威（Budweiser）
- 可口可乐（Coca-Cola）
- 吉列（Gillette）
- 固特异（Goodyear）
- 亨氏（Heinz）
- 李维斯图尔斯（Levi-Strauss）

2. 蹒步阶段（1900—1950年）

- 迪斯尼（Disney）
- 健力士（Guinness）
- 哈佛商学院（Harvard Business School）
- 胡佛（Hoover）
- IBM（IBM）
- 柯达（Kodak）
- 麦肯锡（McKinsey & Co）
- 梅塞德斯（Mercedes）
- 索尼（Sony）
- 丰田（Toyota）

3. 品牌第一个黄金期（20世纪50年代）

- 芭比（Barbie）
- 万宝路（Marlboro）
- 哈雷-戴维森（Harley Davidson）
- 惠普（Hewlett-Packard）
- 假日旅馆（HolidayInn）
- 乐高（Lego）
- 沃尔玛（Wal-Mart）

4. 风暴之前的平静期（1960—1980年）

- 苹果（Apple）
- 贝纳通（Benetton）
- 联邦快递（Federal Express）
- 宜家（Ikea）
- 英特尔（Intel）

5. 全球黄金时光（1980—2000年）

- 哈根达斯（Haagen-Dazs）
- 微软（Microsoft）
- 耐克（Nike）
- 星巴克（Starbucks）

终极品牌

零售业 (Retailers)

- 宜家 (Ikea)
- 西尔斯-罗巴克 (Sears, Roebuck)
- 沃尔玛 (Wal-Mart)

金融服务业 (Financial services)

- 美国运通 (American Express)

高技术 (High-tech)

- 苹果 (Apple)
- 惠普 (Hewlett-Packard)
- IBM (IBM)
- 英特尔 (Intel)
- 微软 (Microsoft)

时尚 (Fashion)

- 贝纳通 (Benetton)
- 李维斯图尔斯 (Levi-Strauss)
- 耐克 (Nike)

烟草和酒精业 (Cigarettes and alcohol)

- 百威 (Budweiser)
- 健力士 (Guinness)
- 喜力 (Heineken)
- 万宝路 (Marlboro)

食品与饮料业 (Food and drink)

- 可口可乐 (Coca-Cola)
- 哈根达斯 (Haagen-Dazs)
- 亨氏 (Heinz)
- 玛斯 (Mars)
- 雀巢咖啡 (Nescafe)

休闲与娱乐业 (Leisure and entertainment)

- 迪斯尼 (Disney)
- 乐高 (Lego)
- 索尼 (Sony)

服务业 (Services)

- 联邦快递 (Federal Express)
- 哈佛商学院 (Harvard Business School)
- 赫兹租赁 (Hertz)
- 假日旅店 (Holiday Inn)
- 麦当劳 (McDonald's)
- 麦肯锡 (McKinsey & Co)
- 星巴克 (Starbucks)
- 维珍 (Virgin)

制造业 (Products)

- 吉列 (Gillette)
- 胡佛 (Hoover)
- 柯达 (Kodak)
- 斯沃琪 (Swatch)
- 施乐 (Xerox)

交通业 (Transportation)

- 固特异 (Goodyear)
- 哈雷-戴维森 (Harley Davidson)
- 梅塞德斯 (Mercedes)
- 罗尔斯-罗伊斯 (Rolls Royce)
- 丰田 (Toyota)

非盈利 (Non-profit)

- 红十字会 (Red Cross)

文化是品牌之间最有力的连接。终极品牌之所以能够经受得住时间的考验，并不是因为广告的花费、良好的公关或是不断的促销，而是因为根植于品牌之后的文化力量。对于许多终极品牌来说，企业文化已经与品牌紧密地联系在一起。你看不到这种联系。组织中的人们并不是愤世嫉俗或是轻视。他们相信他们的品牌和品牌所象征的东西。品牌事实上起到作用或者说看起来是平凡的，但在品牌世界中，信任却是一切。

德·迪尔洛夫 & 斯图尔特·克莱纳

2002 年

注释

①Kerry, Kathleen, 'GM warms up the branding iron,' Business Week, 23 September 1996.

凯瑟琳·凯利，“通用电气重新成为品牌排头兵”，《商业周刊》，1996 年 9 月 23 日。

②Kotler，P，Marketing Management：Analysis，Planning and Control（8th edition），Prentice Hall， Engelwood Cliffs，NJ，1993.

科特勒，市场营销管理：分析、计划和控制（第八版），1993 年。

③Hill，Sam，I；McGrath，Jack & Dayal，Sandeep， ‘How to brand sand’，Strategy & Business，Second Quarter 1998.

萨姆·希尔、桑迪普·代亚和杰克·麦戈瑞斯，“如何给沙子赋予品牌”，《战略与商业》，1998 年第二季度。

④Marketing Business，May 1999.

《市场营销》，1999 年 5 月。

⑤‘Don't get left on the shelf’，The Economist，2 July 1994.

“不要将它落在书架上”，《经济学家》，1994 年 7 月 2 日。

⑥Hill，Sam，I；McGrath， Jack & Dayal，Sandeep， ‘How to brand sand’， Strategy & Business，Second Quarter 1998.

萨姆·希尔、桑迪普·代亚和杰克·麦戈瑞斯，“如何给沙子赋予品牌”，《战略与商业》，1998 年第二季度。

American Express
美国运通

美国运通公司以首创旅行支票而扬名世界，但它的品牌强势却来源于它专一而又简单的远见卓识：这就是正确的广告策略，一张小小的塑料卡片成为身份的象征。今天，美国运通公司蓝色盒子标识已成为世界上最为人熟知的企业标识之一。

与业内其他企业不同的是，美国运通表现出一种热望。当其他信用卡公司热衷于鼓励人们携带他们产品的时候，美国运通却向大众灌输这样一种思想——拥有运通银行卡是一种卓尔不凡的表现。因此从品牌运作来看，美国运通远远领先于当时的竞争对手。

美国运通经典绿色银行卡是 1958 年首次在美国发行的，并成为消费品牌第一个黄金时期中的杰出品牌。那些引以为荣的拥有者们在消费时再也不用随身携带大捆现金。这种著名的信用卡能够显示携带者的金额。它的出现极大便利了人们的消费，但也冲击了其他特惠措施。使用这样一张塑料卡片付款既别致又复杂。

信用卡业务的发展，使美国公民能够在他们攒够钱之前就可以购买到洗衣机、汽车、电视机之类的消费品。从此，信用以不同形式伴随着我们。美国运通发行的是一种信用卡，需要每月结账一次。

美国运通很快意识到个人信用等级也是一种至关重要的商品。通过培养一种惟我独尊的形象，运通将信用卡从一种便利的工具转变为一种身份象征。小小卡片能够说明的不止是使用者的钱包有多鼓，而且还包含了大量其他信息。这种认识直接构筑了运通公司品牌发展的基础。

美国运通著名的宣传口号是“美国运通——我会做得很好”以及“没有带上它可不要出门呦”。公司努力实现自己的主张：就是任何人都拥有运通银行卡。通过那场著名的“成员拥有特惠”的造势运动和日复一日的其他宣传活动，这张银行卡能够向顾客提供一种财务安全和权威感觉。拥有它就表示你在这方面已经达到了这个标准。掏出这张神奇的卡片，困顿的境地也会被毫不费力地解决。广告中总是出现著名商业领袖，像安妮特·罗迪克（Anita Roddick）（波蒂商店总裁，译者注）、理查德·布兰森（Richard Branson）（维珍集团总裁）、特伦斯·康伦（Terence Conran）（英国式设计和餐馆界巨头）这些人都被设计用来强化这种形象。

带着品牌旅行

美国运通最早只是一家货物快递公司。这段历史可以追溯到1851年，由几家小型快递公司共同组成的快递联盟——成员包括威尔斯公司（Wells & Co.）、李文斯顿和法果公司（Livingston & Fargo）、巴特菲尔德公司（Butterfield）以及华生公司（Wasson & Co.）——公司最早的口号就是“安全与快捷”，公司的标识是一只牛头犬。

美国内战期间，公司一直为胜利方服务。19世纪60年代，为联邦军队的仓库输送了生死攸关的重要补给品。后来，它积极参与日益普及的民主政治，如在军队中发行选票的工作等。

1882年，随着运送大量现金变得日益危险，公司签发了它的第一张汇票。这项业务迅猛发展，运通公司很快与遍布欧洲的银行网络建立了联系。它的生意主要是为那些日益增多的定居美国的欧洲移民转移资产以及帮助他们向老家汇钱。

尽管公司在金融服务业上的声誉日益提高，但快递业务仍在公司业务中占主导地位。这种状况在1891年发生了改变，当时美国运通签发了旅行支票——这是历史上的首创。这代表了一种创新：有史以来第一次，一个公司能够承诺以美元计数的支票可以转换为其他货币。最为重要的是，在被盗或丢失后它可以自动退款。

旅行支票的推出将旅行者从不同币种兑换的繁杂中解放出来。旅行支票的力量在于签发者的品牌影响力。这构成了公司逐步过渡到旅行服务业的基础。运通公司开始在铁路和跨洋邮轮上出售旅行支票。

1914 年第一次世界大战爆发的时候，多达 15 万的美国人突然发现自己置身于欧洲战场。他们能向谁求助呢？美国运通公司在欧洲的办公室挤满了惊慌失措的美国公民，他们不顾一切地希望能够早日返家。运通公司就是在这种突发情况下日益壮大起来的，它能将钱分发到欧洲的任何一个地方。有关该公司品牌的强大能量曾有如下证明，在一些国家中，当地人在交易的时候相信运通公司的旅行支票更甚于本国货币。

即使在 20 世纪 30 年代大萧条时期，当美国的许多银行关门歇业或是冻结资产时，美国运通公司仍然继续支付旅行支票，其声誉得到了进一步提升——美国运通公司的品牌比钞票更加可靠。

成员拥有特惠

当 1986 年，运通公司将自己新的总部设在纽约世界贸易大厦的时候，公司格局已经初步显现。今天，美国运通主要经营三项业务：旅游、金融服务和通讯。

到目前为止，运通王国中最大部分是与旅行有关的服务业务，公司总利润的一半来自于此。公司最为知名的信用卡业务也是由这部分业务来运作的。成员享有四种不同级别的特惠权力：最初级的绿色卡；金卡——这种卡能保证享有额外个人服务；白金卡——只提供给那些经过精心挑选的人物；以及享有独一无二服务的百人队长卡。

美国运通的品牌宣传走在了整个金融服务行业的前面。直到 20 世纪 90 年代，其他金融服务公司才发觉品牌宣传的意义。突然间，电视屏幕上充斥了影响力较小的名人们、色彩鲜艳的图标和轻快的线条。消费者也受到媒体有关他们可以信赖哪家银行信息的狂轰滥炸。消费者可以选择形形色色的“善于倾听的银行”以及“喜好对顾客说是的银行”，或是那种让你确信“它们从不有意将钱投在不关心环境的企业上”的银行。

道理很简单——当银行家看到广告业主的第一感觉就是喜不自胜。从1992年到1993年，英国金融服务行业花费在广告业上的费用增长了33%。而到了1994年，增长甚至达到了36%。在世界其他地方也发生着同样的故事。金融服务企业发现自己拥有了顾客以及顾客的大量信息——以数据为基础的市场营销在向他们招手。

同时，除了一些给人留下深刻印象的交易，美国运通也在努力奋斗。1993年，公司兼并了托马斯-库克（Thomas Cook）公司的旅行社业务，使自己成为世界上最大的经营旅行业务的公司。同年，它赢得了美国联邦政府旅游和运输支付系统的合同——这是世界上一个最为庞大的企业信用卡结算系统。而其他信息却不大乐观。

由CEO杰姆斯·罗宾逊三世（James Robinson III）所领导的管理团队可以说是运作不畅，这毁坏了运通公司的品牌。罗宾逊宏伟的进军金融自选业的战略破产了。1993年哈维·格鲁布（Harvey Golub）取而代之成为公司的CEO。然而在西尔森-莱曼哈顿（Shearson Lehman）经纪人附属公司被卖出之前，已耗费了运通近40亿美元的资金。而更大的问题是在万事达和维萨卡咄咄逼人的态势下，运通公司已经丢失了大部分市场份额。

尽管遭遇以上挫折，伦敦营销集团仍然将运通公司看作是真正的“超级品牌”。1995年，投资大师沃伦·巴菲特掌握了公司10%的股份，他宣称考虑到运通公司品牌能量，华尔街低估了公司股票价值。巴菲特认为这种品牌能量是“世界范围内金融一体化和支付非现钞化的同义词”。

格鲁布的战略是将运通公司的名字建成“世界上最受人尊敬的服务品牌”。尽管引入了Optima卡——一种用来补充传统业务的信用卡，公司还是没有赶上20世纪80年代末至20世纪90年代初信用卡发展的大餐。这表现为它的市场份额一直在下降。新的信用卡发行商像Advanta、第一金融（Capital One）、MBNA等也开展了这项业务，而且向美国电报电话公司（AT&T）之类的企业提供了免费卡，这个市场变得更加商品化了。

这对于运通公司来说是一个坏消息，因为它一直以自己的声望收取一定佣金。同时，零售商也抱怨要支付相当的费用。使格鲁布左右为难的境地是如何既能夺取更多市场份额，而又能维持运通威望。就像伯克利大学营销学教授大卫·艾克（David Aaker）在《财富》杂志中说的，“当你向低端市场转移的时候，你要冒丢掉你已经拥有市场的危险，于是你将一无所有。”

20世纪90年代初，大约有200万运通公司用户丢弃了他们的运通卡。

而到1998年，事情开始好转。随着一些后来参与者不堪重负并最终离开了市场，运通公司获得了飞速发展。1997年，它一举扭转了近十年的颓势，赢回了市场份额。在总计约4 690亿美元的信用卡市场中，运通公司通过发行更多的卡片来增加自己所占的市场份额。

格鲁布的主要计划是将公司的信用卡业务逐步转变由银行发售。但非常不幸的是，格鲁布的计划由于美国法院的指控而搁浅。他也在这些措施开始显露成效之前被解除了董事会内的职务。

卡片承载

- 1851年：部分货物快递公司共同创建了美国运通快运公司，最初业务集中在货物快递领域。
- 19世纪60年代：运通公司将选票运送到战场上的士兵手里。
- 1891年：发明旅行支票。
- 1914年：第一次世界大战爆发日，在法国巴黎Rue Scribe 11号著名的运通公司办事处前等待登记想尽快回家的美国人，6个人一排的队伍足足排了100多米长。
- 20世纪30年代：运通公司不顾众多银行倒闭以及众多资产被冻结，继续支付它的旅行支票。
- 1958年：运通公司推出绿色银行卡。
- 1986年：将公司总部迁入纽约世界贸易大厦。
- 1993年：兼并了托马斯-库克（Thomas Cook）公司的旅行社业务，成为世界上最大的旅行社。哈维·格鲁布（Harvey Golub）成为公司CEO，同时公司信用卡业务开始丢失大量市场份额。
- 1998年：美国司法部宣布鼓励反对万事达和维萨卡行动，因为它们在信用卡市场限制了竞争。
- 2001年：历经15年后，哈维·格鲁布从运通公司董事会中退下来，并辞去了担任7年的CEO一职。他的继任者是肯尼斯·切诺特(Kenneth I. Chenault)。
- 2002年：在广告语“让生活变得有益”之下，运通公司开展了新的品牌活动，这项品牌宣传的目的是整合公司的不同业务。

然而，2001年10月，格鲁布的继任者，公司新CEO肯尼斯·切诺特

（Kenneth I. Chenault）宣称运通公司在根据美国纽约南区区法院针对万事达和维萨卡的有关反垄断裁决中胜诉，它一直为之努力的开发一种能广泛使用的信用卡网络取得了胜利。切诺特说："看到了这个裁决所带来的曙光，我们计划继续进行我们与众多银行的洽谈——现在可以自由地选择了——有关信用卡发行可能遇到的风险。我们热切希望能够和这个国家的银行合作，去发展在77个国家中多达70多个合作伙伴的国际信用卡网络。这将为美国的消费者带来更丰富的产品。"①

格鲁布留下的遗产Optima卡在运通公司的作用也不可忽视。他可以算得上是公司有史以来最杰出的CEO之一。在7年任期内，他充分利用了公司品牌的杠杆作用，使公司面貌焕然一新。在希望分食市场一杯羹的新竞争者不断涌现的最为困难的5年中，格鲁布使公司收入从158.57亿美元增长到213.59亿美元。

2002年3月，美国运通宣布掀起一项新品牌广告活动。这项充满创意的工作应归功于摄影师安妮·莱布维茨（Annie Liebovitz）和记录艺术家阿拉纳·戴维斯（Alana Davis）。这项活动的目的主要是"整合公司不同的业务"和"加强公司品牌的核心价值"。所有这些都在公司时髦用语"让生活变得有益"统领之下。

注释

①Company press release.

公司发表的新闻。

Apple 苹果电脑

当苹果公司发售 iMac 这款基于时下流行的网络计算机的时候，对于它能够重振公司日渐衰退的命运赋予厚望。在广告海报上“超凡脱俗”成为宣传亮点。在这段文字下面就是那个著名的苹果标识和“不同凡想”（Think different）的口号。这项活动是苹果品牌具有长久吸引力的一个缩影。

苹果电脑曾一度处于计算机行业和美国企业的顶峰。公司是由两位从大学退学的学生——施蒂夫·乔伯斯（Steve Jobs）和施蒂夫·沃兹尼亚克（Steve Wozniak）在一所车库内创立的。公司创立伊始，就以苹果 1 型和 2 型电脑改变了整个计算机行业的面貌。苹果电脑所做的工作就是使计算机走下了昔日神坛，进入寻常百姓家里。在当时根本不注重设计，充其量只不过关注一下产品外观的电脑市场上，苹果电脑很快脱颖而出，一度占据了市场 20%的份额。

拥有苹果电脑成为一种身份的象征：就像穿着牛仔裤、运动鞋与穿着西服、领带的比较一样。苹果电脑表现出的是一种阳春白雪的姿态。但这时，在两位创始人之间发生了争论，并最终导致他们分道扬镳。沃兹尼亚克离开公司成为了一名教师，而乔伯斯留下来继续开发 Macintosh 电脑，他的宏伟目标就是凭借这款机器去征服整个计算机世界。但是这个桂冠最终被比尔·盖茨（Bill Gates）所夺得。80%的计算机消费者选择了微软公司的 MS-DOS 系统，而不是苹果。

许多业界评论员认为当初苹果公司还是完全有可能做到微软今天如日中天的地位的。尽管胜负早已决出，但比尔·盖茨如何赢得这场竞争，而施蒂夫·乔伯斯如何满盘皆负，仍然是一个引起广泛争议的话题。观察家们认为苹果犯的最致命的一个错误就是一直拒绝将自己的操作系统特许权转让给其他电脑制造厂商。这就使得微软的 MS-DOS 系统有机可乘。当然也有人认为苹果公司表现出来的傲慢、自负、高高在上的错误姿态最终戕害了自己。

在苹果电脑早期获得成功后（当然它所带来的革命性变化是任何人都不能低估的），尽管苹果品牌的吸引力还继续存在，顾客对品牌仍然拥有很高的忠诚度，但它犯了一系列错误，丢失了大量机会，随着市场份额的萎缩，产量骤然而减。最近几年，在一连串复兴措施宣告失败之后，苹果电脑能否继续生存下去仍值得人们怀疑。乔伯斯本人也于 1985 年被踢出公司。在这之后的整整 13 年后，他又回到了公司并被任命为“过渡CEO”。尽管初期的情况给人以希望，但乔伯斯的第二次出山能否复兴他当初伟大发明所缔造的这份产业仍有待观察。

令人心烦意乱的苹果电脑

像其他所有著名计算机制造厂商一样，苹果电脑诞生于一个车库中。1977 年，施蒂夫·乔伯斯构思出苹果 1 型电脑，这台机器被许多人认为是第一台真正的个人计算机。乔伯斯和他的技术天才、合作伙伴施蒂夫·沃兹尼亚克在这个车库里制造出了第一台机器，并成立了苹果电脑公司。随后他们又推出了苹果 2 型，接着是苹果 Macintosh 机型，苹果公司想用它来征服整个世界。

摒弃了传统的通过键盘输入指令，Macintosh 的操作者用鼠标点击简单易懂的图标——比如，垃圾箱或是文件夹。突然间，变得你并不需要拥有计算机科学专业知识就能操作个人计算机系统。其他电脑制造厂商对此趋之若鹜，其中最著名的就是微软公司。苹果电脑一直是创新世界的宠儿，而比尔·盖茨和他的成员们却从没有达到过这种改变传统概念的地位。

有一家报纸曾经将乔伯斯形容为“企业顽童流浪记”（Huckleberry Finn）（渴求答案：谁是企业中的汤姆·索尔），并且认为他的早期商业探索已成为美国民间历史的一部分。这个童话故事在1987年迎来了一个可悲的结局，为增强企业管理队伍，当前百事可乐的主席约翰·史考利（John Sculley）被邀请加入萎靡不振的苹果公司的时候，乔伯斯被解除了职务。

以后的日子简直是场灾难，苹果的市场份额从20%跌至仅仅8%。1993年，史考利也被解职。他的继任者是迈克·斯宾德勒（Michael Spindler）。他一直干到了1996年，而在这段时期内市场份额已经跌至5%。苹果无奈地凝视着顾客群中那些熟悉面孔的消失——众多苹果的长期热爱者开始改换门庭使用带微软操作系统的计算机。

斯宾德勒最终黯然离开公司，吉尔·阿米里奥（Gil Amelio）接手了这个烫手山芋。500天后，苹果的市场占有率下降到4%，阿米里奥邀请乔伯斯重新回到公司，助他一臂之力。两个人合作一段后，阿米里奥很快退出公司，安心将他的这段经历著作出书。

在离开公司整整13年后，乔伯斯又回来了。这位曾经打破传统创造了苹果电脑的大师现在所想的仅仅是让公司能够继续生存下去。苹果公司早已停止了前进的脚步，只是在原地踏步。在这段时间里世界已经发生了变化，但苹果品牌与它著名创始人的风格仍能够很好匹配。

烘烤新鲜苹果派

乔伯斯重新执掌公司大权后，苹果电脑已部分恢复了原有活力。一款冠以透明蓝色的iMac机，在上市6周内就销售了27.8万台。连《财富》杂志也称赞这种成就是“有史以来发售的最热门机型之一”。华尔街似乎也恢复了对苹果电脑的信心——公司股票价格在不到一年内翻了一番。

对苹果电脑来说，私下里一直存在着争论——谁是这场复兴的设计师？放弃了CEO之职的阿米里奥宣称乔伯斯正好在合适时间回到了公司，而当初是他阿米里奥接手了一个濒临倒闭的公司，并且使它有所起色。阿米里奥的观点是他为乔伯斯留下了振兴苹果电脑的资本，银行里高达15亿美元的资金和包括iMac机型在内的多个极优秀机型的生产线。

而乔伯斯的支持者认为是这位曾经创造过辉煌，又将再一次创造奇迹的苹果之王挽救了一切。在成为自称的“过渡CEO”后，他采取了一系列措施，包括丢弃了他曾经卖给苹果的NeXT操作系统，放弃了造就竞争对手的专利权使用规定，发掘iMac机的潜力。

无论背后隐藏着企业中多少见不得人的手段，新推出的一系列台式电脑都充分体现了乔伯斯的信条：引人注目的外观、简单易学的操作。iMac是一种从崭新视角审视计算机业的产品。它没有磁盘驱动器——因为乔伯斯相信它们会被zip这样的外部存储器所代替。这位苹果电脑的总裁也并不赞成业界普遍认为个人计算机业和电视业将最终合二为一的观点。乔伯斯和他的劲敌比尔·盖茨谁将证明自己观点的正确与否或许会决定他们各自公司的前途和命运。

苹果在iMac之后推出了大量创新产品。这些产品包括了新便携机、i-Book、eMac、all-in-one、主机与显示器一体机、iPod、苹果MP3播放机和下一代的iMac机，这种机器的革命性平面显示器好像漂浮在内部装有器件的小型塑料穹顶的金属支架上。这些产品正是苹果的那些铁杆顾客们所期望从这个超凡脱俗的时髦品牌所获得的。更令人感到鼓舞的是，根据发售第一代iMac机的最初统计数据来看，高达40%的购买者是第一次购买苹果产品的新顾客。

苹果的坎坷道路

- 1977年：施蒂夫·乔伯斯（Steve Jobs）和施蒂夫·沃兹尼亚克（Steve Wozniak）在一个车库里创立了苹果公司，开始制造苹果1型电脑，这被认为是第一台真正的个人电脑。
- 1980年：苹果1型和2型获得巨大成功，苹果公司上市。
- 1984年：发售苹果Macintosh型机器。
- 1985年：施蒂夫·乔伯斯退出公司。
- 1987年：开始发售Mac II型机。
- 1992年：与微软有关著作权官司败诉。
- 1993年：开始发售牛顿个人辅助系统，但该系统失败。约翰·史考利（John Sculley）离开公司。
- 1995年：发售新的笔记本电脑，但在两台机器爆炸着火后，被迫召回所有产品。利润暴跌48%。

- 1996年：市场份额跌至5%。吉尔·阿米里奥（Gil Amelio）任职500天。施蒂夫·乔伯斯回到公司。
- 1998年：iMac机型开始发售。
- 2000年：乔伯斯成为公司终身CEO。
- 2002年：新的平面iMac开始发售。

2002年初，在发售新平面显示器的iMac机不久，乔伯斯非常高兴地看到公司二季度利润达到4 000万美元。乔伯斯充满热情地说："对于新的平面iMac机，市场表现出了极大需求，这个季度已经发售了22万套。顾客对这款机的热情超乎想像——非常明显这一局我们赢了。憧憬未来，我们已经在过渡到Mac OS X操作系统的工作上取得了重大进展，我们正在开发一些不同凡响的新型号，我们还计划今年再开设20家新零售店。"

计算机硬件市场是一个竞争激烈的市场，特别是在你不得不去分食由微软操作系统占主导地位的市场份额时。而苹果公司总是能够凭借着像独特风格和创新这样的品牌力量，分食这块大蛋糕中的一小块。而现在，乔伯斯和他的公司或许准备要切下这块蛋糕中更大的一块。

无论他们最终成功还是失败，苹果都将在历史上留下坚实一笔。为什么这么说呢，进一步的证据需要回溯到1981年4月，当亚当–奥斯本（Adam Osborne）公司首次光耀地推出奥斯本1型（Osborne 1）计算机时，销量蜂拥而上，到同年9月，奥斯本公司月销售额已突破了100万美元。奥斯本1型机和亚当·奥斯本本人好像已经处于科技革命的最前沿。自信和乐观得近似武断的奥斯本成为一个时代的偶像。有一篇杂志标题是"从一个吹牛者到一个富翁"。但1982年，奥斯本计算机公司整整亏损了800万美元。它很快就破产了，成为历史上的过眼云烟。与奥斯本不同的是，苹果生存了下来，并在历史上留下了浓墨重彩的一笔。

Barbie

芭比

历史上最为成功的玩具是芭比·密丽森·罗勃兹（Barbie Millicent Roberts），简称芭比。1999年她庆贺了其40岁的生日。这一天，全世界也都在庆贺。芭比的创造者美泰公司（Mattel）宣称这是“40年的梦想”。不管是不是40年，芭比打破了传统的产品随时间而逐渐衰败的规律。芭比身上没有一丝一毫赘肉，她拥有修长的大腿和无与伦比的身材。从现实生活中演化夸张为洋娃娃尺寸，在芭比娃娃整个7英尺长的尺寸中，修长的腿就可以占去5英尺。她的三围也可以是40—22—36。一些人也许会认为按现在的世俗标准，芭比的模样显得过时了。毕竟，现在的孩子是使用个人电脑和掌上游戏机的一代。然而并不是这样，现在每两秒钟就会卖出一个芭比娃娃。芭比这个在1959年纽约玩具展会上初次亮相的玩具娃娃已经发展成为拥有15亿美元的产业。

芭比的创意出自艾略特·汉德勒（Elliott Handler）的妻子，美泰公司的创始人之一露丝·汉德勒（Ruth Handler）之手。汉德勒夫人从她女儿玩一个纸做的娃娃受到启发决定设计一种更耐用和更仿真的娃娃。汉德勒夫人曾说："一般是16—17岁的女孩子才会玩角色扮演游戏，对于这个年龄段的孩子，将娃娃设计成平胸那可是一个愚蠢的主意。于是我赋予她一个非常美丽的胸脯。"（汉德勒夫妇最终在1989年出售了他们在美泰公司的大部分股份。）但是这种丰满的胸部并不总适合芭比的爱好者们。最初，芭比娃娃在日本的销量停滞不前。根据市场调查发现，日本女孩子和他们的父母认为芭比的胸太大了。美泰公司最终为日本市场设计了一款娃娃。这种小胸的芭比娃娃在日本很快销售了近200万个。

新兴妇女

尽管芭比是一种通用的和标准化产品，但是它的部分成功也来自于为不同顾客提供的差异性。每年芭比娃娃都会有120套新款服装粉墨登场。这是非常必要的，因为芭比是一位追求新兴的人。你不可能拥有这所有的一切。看看芭比网站所告诉我们的信息——芭比是一位成功的企业妇女、摇滚乐队的一员、女子世界杯足球赛运动员。当然在她的生活中还有一个名叫肯（Ken）的男孩，当然他与芭比是天生的一对。肯第一次出现是在1961年，他总是隐藏在芭比身后，心满意足地注视芭比在她斑斓多彩的不同生活中取得成功。芭比当然还有自己的朋友，米吉（Midge），这是在1963年被引入的，此后这个人物在市场上一直没有什么光彩，直到1988年突然大放光彩般地卷土重来。

芭比的经历

在芭比的历程中拥有一系列重要时刻，这些时刻使芭比品牌一次次获得延伸。范围包括：

- 1961年：推出肯（Ken），充实芭比生活的男孩。
- 1963年：推出米吉（Midge），芭比的朋友，主要是为芭比添加可以倾诉的对象。（1988年重新登场。）
- 1964年：推出斯基普（Skipper），芭比不为人知的妹妹。
- 1968年：芭比打破了文化上的界限，引入了黑人朋友，克里斯蒂

(Christie)。

- 1988 年：推出西班牙女朋友特里萨（Teresa），并成为巴比的心腹密友。
- 1990 年：推出克拉（Kira），芭比的亚洲朋友。
- 1992 年：推出芭比的小妹妹斯泰斯（Stacie）。
- 1995 年：推出与芭比年龄上令人难以置信的姐姐凯利（Kelly）。
- 1997 年：推出坐在轮椅上的贝克（Becky）。

芭比总是随着时间的推移而不断改变。她总是近乎狂热的拥抱社会上的每一项令人沮丧、短暂的时尚。首先，她曾经受披头士乐队鼓舞成为一名嬉皮士分子，并沿着这条路发展下去。无论怎样，她又成为了迪斯科乐手。20 世纪 80 年代，她又摇身一变频频出现在运动场上。她现在是一位有氧运动的教练。有关运动的主题仍将持续下去。21 世纪初，芭比成为一名篮球运动员和足球运动员。

芭比的创造者对芭比拥有如此多的职业体验引以为豪。美泰曾滔滔不绝地说："芭比总是拥有独特魅力去感染身边所有热爱她的人，让她们感到自我满足、充满魔力和有冒险感觉。她曾经在 1994 年、1986 年和 1965 年 成为宇航员角色模型——比萨丽·怀德（Sally Ride）（太空女性第三人，译者注）整整提前了 20 年。1963 年成为一名大学毕业生，1973 年成为外科大夫，1986 年成为商业主管，1990 年成为外交官和飞行员，1992 年成为总统候选人，1997 年是牙医。芭比娃娃为生活在 20 世纪 60 年代的女孩们展开了一个现实生活中不可能实现的新梦想。事实上，这个世界上最为流行的洋娃娃从诞生之日起到今天已经拥有 75 种不同的职业经历。"令人遗憾的是，美泰还没有推出作为成功职业外交家的芭比版本。

作为世界上迄今为止仍然最为流行的洋娃娃，在过去 40 年间总共销售了大约 10 亿个芭比娃娃。芭比充满信心地大踏步走进新千年。在她事业稍晚一些时候，就像在她之前许多成功模型一样，芭比开始进入电影业。这位不仅仅是好莱坞而且是全美闻名的女明星在电视动画片——《胡桃夹子组曲》（The Nutcracker Suite）中出任克拉拉（Clara）这个角色。这是在芭比和美泰都并不认为是成功的 1990 年一个旅游节目之后在电影界的首次尝试。芭比和美泰都不会落在技术前进步伐后面，芭比通过签约她个人的第一个计算机游戏来表现出她对科技的信心。

芭比也进入了大量个人量身定做的时尚世界中。现在伴随着芭比的组合高达 1.5 万种。我们可以改变她的装备、眼睛、颜色——但从没有人想到过改变腿。看来管理大师们的意见是对的。大规模定制是小孩子们的游戏。

UNITED COLORS OF BENETTON.

UNITED COLORS OF BENETTON.

Benetton

贝纳通

1965年，朱丽安娜·贝纳通（Giuliana Benetton）决定编织一种色彩鲜艳的毛线衫。当时她肯定不知道这将会带来什么。30年后，朱丽安娜和她的三个兄弟露西阿诺（Luciano）、吉乐伯托（Gilberto）和卡罗（Carlo）拥有一个由120个国家中的7 000家零售店组成的全球化网络，销售那些色彩明快的毛线衣。在贝纳通设计中心，朱丽安娜控制的设计师超过200人。全公司每天生产20万件衣物。

这是近年来最引人注目的品牌之一，有3个因素促成了贝纳通的成功。

首先是产品本身简单但与众不同。贝纳通的标志性产品——色彩绚烂的服装——令人醒目的简单，但马上就被大众认可为公司的代表。贝纳通品牌还被小心翼翼地扩展到其他领域。其他品牌包括Zerotondo、希思黎（Sisley）和012。1997年，它又通过诸如王子（Prince）、诺迪卡（Nordica）、Rollerblade、KillerLoop和Playlife等品牌的运动用品连锁店推出运动毛线衫和运动装备系列。2001年，针对11到16岁年龄段少年，引入新的Hip Site标志。

其次是高度与众不同的广告（见框图内容）。

震撼市场营销（Shock marketing）

在写作本文的时候，吉尔伯特（Gilbert）与乔治（George）骂人语言画展从 1977 年起就在伦敦的 Serpentine 美术馆展出。在这两位与众不同的艺术家作品上结合了能够唤起历史记忆的冗长咒骂言词。这次画展是由英国零售商 French Connection 赞助的，它一直在回避问题的实质：为什么一个企业希望自己的名字出现在一个肯定会冒犯别人的展览中。

答案是企业都越来越希望通过震撼公众的敏感性来促销自己的产品。French Connection 从开始广告宣传就以缩写字母和颠倒单词字母将自己称为“Fcuk”而招致争论。它的反传统品位的罪行和不端行为包括用一整版报纸篇幅宣称“世界上最大的 Fcuk”庆贺自己在伦敦开设新店。而在一次广告战中有预期地使用 kinky 和同性恋者（bugger）这些词。

广告宣传标准权威（The Advertising Standards Authority）发现大众对慈善机构使用震撼策略比商业企业更容易理解。但对于 French Connection，这种战略很快就获得了回报。第一次 Fcuk 战役出现在 1997 年，到了 2001 年 4 月，公司的利润就从 640 万英镑增长到 1 900 万英镑。在同期，公司股票价格翻了一番。

怒气冲冲的广告监管者指责 Fcuk 广告战役。但所谓的严惩也仅仅是在手腕上拍了一巴掌。但是 Fcuk 必须记住采取同样策略但激起问题的奥利瑞弗·托斯卡尼（Oliviero Toscani）的命运。

托斯卡尼是贝纳通引起广泛争议广告的设计者。贝纳通广告战役与众不同的特色是一个正在死去的艾滋病患者、交配的马匹和牧师正在亲吻修女。或许最具震撼的托斯卡尼特色就是死囚区犯人照片。配以广告词“宣判死亡”。毫无疑问，这则广告引起了轩然大波。

当这场震撼战役达到高潮时，公司解释：“贝纳通认为非常重要的是，公司应该立足于现实世界的姿态，而不是使用他们的广告预算追求仅仅通过购买他们的产品就能使消费者感到高兴的神话。”托斯卡尼说：“我们所做的每一件事就是有关真实内容的冲动。这创造了贝纳通；露西阿诺从来不会在市场上尝试色彩缤纷的运动衫。”

尽管确实如此，贝纳通的立场是很难明确确定的。托斯卡尼超实践想像产生的震撼简直太大了，使他和贝纳通产生了游离。

伦敦商学院未来媒体研究计划（Future Media Research Programme）的主席和教授帕特里克·白维茨（Patrick Barwise）说："震撼策略在获得高潜在回报的同时拥有高风险。就像广告宣传总是出现的那样，正确的战略依靠事情的前因后果。"

白维茨教授相信French Connection迄今为止所作所为总体上是正确的。"Fcuk基本上是好的——任何微小恶名都与它所处的地位相连并增加了他们在目标市场上的可信度。这有一点儿像20世纪60年代振兴所带给李维斯（Levi's）牛仔裤的，当时它被美国的一些高中所禁止。"

他说，与之相对贝纳通就做错了。存在着三个基本不同："首先，贝纳通的地位是热心和温和的，并不是无处不在的。早期的广告具有很强的震撼力，但结合了这些特点，而后期的广告却没有。其次，贝纳通广告所传递的信息太过微妙。人们误解了它，而公司对此也无所作为。"他提到的第三条是托斯卡尼越来越将自己看作是一位验证了作品能有效激起众怒的艺术家，而不是作品能够有效影响品牌的广告人。"所以，后期的广告越来越产生抵触，最终对品牌造成了巨大的伤害。"

更为普遍的，白维茨教授认为震撼策略是对于市场日益增多的噪音的一种反应。这里没有绝对法则，但是"对一个组织的消极反应。这个组织，特别是一个生意——人们将它看作是一种为了自己的收益而使别人受痛或不高兴的极具讽刺意味的努力。"

贝纳通战役的问题并不在于它所使用的形象或是信息。它们是激起人们思想的愤怒。问题在于其根本动机是存在问题的。对于贝纳通的怀疑是简单的为了引起震动而震动。

Fcuk应该记住这一点。让人们厌恶是很简单的；有意识地激怒别人要难得多——但是能够提供更有效的市场营销战略。

第三是物流和生产上的巨大投入降低了产品成本，更为重要的是，能够立刻收到市场变化的反馈。这在贝纳通与时俱进的发展过程中起到了十分重要的作用。

比如，贝纳通早在为大众普遍接受之前就实行外部采购和将产品生产外包出去。1982年，贝纳通外包生产厂家就有200家之多，而同期贝纳通自有厂家仅仅是9家。

营销学大师菲利普·科特勒曾说："贝纳通相对于竞争对手的主要优势在于根据准时原则，它能够对无论是'微观市场'还是个别零售商做出及时反应。贝纳通的物流优势使它具有更低的存货和库房成本，它的利润比美国服装工业的平均水平高出30%。贝纳通的成功很大一部分来自于它对信息处理能力的巨额投资。"①

有关这方面的至关重要的决断产生于1992年，这一年贝纳通的销售收入超过了10亿英磅，好像已经将世界征服在脚下。当时，根据公司业绩，贝纳通成为世界上第三大著名品牌。而贝纳通仍然想要走得更远。在公司位于威尼斯北部 Castrette di Villorba 的彭泽诺切莎（Ponzano Veneto）的总部——一座17世纪的别墅里，贝纳通提出了一个极富雄心的计划。为了应对高昂的劳动力成本，贝纳通投入了高达8 000万英镑建设了先进的服装生产厂。它安装了一种达到最新技术发展水平的系统——一种能够及时从分布世界各地的公司店铺内直接将反馈信息用来调整生产的软件。

在这项技术上的投资使贝纳通在 Castrette 的工厂成为最复杂的，也是世界上最先进的生产系统之一。工厂每年生产大约1.1亿件服装。它拥有一个全自动物流分配系统，每天处理120个国家的4万个包裹。而这个系统的操作员只有19人——而这样一个传统系统最少需要400人。

如今，贝纳通利用自己的品牌开设了越来越大的店铺。它在欧洲的主要城市开设了大型店，在美国纽约第五大道开设的旗舰店面积达到1 200平方米。贝纳通的后勤支持系统和它对品牌的热情关注都表明了在贝纳通这个案例中大即为美的观点。

这种新旗舰店和大型店的战略已经初现成果。2001年，这类店已经在世界上开设超过100家。这个目标原先预计在2002年达到。在快速扩张、持续技术创新、有争议品牌广告（如与联合国志愿者服务计划合作的志愿者活动）支持下，贝纳通每年都在增长着它的收入。在到2000年的5年间，公司收入从14.83亿欧元增长到20.18亿欧元，利润也从1.27亿欧元攀升到2.43亿欧元。这都证明了大胆的品牌战略确实有效。

注释

①Kotler, Philip, Marketing Management, Prentice Hall, Englewood Cliffs, NJ, 1994.
菲利普·科特勒，《市场营销管理》，1994年。

百威啤酒

有关百威的统计资料令人鼓舞地显示出其产品的增长势头仍然迅猛。百威是世界上最大的啤酒品牌，占据了整个美国啤酒市场份额的22%。百威品牌和它的生产商豪塞-布殊公司（Anheuser-Busch）生产的其他品牌啤酒占据了世界上最大的啤酒销售市场——美国市场的48.8%。

就像世界上的许多顶级品牌一样，百威诞生于美国。尽管已经扩张到全球，但豪塞-布殊的这个品牌仍深深根植于美国文化。百威就是这样一种啤酒，工人们辛苦劳作一天后，在回家路边的酒吧里驻足品尝的啤酒。百威品牌总是与工装裤、沾满油污的双手、艰苦劳作与传统比赛联系在一起。这是为了球类运动而准备的啤酒。饮用者主要是美国的工薪阶级。最为重要的是百威在商业活动中宁可使用强健的挽马、健壮的工马，而不是饲养的纯种马匹。（实际上，这是如此重要以至于百威用了两年的时间才做出了这个决断。）

百威或许集中了美国文化精粹，但是翻开百威的历史却可看到非美国影响的一面。豪塞-布殊是在1876年决定使用百威这个名字的，这是以奥匈帝国一个名叫Budweis的出产这类啤酒的、不为人知的小镇命名的。后来，Budweis发展成为捷克共和国的布捷约维采（Budejovice）。尽管小镇的名字与当地的法规都产生了变化，但是这个小镇仍然保持着饮酒习俗。实际上，现代捷克啤酒公司，布捷约维采Budvar有700年历史。当地良好的市场需求使其受益匪浅。捷克人饮起酒来就像喝水一样——他们人均每年消费掉大约160升的啤酒，是世界上人均消费啤酒最多的国家。但令豪塞-布殊烦恼的是，Budvar在市场上很活跃，它在40多个国家中拥有使用百威这个名称的合法权利。

在有关合法性上，美国巨人（它的口号是“啤酒之王”）和捷克小子（它的口号是“国王的啤酒”）之间的争执已经喋喋不休几十年了。捷克公司仍然是百威一个棘手问题，它们不愿关门或是将企业卖给百威。它们的产品甚至出口到了美国。也正是因为这个原因，在一些国家中，百威品牌被之称为Bud。

世界之王

尽管在啤酒业中捷克公司的作为颇令百威头疼，但是它也不能阻止百威去征服世界。特别是最近百威的全球扩张野心相当膨胀。1981年前，豪塞-布殊组建了一个国际部，并且在国际市场上销售啤酒。百威用自己丰厚的钱袋来支持其全球扩张野心。

百威啤酒通过品牌宣传使自己成为美国的肖像。豪塞-布殊主要以下述两个方面确立百威品牌——作为意识和象征的一种视觉形象以及不仅仅代表品牌名称的商标。人们一般将百威看作是优秀的美国啤酒。国际上一提起美国，表现的态度可分成两个阵营。一方面，人们存在着对美国诸如幅员辽阔、自由精神和独立的正面感受；另一方面，美国也被看作是各自主张、垃圾快餐和时尚文化的发源地。

为了保证百威品牌能够在国际市场上成功登陆，豪塞-布殊首先发展了一种定位表态。这确定了公司想用品牌代表什么，并且成为国际营销活动的基础。百威品牌的定位就是与众不同的、令人喜欢的、品质卓越的啤酒。百威代表着并且使其他国家的啤酒饮用者们成为所喜好的美国形象的一部分。百威成为全世界流行的一种啤酒。

极其简单的是，这有许多方法进行支持。第一是视觉形象和标语。百威拥有强有力的视觉形象——品牌的符号家族。这包括商标——被人们所广泛认识的、非常美国化的红、白、蓝标记，百威的（bow-tie）标识；长颈的瓶子——与可口可乐的瓶子有异曲同工之妙；以及“啤酒之王”和“实实在在的商品”这样的宣传语。

百威品牌能够国际化的第三个因素就是品牌的个性化，一系列的形象使当地的饮用者能够联想到品牌。百威品牌所带给人的不仅是卓越的品质形象，而且还能够使人联想到美国人所有的阳刚之气、积极、爱交际和真诚。非常幸运的是，阳刚、积极、爱交际和真诚这些美德为各国人民所推崇。

百威品牌宣传的第四个方面就是规模化市场营销。它总是能满足顾客有关一个大品牌的期望。当百威进入一个国家时，它的规模绝对很大。公司将资金不仅投入在剧烈扩张的分销渠道、商品广告推销上，还投入在像世界杯这样的大型活动上。2001 年，百威与国际足联签订了赞助协议，规定百威是 2002 年和 2006 年世界杯足球赛官方指定啤酒赞助商。

我想，开采出来的是百威

多年来，百威曾经打出许多口号。最新的、也是持续了最久的是“啤酒之王”——已经 40 多年了并仍在运用。而其他只是历史长河中的一个浪花：

- 瓶装啤酒之王 (King of Bottled Beers)
- 所有瓶装啤酒之王 (King of All Bottled Beers)
- 岁月悠久、可靠的 (The Old Reliable)
- 百威意味着适度 (Budweiser Means Moderation)
- 旧式风情 (Old Time Flavor)
- 来尝一下——5 天喝百威 (Make This Test—Drink Budweiser for Five Days)
- 与美国社会共同发展 (America's Social Companion)
- 百威——任何地方/享受生活——每一黄金时刻/享受百威——每一滴香浓美味 (Budweiser—Everywhere/Live Life ... Every Golden Moment of It/Enjoy Budweiser ... Every Golden Drop of It)

- 百威——当代社会的酒 (Budweiser—A Beverage of Moderation)
- 款待嘉宾的佳酿 (A Perfect Host to a Host of Friends)
- 食品最好的伙伴 (Food's Favorite Companion)
- 百威不仅仅是啤酒——一个传统 (Budweiser is Something More than Beer ... A Tradition)
- 与美味同在 (It Lives With Good Taste Everywhere)
- 其他无法比拟的——绝对没有 (There's Nothing Like It—Absolutely Nothing)
- 啤酒之王 (King of Beers)
- 当你明白手中的啤酒——就会联系到百威 (When You Know Your Beer ... It' s Bound to be Bud)
- 哪里有生活——哪里就有百威 (Where There's Life ... There's Bud)
- 呼叫百威 (This Calls for Budweiser)
- 这是百威——这是啤酒 (That Bud ... That's Beer)
- 啤酒的话语 (Beer Talk)
- 百威就是啤酒之王 [Budweiser is the King of Beers (But You Know That)]
- 百威就是世界上最好的喝啤酒理由 (Budweiser is the Best Reason in the World to Drink Beer)
- 当你说百威就说明了一切 (When You Say Budweiser, You' ve Said It All)
- 有些人仍然关注品质 (Somebody Still Cares About Quality)
- 你什么时候说百威 (When Do You Say Budweiser)
- 你的百威 (This Bud's For You)
- 没有什么能打倒百威 (Nothing Beats A Bud)
- 你有百威多自豪 (Proud to Be Your Bud)

百威的成为全球品牌的努力，使它的销售在世界范围内取得了显著增长。现在公司已经进入 80 多个国家。成为巴西、爱尔兰、日本等国销量最大的外国啤酒。百威进入新兴市场的努力也获得了特别的成功。以中国为例，中国现在是世界上第二大啤酒消费国，并且预测未来几年将成为最大消费国。百威在中国的第五大城市武汉拥有一座啤酒厂的大部分股权。这个厂每年生产超过100万桶啤酒。百威现在已成为中国国家知名和著名国外品牌。

百威已经征服了除捷克共和国以外的其他国家，但是百威最近陷入一个困难的问题——就是百威啤酒饮用者年龄越来越大，它的品牌形象好像越来越不符合年轻爱好者的品味和渴望。对此，百威实行了以青蛙为特写的电视广告活动。这显得离经叛道，它的目标客户是更加年轻的观众。百威的青蛙商业形象获得高度好评。这是一件非常聪明的广告作品。但它也是一件充满风险的广告。尽管这些青蛙具有某些非常奇怪的、很强的情感诉求，但是它对于打动百威目标顾客的心弦来说起不到任何作用。

穿着工装的蓝领并不会是这些古怪青蛙式幽默的最大欣赏者。那些Coors和私酿威士忌的饮用者，通常认为自己是不受尊敬和另类的，或许是最欣赏这个广告青蛙的。但百威仍然自得于它的这种广告宣传，在它的目标群体中反响还不错。而且公司继续以相同荒诞的Wassup来加强效果，新的广告活动是一群正在痛饮的兄弟共同享受一个玩笑。“Wassup”迅速成为全世界的格言。看起来，百威最终还是抓住了年轻一代的市场。

Coca-Cola
可口可乐

1886年5月，美国乔治亚州亚特兰大一位名叫约翰·彭伯顿（John Styth Pemberton）的药剂师调制出一种补脑药水。约翰·彭伯顿的这种药水成分中包括一种生长于南美洲的植物叶子和产于西非的植物种子，还有就是焦糖、磷酸和直到今天都仍然保密的“7种自然香辛料”。彭伯顿的记账员弗兰克·罗宾逊（Frank Robinson）将这种药水命名为可口可乐。罗宾逊还用斜字体龙飞凤舞地写下了可口可乐这几个字。1894年，北卡罗来纳州的凯勒布·布拉德海姆（Caleb Bradham）开始销售一种他发明的缓解消化不良的饮料。这种饮料含有胃蛋白酶（pepsin），后逐步发展成为百事可乐，但这是另外一个故事。

威利斯·维纳波（Willis Venable）开始在亚特兰大药店里灌上苏打水出售彭伯顿发明的这种饮料。每一玻璃杯的价格是5美分。在第一年里，平均每天销售6杯。第一年的销售收入达到50美元。但不幸的是彭伯顿为此的支出达到70美元。

如今，每天销售的可口可乐达到9亿瓶。可口可乐是世界上最著名的全球性品牌。目前，在世界上几乎每一个国家内都能看到可口可乐——只有利比亚、伊朗和古巴等国是例外，而且也不是由于口味而是政治等原因。

真正事物的成长

人们通常认为在那个商品竞争不激烈的时代，可口可乐成为一个全球品牌并不需要付出太大努力。实际上，可口可乐成为一个全球品牌是由以下原因造成的。

首先，从一开始它就支持品牌宣传。第一年，约翰·彭伯顿就花费了 73.96 美元制作标语和广告优惠券。在其他许多历史更久远的企业之前，可口可乐就认识到大众传媒的力量。可口可乐总是积极地进行广告宣传。据记载，可口可乐的第一个广告就出现在彭伯顿发明了这种饮料 3 周后。可以看到他的这种决策链是非常简短的。它刊登在亚特兰大周刊上并宣称：

"可口可乐，味道甜美！提神醒脑！令人爽快！令人鼓舞！含有奇妙的古柯和著名可乐果成分的全新流行苏打饮料。"

随后，可口可乐的广告——宣称这是一种"可口和清爽的产品"充斥在乔治亚学校的报告上。

在彭伯顿 1888 年逝世前，他和他的儿子将可口可乐所有权卖给了阿萨·坎德勒（Asa Candler）（1851—1929 年）。坎德勒——后来的亚特兰大市市长——也是一位热衷于广告宣传的人（他也是一位医生、药剂师、财产开发者和企业家）。他的一个措施是发送了数以千计的让人们免费品尝的优惠券。软饮料、强行推销是可口可乐能够生存的两项主要因素。

可口可乐的销售主要是针对全美。早期的广告是由棒球明星泰·卡柏（Ty Cobb）拍摄，而且他的广告也都是美国式生活的生动写照。1931 年，可口可乐甚至将圣诞老人也描绘成一位可口可乐热情洋溢的爱好者。

当可口可乐的广告吸引住广大顾客的时候，它的产品包装也发生了变化。改进主要来自于曲线优美的玻璃瓶——这个 20 世纪最为著名的标识之一。当然可口可乐公司在之后一些年中并没有再使用，但是它在我们脑海中留下了磨灭不掉的印象——实际上如果你买一个罐装的可乐，玻璃瓶造型的魅力仍然时刻会在心中提醒着你它的美丽。这种玻璃瓶是1915年举办的一场设计竞赛的结果，优胜者是Root玻璃杯公司。（比赛本身就是一场非常聪明的市场活动。）可口可乐公司总裁阿萨·坎德勒说：“我们需要一种瓶子，即使在黑暗中一个人也能够认出这就是可口可乐。”这个瓶子使品牌具有特别性，并增强了品牌本身的个性。（可口可乐是在1955年后才使用听装。）

1899年坎德勒以1美元的价格将灌装权卖给了本杰明·托马斯（Benjamin Thomas）和约瑟夫·怀特海德（Joseph Whitehead）。而坎德勒的子女也最终以2 500万美金的巨额价格将公司卖给了另外一位亚特兰大商人伊斯特·伍德拉夫（Ernest Woodruff）。1923年，伊斯特的儿子罗伯特·伍德拉夫（Robert Woodruff）（1890—1985年）成为公司的总裁。在伍德拉夫漫长的任期内——肯定是公司历史上任期最长的一位总裁——可口可乐公司继续发展着人们对它的喜爱。20世纪30年代，可口可乐泳装姑娘台历是全美药店的固定设备。此外，它又盯上了生活之外的东西。实际上，它后来又瞄上了太空——欢迎阿波罗登月勇士的醒目字幅“欢迎你回到地球，可口可乐的故乡”。

在可口可乐公司内可找不到谦卑之类的字眼。在公司公开发行的印刷品中如此写道：“十亿小时以前，地球上开始出现人类；十亿分钟以前，基督教诞生了；十亿秒以前，披头士乐队出现在埃德-沙利文（Ed Sullivan）演唱会上；而十亿瓶可口可乐之前，就发生在昨天早上。”这里完全没有后现代主义的嘲讽。

国外销售部成立于1926年。在国际上，可口可乐的声誉在第二次世界大战中得到巩固，它大胆而又雄心勃勃地保证每一位美国士兵都能够用五分硬币买到可口可乐。可口可乐成为美国品味和消费的象征。为了实现它的诺言，可口可乐公司建立了60家移动灌装厂，并且使它们紧紧跟随军队。每一家厂由两人运作，每小时生产1 370瓶。（更令人捧腹的是可口可乐让政府相信他们的饮料对于美国军队保持健康和欢乐来说是至关重要的，限制糖分摄入是有害的。）

这场战争巩固了可口可乐在美国社会中的核心地位。《时代周刊》曾经庆贺可口可乐的这种“和平得几近征服世界”。（可口可乐竞争者总是抱怨这种偏袒和夸张。）战后，可口可乐为了寻求自己所热衷的“填满你的嗓子”（share of throat）扩张着自己的产品王国。新的产品不断加入其产品行列。这些产品包括芬达、雪碧和TAB。但是再也没有一种产品能够达到最初品牌的高峰。

20 世纪 70 年代，疑虑第一次出现在可口可乐王国内。随着百事可乐的强有力挑战对可口可乐施加了更大的压力。可口可乐开始意识到它有了真正的竞争对手。1981 年，伍德拉夫经历了一段引人注目的统治时期后，将自己的位子让给了罗伯特·戈伊祖塔（Roberto Goizueta）（1931—1997 年）。

罗伯特·戈伊祖塔是一位古巴人。当菲德尔·卡斯特罗上台后，他从古巴逃亡出来。当他和妻子到达美国的时候，他们随身携带的除了 100 股可口可乐公司股票，就再没有其他什么了。戈伊祖塔后来一直保存着这些股票，从来没有卖出过。

在大部分情况下，戈伊祖塔的管理显得非常有效。当他 1997 年逝世的时候，可口可乐公司的总价值已经达到了 1 450 亿美元。而当初在他接手的时候公司只值 40 亿美元。1982 年，在戈伊祖塔领导下，可口可乐公司兼并了哥伦比亚广播公司。尽管这笔交易对公司管理者来说简直是一场恶梦，但这是可口可乐公司历史上最大的一笔交易。当时公司的利润根本无法与如此庞大的交易额相匹配。但几年以后，可口可乐公司将哥伦比亚公司转卖给了索尼公司，获得的利润将近 10 亿美元。戈伊祖塔还成功领导推出了健怡可乐。

但也有不走运的时候，在戈伊祖塔任职期间也发生过公司有史以来最大的失误。1985 年，可口可乐向世界宣布将用新配方来代替传统配方。公司在经过深入研究后发现新配方更为大多数消费者所喜爱。他们认为新产品比起老产品口感更平滑、味道更甜美、品质更优越。这种反馈更加促使公司忽视了老配方产品每天销售几百万瓶的事实，认为在以市场为目标的时代里市场对于改变的反应是极轻微的。但可口可乐却受到了铺天盖地的批评。在另一方面，它的竞争对手百事可乐简直喜不自胜——它很快就欢天喜地的进行广告宣传影射当时的情况“真正的事情就是什么也没有改变”。

从第一滴开始

- 1886 年：约翰·彭伯顿（John Pemberton）发明了一种新饮料。
- 1888 年：彭伯顿死后，阿萨·坎德勒（Asa Candler）购买了可口可乐。
- 1891 年：坎德勒以 2 300 美元购买了公司全部控制权。

- 1892 年：坎德勒和其他人创造了可口可乐公司。
- 1893 年：可口可乐被注册为商标。
- 1894 年：第一次采用瓶装。
- 1894 年：第一次户外广告。
- 1895 年：在全美销售。
- 1899 年：开设了第一家灌装厂。
- 1915 年：玻璃瓶申请专利。
- 1919 年：公司以 2 500 万美元卖给伊斯特·伍德拉夫（Ernest Woodruff）投资集团。
- 1940 年：在超过 45 个国家中灌装。
- 1943 年：艾森豪威尔（Eisenhower）要求为军队提供十个灌装厂。
- 1958 年：开始进行芬达市场反应的测试。
- 1960 年：推出芬达。
- 1960 年：收购 Minute Maid Corp.。
- 1961 年：推出雪碧。
- 1963 年：推出 TAB。
- 1979 年：推出 Mello Yello 和 Ramblin' root 啤酒。
- 1982 年：收购哥伦比亚广播公司。
- 1985 年：推出新可乐。
- 1992 年：在 195 个国家销售。
- 1997 年：道格拉斯·伊维斯特（M. Douglas Ivester）在罗伯特·戈伊祖塔（Roberto Goizueta）死后成为公司第十任主席。
- 2000 年：伊维斯特卸任，宣布裁减 6 000 个岗位。道格·达夫特（Doug Daft）成为新 CEO。
- 2002 年：推出香草可乐。

最终认识到了这种改变对公司简直就是一场灾难，可口可乐公司在 90 天后又重新推出了原配方。但总的来说，戈伊祖塔的领导为可口可乐注入了新的活力。戈伊祖塔在住院期间曾说到：“如果有人要担心我的身体状况那是很有可能的，但是人们没有必要担忧公司的状况，因为它正处于有史以来从未这么好的境况。”

其实戈伊祖塔的统治还远不止这些。他做了很多工作，使管理界注重到“价值创造”的概念。戈伊祖塔说道：“在可口可乐公司，我们公开宣称的任务是不断为股东们创造价值。实际上，你应该确信我们公司的整个政治和经济系统都是为公司所有者创造价值而服务的。”

戈伊祖塔创造了很少有人能够实现的价值。实施了一些强硬措施，但也是可以忍受的。尽管遭遇到强硬竞争对手百事可乐，尽管在2000年遇到的小挫折使得公司部分资产缩水，公司在新千年伊始所表现出来的财务状况还是极富前途的。在新CEO道格·达夫特（Doug Daft）的领导下，公司2001财政年度的收入为200.92亿美元，市场的资本总额为1 373.49亿美元（2002年6月）。可口可乐仍巍然挺立。可口可乐公司仍一如既往勇敢地推出新品，引起新产品地震。它宣布在经典品牌系列中推出一种全新口味的香草可口可乐（这是16年来的第一次）。这种新产品于2002年5月开始在街头出现，这天正是可口可乐这个世界最著名的软饮料公司116周年纪念日。只有时间才能告诉我们这种可乐的命运是否会比新配方可乐强，但从现在的初步情况上看，在可口可乐品牌家族中又增加了一位非常有潜力的成员。

一饮而尽

可口可乐的宣传口号经受了时间考验。

- 1886年：喝可口可乐。Drink Coca-Cola.
- 1904年：味道甜美而清爽。Delicious and Refreshing.
- 1905年：可口可乐使你精神焕发，给与你力量。Coca-Cola Revives and Sustains.
- 1906年：伟大的全国性饮料。The Great National Temperance Drink.
- 1917年：每天300万瓶。Three Million A Day.
- 1922年：口渴是没有季节的。Thirst Knows No Season.
- 1925年：每天600万瓶。Six Million A Day.
- 1927年：无处不在。Around the Corner From Everywhere.
- 1929年：为你充电。The Pause That Refreshes.
- 1932年：冰凉的阳光。Ice-cold Sunshine.

- 1938 年：口渴曾经拥有的最好的伙伴。The Best Friend Thirst Ever Had.
- 1939 年：可口可乐与你同行。Coca-Cola Goes Along.
- 1942 年：无论你在哪里，无论你做什么，无论你到哪里去，当你想到清爽的时候就会想到清凉的可口可乐。Wherever You Are, Whatever You Do, Wherever You May Be, When You Think of Refreshment, Think of Ice-cold Coca-Cola.
- 1942 年：只有可口可乐才像可口可乐，这是一种真正的东西。The Only Thing Like Coca-Cola Is Coca-Cola Itself, It's The Real Thing.
- 1948 年：哪里有可口，哪里就有温馨。Where There's Coke, There's Hospitality.
- 1949 年：可口可乐……到达任何地方的高速通道。Coca-Cola ... Along the Highway to Anywhere.
- 1952 年：你所想要的就是可口。What You Want Is A Coke.
- 1956 年：可口可乐……锦上添花。Coca-Cola ... Making Good Things Taste Better.
- 1957 年：美味的标志。Sign of Good Taste.
- 1958 年：冰爽味道的可口。The Cold, Crisp Taste of Coke.
- 1959 年：真正的清爽。Be Really Refreshed.
- 1963 年：可口使事情变得更好。Things Go Better With Coke.
- 1970 年：这是真正的东西。It's The Real Thing.
- 1971 年：我想给世界买一瓶可口。I'd Like To Buy The World A Coke.
- 1975 年：看看美国。Look Up America.
- 1976 年：可口点缀生活。Coke Adds Life.
- 1979 年：拥有可口、拥有微笑。Have A Coke And Smile.
- 1982 年：就是可口。Coke Is It!
- 1985 年：给你的美味。We've Got A Taste For You.
- 1986 年：紧跟时代潮流。Catch The Wave.

- 1989 年：难以抗拒的感觉。Can’t Beat The Feeling.
- 1990 年：无法抗拒的东西。Can’t Beat The Real Thing.
- 1993 年：永远的可口可乐。Always Coca-Cola.

Disney
迪斯尼

沃特·迪斯尼（Walter E. Disney）（1901—1966年）生于美国芝加哥，在他回到芝加哥学习艺术之前，一直生活在密苏里州的一个农场里。1920年，迪斯尼搬到了堪萨斯城，为一家名叫 Ub Iwerks 的漫画公司工作。在这里他组建的 Laugh O Gram 公司最终宣告破产，损失了1.5万美元。1923年，他离开堪萨斯城到了洛杉矶，想在电影圈里寻找一份工作。他不是第一个，当然也不是最后一个这么做的人。最初，迪斯尼特别不成功。没有找到任何工作。迪斯尼曾经考虑过自己是否永远也不能获得机会一展才华。日后，在他的自述中写到："当时至少已部分相信自己在整整6年后才进入动画界已经太迟了，但自己也只有在这方面有少许经验。"①迪斯尼可以重新回到堪萨斯城，但他没有这样做。实际上，他租用了一台摄像机，组装了动画架子，在他舅舅的车库里建立起了一个演播室。1923年，21岁的沃特·迪斯尼与他的长兄罗伊（Roy）一起开始了他们的事业。1923年，迪斯尼公司诞生了。

迪斯尼公司创建伊始情况并不妙。它的第一部影片《爱丽丝》（Alice）根本不能维持公司的正常经营。第二部电影《兔子奥斯瓦德》（Oswald the Rabbit）诞生于1927年。这段时间，沃特的商业敏锐感好像暂时抛弃了他，他对自己的产品失去了控制。但是他的好运很快就要到来。

沃特·迪斯尼在他晚年的时候很高兴地说起："我希望我们永远也不要忽视这个事实……我们事业的辉煌是起源于一只老鼠。"[②]有关产生迪斯尼老鼠的灵感之说有众多版本。曾经有一种说法非常盛行，就是在他生涯的早期他与其办公室内的一窝老鼠和平共处。另一种说法是《每日素描》（Daily Sketch）1938年曾经报道的，"在他回到好莱坞后，他睡在上铺，晚上不能入睡。他所住的木结构房子持续不断轻微地发出咯咯声，就像是成千上万的老鼠在开会。这个主意使他不禁发笑，几秒钟之内米老鼠诞生了。"

一开始这只老鼠被叫做莫迪姆老鼠。沃特·迪斯尼的妻子丽丽（Lilly）并不喜欢这个名字，她建议叫米老鼠（Mickey）。1928年11月18日星期天，米老鼠首次出现在一个7分钟长的电影片段《汽船威丽》（Steamboat Willie）里。这是有史以来第一部结合了声音和动作的卡通节目。

迪斯尼一直走在前列。他制作的《花和树》（Flowers & Trees）引入了彩色胶片。1937年他制作了长篇动画《白雪公主与七个小矮人》（Snow White and The Seven Dwarfs）。此后，更多的产品涌现出来，包括《匹诺曹》（Pinocchio）（1940年），《幻想曲》（Fantasia）（1940年），《小飞象》（Dumbo）（1941年），《小鹿斑比》（Bambi）（1942年）。战后，迪斯尼在卡通片之外又拍摄了一系列真人扮演的经典影片。这些节目包括：《欢乐满人间》（Mary Poppins）（1964年），《大卫·克罗传》（Davy Crockett）（1955年），《金银岛》（Treasure Island）（1950年）。它们的结果都一样：就是巨大的成功。这使得他的雄心更加远大。1955年迪斯尼在加利福尼亚的阿纳海姆（Anaheim）开设了迪斯尼乐园。1971年在佛罗里达的奥兰多开设了迪斯尼世界。

迪斯尼成功的核心就是沃特·迪斯尼所创立的文化。他是一种直接的——服饰信息，不用发誓——却让人难以忘怀。但是它也创立了一个完全不同的世界。当人们开始为迪斯尼公司工作的时候，他们是进入了另外一个世界。最明显的他们用的语言就不同——迪斯尼的雇员都扮演一个角色。人们要么喜欢它并留下来，要么讨厌它而离开。

这种文化并不是一种简单粗暴的军事化的文化。在许多方面，迪斯尼是一位卓有远见的老板。在20世纪20年代，迪斯尼付给自己具有创造性团队的薪酬要大于自己所得。20世纪30年代，公司内引入了奖励系统；

50年代是培训计划；60年代创立了迪斯尼大学。可以非常准确地说，沃特·迪斯尼的最伟大的创造就是沃特·迪斯尼公司。

沃特死后，迪斯尼公司在20世纪70年代是苦苦挣扎。后来它做出了一个非常勇敢的决定（最少对于迪斯尼家族来说）。他们雇用了两个外来人——米歇尔·艾斯内（Michael Eisner）和弗兰克·威尔（Frank Wells）。这两个人于1984年加入公司。

而当时，迪斯尼公司正处于一个非常困难的境地。1983年，由于巨额成本支出，它在影视方面损失了3 000万美元。参观迪斯尼主题公园的人数也在呈下降趋势。

而艾斯内，这位前NBC雇员，是迪斯尼的真正信徒。他拥有使这个传奇王国复苏的巨大能量和明确方向。艾斯内认为迪斯尼是在它所有涉及方面的家庭娱乐公司。它不仅仅是一家电影制作公司或是主题公园运营者。艾斯内有效扩展了迪斯尼的观点和范围。他立刻使这种品牌宣传行动起来。迪斯尼在欧洲建立了迪斯尼乐园，并且又恢复了它以往的创新活力。迪斯尼品牌延伸涵盖了大量的推销、商店（从1988年的10家窜升到300多家）、书刊、录像、游戏、电影和主题公园。

艾斯内表现出的是精明判断和严格管理。在他监制下的15部电影有14部赚钱。在1987年，当《3个男人和一个婴儿》（Three Men and A Baby）、《早安越南》（Good Morning Vietnam）一鸣惊人的时候，迪斯尼公司真正转危为安了。

迪斯尼的工作

每年，迪斯尼公司各级主管都要花费1周的时间亲临一线。这是迪斯尼公司所宣称的“交叉利用”（cross utilization)。对于所有工作，迪斯尼都有一套看起来更得体的特定称谓。

- 演职人员：公司的普通雇员。
- 来宾：支付了费用的顾客。
- 提供饮食的东道主：餐厅服务人员。
- 提供运输的东道主：司机。
- 提供保安的东道主：迪斯尼警察。
- 提供清洁的东道主：街头保洁员。

艾斯内还表现出他善于充分挖掘昔日迪斯尼辉煌经典的盈利潜力。1987 年至 1990 年间，他又重新一部接着一部发行了过去经典影片的特别版本——《白雪公主》（Snow White）、《灰姑娘》（Cinderella）、《小鹿斑比》、《狐狸与猎狗》（The Fox and The Hound）、《彼德·潘》（Peter Pan）和《丛林日记》（The Jungle Book）。新一代的人知道了迪斯尼，只要电影留在人们的脑子里，产品就能够被销售出去。

家庭娱乐公司再一次成为迪斯尼公司前进的导航灯。这使得迪斯尼公司从 1984 年的 15 亿美元收入增长到 2002 年的 440 亿美元。艾斯内曾经以沃特·迪斯尼的语气说：“也许你造就了一个伟大的娱乐，但并没有获得相应利润；或是取得巨大的利润，但没有造就巨大的娱乐，每次我都将带来巨大的娱乐。”实际情况是，伟大的娱乐造就了伟大的利润。（当然，还有巨额薪水——根据《福布斯》杂志的调查报告，艾斯内 2000 年所有薪金收入达到了 1 100 万美元。而且他还获得了价值 5.7 亿美元的期权。）

迪斯尼公司现在是世界上第二大娱乐公司。他的主题公园仍然吸引着大量观众。沃特·迪斯尼世界每年吸引着超过 2 500 万观光客；迪斯尼乐园为 1 200 万；巴黎迪斯尼乐园为 1 200 万，东京迪斯尼乐园为 1 700 万。1995 年以 190 亿美元的出价，迪斯尼兼并了首都/美国广播公司（Capital Cities/ABC），使它成为娱乐业的精英。

概念：品牌资产（Brand equity）

现在对品牌资产概念还没有一个权威和普遍适用的定义，但存在着一些通常为大家所接受的具有特性的共识。

对于品牌资产这个概念感兴趣的团体为数众多——企业、市场营销渠道、金融市场。或许其中定义品牌资产最为重要的是顾客。

一些顶尖品牌领域研究者已经提供了对品牌资产的以下评论。

“是从一项产品或服务向公司或公司顾客提供的价值上增加或减去一系列与品牌（就是名字或是符号）相关的品牌资产和负债。”

戴维·阿卡（David A. Aaker）（1991 年）[3]

“……品牌资产代表了一件产品的价值（对于顾客来说），超过这方面的就是没有这个品牌名字，就会变成另外一种同样的产品。换句话说品牌资产代表了一个品牌名字独自对于提供者（再一次，从消费者的角度来说）的价值贡献。”

兰斯·卢瑟斯等人（Lance Leuthesser et al.）（1995年）[④]

“在品牌的顾客、渠道成员、母公司部分之间的一系列联系和行为，这使得品牌比起如果没有品牌名字的话能够赚取更多的数量和更大的利润。这给与品牌比竞争对手一个强大的、持久的和有区别的竞争优势。”

市场营销科学研究院（The Marketing Science Institute）（1988年）

在戴维·阿卡的著作《建立强大品牌》（Building Strong Brands）中，他提出分析品牌资产（包括为了在账户上体现品牌资产的价值）应该考虑到以下几个方面：溢价、满意度/忠诚度、令人感觉到的质量、领导力/声望、价值、品牌个性、组织协作、品牌关注度、市场份额、市场价格和分销渠道覆盖等。

从这些给与的定义，我们能够识别出品牌资产的三种截然不同的成分：

1.品牌的财务价值成为在公司资产平衡表上能够清晰表现出来的独特价值。我们能够将这想为“品牌价值”（brand valuation）。

2.消费者对于品牌的附属程度，或“品牌忠诚度”（brand loyalty）。

3.消费者对于品牌的这种结合和信念的描述，或许可以称作“品牌描述”（brand description）。

这三种概念交错组成了品牌资产。

尽管这样，自满自足对于公司11.8万名角色扮演者来说仍将是危险的。尽管2001年的财政状况非常好——它的营业收入达到253亿美元，利润达到40.3亿美元——但是经营环境变得持续艰难。他们遇到了强劲的对手，特别是像来自梦工厂（Dreamworks）这样的公司。梦工厂由斯蒂芬·斯皮尔伯格（Steven Spielberg）、大卫·格芬（David Geffen）（传媒巨头，译者注）和前迪斯尼执行官杰弗里·卡兹伯（Jeffrey Katzenberg）三位巨头联合执政。随着梦工厂出品了一系列高质量的卡通电影，如《小蚁雄兵》（Antz）、《埃及王子》（Prince of Egypt）和《怪物施莱克》（Shrek），迪斯尼核心地带——儿童娱乐节目——城门失火，这是过去从来没有过的。没有人逃避这种挑战，迪斯尼进行了反击。在盟友施蒂夫·乔伯斯（Steve Jobs）的动画工作室 Pixar 帮助下，运用艺术级的计算机动画设计拍摄了一批成功的动画片：《玩具总动员》1、2 集（Toy Story 1–2），《昆虫总动员》（A Bug's Life）和《怪物公司》（Monsters）。

注释

①Schickel，Richard，The Disney Version，Simon & Schuster，New York，1968.
理查德·斯希克，《迪斯尼现象》，纽约，1968 年。

②Holliss，Richard & Sibley，Brian，The Disney Studio Story，Octopus，London，1988.
理查德·浩莱斯、布莱恩·喜布雷，《迪斯尼演播室的故事》，伦敦，1988 年。

③Aaker，David A.，Managing Brand Equity，Free Press，New York，1991.
戴维·阿卡，《管理品牌资产》，纽约，1991 年。

④Leuthesser，L.，Kohli，C.S.，Harich，K.R.，'Brand Equity：The Halo Effect Measure'，European Journal of Marketing，vol.29，no.4，1995.
兰斯·卢瑟斯、科赫利、哈里克，"品牌资产：拥有光环的衡量手段"，《欧洲市场营销期刊》，1995 年第四期。

FedEx Federal Express

联邦快递

1993年4月17日，14架小型飞机载运着186件包裹从孟菲斯国际机场起飞。从这一天起，从耶鲁大学论文中诞生的一个特快专递业务主意终于付诸实施，这就是联邦快递。

“不仅仅是传递，联邦快递递送给他（Don't just send it， FedEx it)。”自从联邦快递进入快递业之后，这句口号已深深植根于成千上万客户心中。每天早晨，在世界200多个国家中喷涂着紫色和橙色联邦快递标志的篷车开始了它们每天与规定截止时间的赛跑。货车在车流中蜿蜒前进，最终消失在一座座写字楼内，在总部中这都能够在计算机屏幕上以分钟为单位追踪记录下来。它们一回来，送货员就能立刻收到根据公司“预期效率”规定而对他们表现做出的评价反馈。

今天，联邦快递是世界上最大的特快传递公司。它拥有644架飞机，触角遍及世界211个国家。它在全球拥有46个呼叫中心，每天要处理50万个电话。联邦快递雇用超过21.3万名雇员，其中包括68 450名送货员。每个工作日他们要传递超过480万件包裹。

2002 年，《财富》杂志根据 1996 年到 2001 年间所获得的调查结果将联邦快递评选为在所有行业中最受大家敬重公司的第七名。《财富》杂志的这项评奖一直被认为是工业界的奥斯卡奖。它使联邦快递与那些全球品牌如通用电气、微软和沃尔玛齐名。

伴随友好脸孔的发展

联邦快递的创立者弗雷德·史密斯（Fred Smith）用 380 万美元购买了两架猎鹰式喷气机。史密斯的这项业务是建立于当时看起来略显轻率的承诺“保证一夜送到”的基础上。

史密斯生于孟菲斯一个富裕家庭，他参加过美国海军并以越战的两次战斗获得两枚紫心勋章。他曾经说道：“在将如此多的目标炸上天之后，我确实想做一些具有建设意义的事情。”[①]史密斯所信赖的商业哲学依靠一个极其简单的一环，就是将人放到第一位。雇佣合适的人并且友善地对待他们，创造一种能被顾客乐于接受的优秀服务，并通过这样使公司获得利润。这种令人迷惑的极其简单的方法是建立在品牌提供的基础上：“可靠并拥有一张友善的面孔”。

一开始，灵活性和可靠性是这种商标提供的关键。当时像 UPS 这样的行业巨头给人的感觉是官僚气息和完全隐没在后台之中；而联邦快递身上却没有这两种习气。在一个乍一看完全商品化的市场中，联邦快递努力工作以显示自己的服务与众不同。这就意味着通过服务向长期客户提供附加价值。

公司深谋远虑的一个典型就是为它的大客户在孟菲斯郊外建立了一座巨型配送中心。这个中心使公司能够保持那些诸如医疗器械和计算机配件等特急物品的供给，做到手中有货。这里的储存区域主要供联邦快递的像 IBM 这样的客户使用，这样意味着一个加急电话就能使这件至关重要的物品一下子分派到世界任何地方。对于这样有远见的方法，管理著作家汤姆·彼得斯曾说道：“联邦快递重新定义了邮递的规则。”[②]

史密斯曾经洞察到：“我们是在计算机时代的快速帆船上。”他的这番话被 1997 年发生的一件事所证实。联邦快递是 1997 年 UPS 那次严厉大罢工的最主要受益者。这场罢工是因 UPS 劳资双方对峙而酿成的。

实行邮购业务的个人计算机主要厂家像 Gateway 2000、Micron 和戴尔等预见到了局势的发展，在 UPS 罢工影响显现之前就将自己的业务转交给联邦快递。而那些较小的计算机邮购商深受影响，不得不付出全额资金，不享有任何折扣，以便自己的产品能够传递到客户手中。对于联邦快递来说这仅仅是一种需求大于供应的简单情况。在这段时间内公司遇到如此大量的工作，以至于公司不得不拒绝新的客户。比起最终让新客户感到失望，这种方法还是好得多。

如何管理联邦快递品牌的秘密是令人迷惑的简单。史密斯建立了一个依赖于人而不是其他的系统。如果你赋予人职权——首先是雇员，第二是顾客——这个系统就会围绕着他们不断地发展。而如果从其他途径入手，那么就需要有最复杂的运行措施。需要建立严格的系统并需要克服人类之间的鸿沟。

而联邦快递的方法是依靠那些为公司工作和使得这个系统运行的人们承担义务。联邦快递的员工都宣称自己是“紫色的血液”（在公司标识中紫色是主导颜色）。大多数联邦快递的经理都是由第一线员工中提拔起来的——比如货运员。以顾客为中心已成为他们的思维方式。计算机化的追踪系统听起来有点像是在工作的奥维尔大兄弟，但不是将它看作是一种控制手段，而是在用来向个人提供额外信息的时候，它们具有革命性作用。

联邦快递的故事

- 1973 年：成为美国第一家提供当夜递送服务的公司。
- 1974 年：在当地六个市场铺开介绍联邦快递产品的广播广告。在这次活动后，创造了将近 15 万美元，每天的包裹数从 3 000 达到了 1 万。而在下一个十年，增长平稳。
- 1980 年：收入达到 4.15 亿美元。
- 1986 年：特快专递公司提供资金返还保证。
- 1988 年：包裹数量达到每天 100 万。
- 1994 年：全球业务获得 ISO9001 质量认证，这是业界第一家获得此项殊荣的速递公司。
- 1996 年：提供联邦国家特快，对全美大约 5 000 个邮递区号实行早晨 8 点钟门对门的速递。
- 1996 年：扩展在欧洲的业务，进一步改进向顾客提供的服务规模及其国际业务。

- 1997 年：UPS 的罢工使联邦快递业务飞速发展。
- 1999 年：联邦快递成为世界上最大的快递公司。
- 2001 年：与美国邮政局签订了为期 7 年的突破性的合同，收入 200 亿美元。

史密斯曾说过："作为一个服务性企业，就像我们这样，对于质量的感觉是由我们雇员每一次如何与客户接触所决定的。如果一位雇员不能回答或是解决一个问题，或是至少不能知道哪里能够迅速解决问题，那么客户就很容易丧失掉。"③

史密斯本人也想方设法维持这种使公司成功的优势。正如琳达·格兰特（Linda Grant）在《财富》杂志的一篇文章中所说的："史密斯并不像大多数企业家一样，他被证明是一位有耐久力的经理。他亲力亲为，以细节为指导的领导作风刻画了公司战略的每一方面。"④

联邦快递模式的缺点是要使它运转起来耗费巨大。比如 2000 财政年度，经营费用达到 17 亿美元，而 2001 财政年度，该费用上升到 18 亿美元。公司在大约 10 万家客户的办公室内安装了计算机终端。对客户信息的运用使公司能够迅速确定对公司用处最大的客户。它还与超过 75 万家客户保持电子通讯联系。2001 年，联邦快递采取进一步措施，通过签订提供机场到机场运输优先权、为美国邮政速递包裹和特快信件的合同以确保自己的业务。不仅如此，公司还在全美邮局之外设置了 1 万个联邦快递邮箱。

到 2007 年，世界特快专递业务市场价值估计会达到 1 500 亿美元，而现在仅仅为 120 亿美元。随着品牌声誉日渐升高，联邦快递处在竞争中一个非常合适的地位以获得优势。业界的观察家认为网络、特别是电子邮件有可能对联邦快递的业务造成相当程度的威胁。而联邦快递对此的反应是，他们指出信件的快递在联邦快递总收入中占的比重相当小——低于 10%。即使这牵扯到相当数量的商业活动，但是互动工具、电子元器件和其他设备是不可能通过电子网络来传递的。

注释

①His father founded the Dixie Greyhound Bus Company and was a multi-millionaire.

他的父亲创建了 Dixie Greyhound 公共汽车公司，是一位百万富翁。

②Peters，Tom，Thriving on Chaos，Macmillan，London，1987.

汤姆·彼得斯，《在混乱中寻求繁荣》，伦敦，1987 年。

③Krass，Peter（ed），The Book of Leadership Wisdom，John Wiley，New York，1998.

皮特·卡勒斯，《领导能力智慧》，1998 年。

④Grant，Linda，‘Why FedEx is flying high’，Fortune，November 1997.

林达·格兰特，“为什么联邦快递飞得这样高”，《财富》，1997 年 11 月。

GAP The Gap

盖普

盖普的故事就是20世纪80年代一个零售企业如何获得最伟大成功的故事。这个品牌适于那些既追求新潮但是又不想成为时尚牺牲品的顾客。在某种程度上，盖普成功的秘密就是在能够讨顾客欢喜的、具有审美情趣的精美包装中聪明地展示普通、但高质量的便服。这包括了款式搭配的简洁容易、颜色的多种选择、店铺的友善设计。

品牌具有吸引力的核心就是它的合时性。它传达了这样一种信息：在盖普的帮助下，使你看起来随便、舒适、与时代同步。1996年圣诞节，盖普提出的口号是——"能提供任何一种颜色——只有盖普"——这正好与亨利·福特那句著名的"可以是你喜欢的任何颜色——只要它是黑色的"格言相反。

建立盖普

创建于1969年的盖普与其他任何品牌都不相同。盖普没有付出太大艰辛，就做到了与时俱进。一开始，它销售李维斯（Levi's）牛仔裤并配以富有个性的粗大字母组成的GAP单词作为标识以示区分。20世纪70年代和80年代初，这种依附于购物中心的概念确实有效，而且建立一个能够被人们熟知的零售店铺确实是一种明智之举。但看到20世纪80年代服装零售业所发生的变化，盖普开始显得有点儿陈旧了。当时，其他零售商店都仿照盖普模式，运用相似的店铺设计，销售看起来差不多的产品。在许多服装零售店里，高高堆积着色彩缤纷的T恤衫和运动衫，店堂内完全照搬了盖普所营造的感觉和氛围。为了保住自己的地位，这位创始者必须要做些什么了。

盖普公司的CEO米兰德·德雷克斯勒（Millard 'Mickey' Drexler）意识到，现在到了不应再将盖普看作是一个零售商的时候了，应该从品牌的角度去思考问题。这样做的结果就是在20世纪90年代创造了一个明星品牌。

在德雷克斯勒的领导下，公司取得了令人印象深刻的转变。1983年，盖普将公司标识改变为由较长、尖瘦字形拼成的GAP单词。公司的这种新标识与原来的是如此不同，以至于一些评论家认为它们是归两个不同公司所有。

1991年，公司内部进行了一场彻底改造，完全关闭了李维斯产品生产线。但盖普零售店仅仅是这个故事的一部分。在美国，盖普公司重振了香蕉共和国（Banana Republic）——这是1983年被盖普兼并的，在它重新恢复活力之前，在90年代以前一直都显得毫无生气。盖普公司还在1994年推出了老海军服装店（Old Navy Clothing），这是给人感觉像是一家批发商场的大型商店。

公司针对不同市场细分提供行之有效的、三种明显不同的时尚。在最高层，是香蕉共和国；较低一层是老海军；针对中产阶级以上人士的就是盖普品牌。这三种品牌的关键都是新潮。公司通过连续不断地推出新的色彩方案和改变设计来保证，无论在任何季节或最新潮流中，你都可以在盖普店里发现一些完全符合潮流的东西。时尚的变化远没有盖普设计变化这么勤快，消费者都明白在盖普店里购买东西就能使自己的橱柜里锦上添花。

公司将市场营销和广告宣传成功地结合起来以支持商业活动中的品牌宣传。以整洁、干净为特点的盖普品牌形象在不同年龄段的消费者中都非常有效。在美国、加拿大、法国、德国、日本和英国，盖普拥有的店铺超过了1 000家，而且还拥有550家以上的盖普婴幼儿和少儿服装店。具有创造力的是，所有的盖普店都拥有同样的感觉，还有就是同样设计简单的服装。

德雷克斯勒的远见被证明是有预见性的。从 1994 年开始，当一些评论员将公司业务评定为已经发展成熟的时候，销售也在快速攀升。一位知名零售分析员曾如此评论："他们将自己的名字运用在品牌上，他们是少数几位享受到这种奢华的零售商之一。"①

曾经受到过品牌宣传缺陷的打击，德雷克斯勒说过他极其关注世界领先品牌的信息，特别是可口可乐。瑟尔兹奥·施曼（Sergio Zyman），这位可口可乐市场营销高级经理，应邀加入了盖普董事会并不是什么巧合。这位喜好到处游走的施曼曾经评述："盖普加快了使自己品牌达到令人鼓舞地位的步伐。这里还并不存在能够施加威胁的、具有相似气质的竞争者。"

盖普稳扎稳打，步步为营。公司在它的品牌战略中投入了大量资金，就像为保持熊熊火焰而往里倾倒汽油一样。1996 年，公司支付了大约 1 亿美元；1997 年，花费达到了 1.5 亿美元。

1995 年，认识到自身品牌的强大力量后，盖普产品系列中增加了一条私人护理用品的产品线。这种产品是以无与伦比的不锈钢作为外包装的。这种做法弥补了盖普品牌的美学和店铺的实际缺陷。

这种新产品系列少许降低了质量标准，但这也是在允许范围之内。这种产品是由专业设计师设计的，但价格上却没有让顾客付出按设计师标准计算的价格。

公司管理方式也是十分重要的。企业文化鼓励一定程度的冒险，错误被看作是一种学习的代价。公司一直以自己能够进行快速决策而不需经过众多管理层而引以为豪。公司一位管理者评价："我们决断，'这是否适合公司业务的正确事情？'当盖普决定做什么事情的时候，我们就做它。这是公司内非常珍贵的东西。"

公司在公共关系上也有一套。1997 年 9 月，盖普公司组织了一场名叫"盖普在工作"的聚会。来自公司的高级管理人员敲响了纽约证券交易所的开市钟声，与之交换的是提供了衬衫和领带等正装，允许一楼的工人穿戴盖普公司所分发的卡其布斜纹棉布裤和蓝色衬衫等服装。

为了避免重蹈公司在 20 世纪 80 年代初产品一下子变得过时的覆辙。盖普公司表明自己是愿意与时俱进的，它接受了互联网销售并进入童装市场。但这样，盖普不得不做了过去一直尽力避免做的事情，它忘记了使自己成为如此成功品牌的根本。

在盖普公司零售额经历了连续24个月下滑之后，盈利从1999年的11亿美元下跌到2001年的亏损800万美元。德雷克斯勒，这位曾以自己的远见使盖普获得成功的人，终于放弃了扭转颓势的努力，不再担任盖普公司的CEO。但在他下台之前，公司实施了一项以重塑公司品牌形象为目标的“依靠基础”计划。这是一场保守战胜时髦的胜利，盖普品牌允诺自己是一个安全、舒适的永远不怕水的服装。希望在于，德雷克斯勒在他离职前所实施的这种努力能够重振这个品牌，使商店能够重新符合婴儿潮所诞生的这一代人，这本是公司财富立足的根本。

注释

①Cuneo，Alice，‘Marketer of the Year：The Gap’，Fortune，December，1997.

爱丽丝·科诺，“市场营销者——盖普”，《财富》，1997年12月。

General Electric
通用电气

如果评选伟大标志性品牌，通用电气（GE）无疑是仅有的几位入选者之一。它依然健在——并且获得过前所未有的繁荣——因为它知道如何运用自己的品牌。在新千年里，通用电气是一位创造者和品牌最大化利用者。该品牌以此为前进的动力，并相互间作用。

现代通用电气真正始于1980年12月，当时杰克·韦尔奇（Jack Welch）被任命为公司新的CEO和主席。这在当时可是一个创纪录的任命。当时韦尔奇只有45岁，是公司有史以来最年轻的首脑。实际上，他是通用电气公司92年来的第8位CEO。

他接掌代表着美国企业力量和现代管理技术的通用电气公司。当时通用电气随着岁月的流逝而逐步发展——尽管是非常缓慢的。当韦尔奇成为公司首脑的时候，通用电气的净收入为17亿美元。以大部分标准衡量，公司是以一种健康速度发展的——大约年递增9%左右。每一个方面都欣欣向荣。人们猜测新的首席执行官会像他过去所表现的那样采取中庸的办法。

但是四平八稳可不是杰克·韦尔奇的计划。20 世纪 80 年代，韦尔奇将自己动态的烙印深深打在通用电气和美国企业的身上。通用电气的各项业务经过检验，通用电气的工人队伍经受了韦尔奇所要求的增加竞争力的冲击。通用电气实际上开始缩减，将近 20 万工人离开通用电气的队伍，节省的费用超过了 60 亿美元。

杰克·韦尔奇上任后的第一步就是无情地让公司认识到现代商业实际。或许韦尔奇显得过于残酷了。但是，任何人都不能抵赖在 20 世纪 80 年代末，通用电气已经成为一个更加简洁、胜任的组织。任何过去可能存在着的自满自足都不复存在。实践已经证明了他能够将公司一分为二，韦尔奇开始了他的第二步：重建公司以适应 21 世纪的变化。硬件已经被顾及到了，这次该轮到软件了。

这一步的核心就是"群策群力"（Work-out）概念。这一概念首次出现于 1989 年。韦尔奇将"群策群力"称作"是为了能够找到一条使我们做的每一件事都能变得更好，在公司范围内无情的、无穷无尽的探寻"。[①]群策群力是一种沟通工具，它能够为通用电气员工们改变自己工作生活提供戏剧性机会。

韦尔奇是一位摧毁者也是一位授予者。群策群力是通用电气公司系统性开放的一部分。在部门和职能块之间的壁垒轰然倒塌，20 世纪 80 年代，中级管理层被剥离。通过"群策群力"，韦尔奇授权并鼓励通用电气的人员之间互相商谈、一起工作并共享信息和实践。令人感到惊奇的是，他们很快就品尝到了机遇所带来的胜利。

韦尔奇革命的下一步就是引入宽范围的质量管理计划。这被他冠以六西格玛（Sigma）。该计划是 1995 年底开始推出的。六西格玛主要是扩大了有关质量的职责范围。改变了以往将质量仅仅看作是生产部门的事情，而将其重新定义为公司内每一位员工都应负责的事情。

1981 年，杰克·韦尔奇开始他 CEO 生涯的时候，通用电气总资产为 200 亿美元，年收入为 272.4 亿美元，利润为 16.5 亿美元。当时公司在世界范围内拥有 44 万名员工，通用电气市场价值为 120 亿美元。

截至 1997 年，通用电气总资产已经攀升到了 2 724 亿美元，总收入达到了 791.8 亿美元。大约有 26 万雇员——比原先裁减了 18 万员工——但他们产生的利润达到了 73 亿美元，公司股票市值达到了 2 000 亿美元。

运用公司品牌

杰克·韦尔奇曾经说过："我们的工作不仅仅是销售产品。"[②]它使公司从原先的工业化服务转变为全心全意为客户的模式上来。当他刚刚执掌公司的时候，通用电气对客户服务抱有一种典型传统制造业的态度。韦尔奇曾讥讽："曾经一个时候，通用电气的主管们花费在公司政策的时间远多于他们深入到实际业务中的时间。人们说通用电气在运作上脸冲着公司首脑，而屁股却对着广大顾客。"[③]

韦尔奇改变了这种作风。他是通过多种途径来做到的。首先，通用电气从过去完全的制造业转变为一个制造业与服务业并举的业务模式。1998年，通用电气2/3以上的收入来自于金融、信息和产品服务。其中发展的核心就是金融服务业。

作为一种新服务，通用金融（GE Capital）从其他渠道增强了通用电气大部分强势。通过使用公司AAA级别的信用评定，通用金融获得了竞争对手只能在梦中才能实现的财力。它的基础仍然是通用电气的顾客——零售商——和最终客户。通过向购买通用电气设备的顾客提供金融服务，通用金融已经成为针对经销商和顾客的最大私人借记卡发行商。通用金融主席加里·温特（Gary Wendt）说："我们正在努力发展一种将世界看作是一个大市场的文化——不同国家将不再是有差别的，差别主要表现在不同类型的顾客，而不是国家上。这种私人借记卡业务确实是零售商们有力的营销臂膀——我们在剖析顾客购买行为上花费的时间无愧于这种借记卡的崇高声誉。"

实际上，通用金融的业务从投资洗衣机到喷气引擎无所不包，人们预计通用金融挣到的钱将超过通用电气在其他业务上挣到的总和。韦尔奇说过："通用金融占了对公司50%以上的贡献额。"[④]

1996年，通用金融当年收入达到330亿美元，同期税后利润达到了28亿美元。在美国金融服务业中，仅略微逊色于花旗公司（Citicorp），美国国际集团（American International Group）和美国银行（Bank America）等少数几家公司。

改变的第二条就是，通用电气努力维持各种各样的顾客渠道。它开发了更好的办法以服务和满足小经销商的需求，使他们的业务能够在日益受到像环城（Circuit City）这样大经销商打压的境地下支撑下去。

为了使更小的经销商们拥有更强的活力，通用电气开发了包括有五个混装库房和 76 个节点的物流配送系统。通过这个系统，产品能够运到经销商和终端客户那里。它的物流网络意味着它能够提供只耗时 1—2 天的递送服务。这就使得小经销商们能够削减库存而只需放置展示样品。对于经销商们来说，这对他们可是向前大大迈进了一步，因为通常存货占压了他们绝大部分资金。而且，经销商们获得了优先取得商业贷款权利和店铺重新装修服务，还获得了能帮助增加管理效率的软件。

通用电气有效地将自己转变为一个经销商的合作伙伴，而不是一个简单的供应商。通用电气的客户服务业帮助了管理，通用电气的解答中心（GE Answer Center）已经被用来帮助收集有关产品改进和服务优先的有价值信息的市场研究。

所有这些的结果就是通用电气从里到外地脱胎换骨。曾经有一段时期，通用电气是销售产品的。你到附近那些和气的经销商那里购买了洗衣机，仅此而已。而现在，洗衣机仅仅是带你进入通用电气服务王国的入门券。一个品牌引领进入其他品牌，所有这些都来自于通用电气的质量保证。当你在由通用电气帮助装修成的店铺里，使用通用电气信用卡公司提供的信贷购买了洗衣机。有关你花费的金额和详细数据被反馈回总部。当你离开这个硬件场所的时候，通用电气的软件开始进入了工作。产品附带众多的副产品，这使得品牌能够长久存在下去。

通用电器的业务

- **飞机引擎：**1996—1997 年，通用电气赢得了世界上 70%的大型商用客机发动机订单。它是世界上最大的大型和小型喷气发动机制造商。
- **电器：**通用电气在世界 150 个国家市场上销售的电器超过 1 000 万件。产品包括冰箱、冰柜、烤面包架、炉灶、烤箱、洗碗机和洗衣机。它的品牌包括 Monogram、GE Profile、Hotpoint、RCA 和私有商标产品。
- **金融服务：**通用金融是通用电气大家庭中的明星。从开始的一个分支已发展成为一个高效率的多元化金融机构。
- **工业系统：**电路断路器、开关、变压器、开关设备、计量表等等。

> ➢ **信息服务：**B to B 的电子商务解决方案，通用电气管理着世界最大的电子商务系统，拥有的贸易伙伴超过了4万个。
>
> ➢ **灯具：**从卤素灯到路灯，通用电气向消费者、商业和工业市场提供灯具。
>
> ➢ **医疗服务：**医疗分析影像技术、包括X光设备。
>
> ➢ **广播：**通用电气拥有美国电视网络NBC，该公司众多资产中包括拥有直到2008年奥运会的电视转播权。其他众多运作机构还包括了CNBC和MSNBC。
>
> ➢ **塑料：**包括建筑和计算机等适合多种工业用途的工程塑料。
>
> ➢ **电力系统：**设计、制造、运行燃气、蒸汽和水力涡轮机和发电机，以及具有争议的核燃料及服务。
>
> ➢ **运输系统：**机车和其他类似产品。通用电气生产了北美超过半数的柴油机车。

韦尔奇对通用电气的改变是如此彻底，一个经常问的问题是如果缺少了韦尔奇通用电气还是否能够继续生存下去。对于许多人来说他们两个，通用电气或是杰克·韦尔奇，缺少一个，简直是难以想像的。但是所有的CEO都会新旧更替，这也包括韦尔奇。2001年9月，韦尔奇不再执掌公司前进的舵柄，继任者是杰夫·伊梅尔特（Jeffrey R. Immelt），一位在通用电气有着20年经历的主管，他接手了这个烫手的位子。

伊梅尔特拥有一个不值得羡慕的任务就是继续沿着韦尔奇的道路前进。最后，如果你需要一些有关韦尔奇担负重任的证据，就请看这么一组数字：在1981年3月31日到1999年11月间，GE股票价格从4美元上升到了133美元（其中包括四次股票拆分），增长幅度高达3 200%；1980年以来，GE股票的平均收益率为27%；公司已经取得连续100个季度收入持续增长；如果你在1981年3月购买了通用电气1万美元股票，而且将股息继续投入，那么在1999年你的股票市值将达到64万美元；1981年以来，GE的销售收入从272亿美元上升到1 732.2亿美元；利润从16亿美元上升到107亿美元；截至1999年，通用电气成为世界上第二大盈利公司。无论哪一项都将使韦尔奇成为20世纪世界上最伟大的企业领袖。

尽管韦尔奇平静地离开了通用电气，并出版了著作——《杰克：肺腑之言》（Jack: Straight from the Gut）——通用电气品牌仍然是世界上最具威力的品牌之一。现在通用电气遍及100多个国家，它的全球雇员数量达到了31.3万人。公司2001年收入达到了1 259亿美元，净收入141亿美元。公司股票市值（2002年6月）为2 941.6亿美元。作为一个整体，GE在财富500强最近的排名中名列第五。如果将GE业务拆分开来，13项业务会排在财富前50名之内。不管有没有韦尔奇，GE都将是企业巨头。它所遇到的挑战是如何保持住这种地位。

注释

①General Electric Annual General Meeting, 1990.
通用电气年会，1990年。

②Smart, Tim, ‘Jack Welch's encore’, Business Week, October 28, 1996.
提姆·斯马特，“对杰克·韦尔奇继续留任的呼声”，《商业周刊》，1996年10月28日。

③Tichy, Noel, & Sherman, Stratford, Control Your Destiny or Someone Else Will, Currency Doubleday, New York, 1993.
尼欧·特奇、斯特拉德福德·西蒙，《决定自己的命运或其他人这么做》，纽约，1993年。

④Waters, Richard, ‘Too big for its booties’, Financial Times, October 9, 1997.
理查德·沃特，“太大的战利品”，《金融时报》，1997年10月9日。

1901年，吉列品牌诞生于波士顿滨水区，当时以金·坎普·吉列（King Camp Gillette）（1855—1932年）的可爱名字命名的吉列安全剃刀公司正试图说服投资者们将他们的资金投资在公司一项未经测试的产品上。直到1903年，公司才开始生产剃刀架和刀片。这个主意实际上早在1895年就来自富有高度企业家精神的吉列本人——从此，花费一点时间将事情做好就成为公司的一种品格。

第一年，吉列公司售出了51副剃刀架和168副刀片。而1905年的时候，销售出了25万副刀架和将近10万包刀片。1915年，公司的销售额再一次获得跃升，一年就销售了700万副刀片。1917年，美国政府下了350万副刀架和3 600万副刀片的订单。整个军队都需要刮脸器具。1923年，吉列生产了镀金的剃刀架——每副1美元。（这时金·吉列本人也从公司中消失了，他来到了日落的地方——洛杉矶——将他本人的经验转化为社会理论建设。）

20世纪50年代，吉列公司赞助世纪会议（World Series），宣称只有吉列产品才是惟一体面的剃须用具。直到20世纪70年代，这种自信都一直引领着公司阔步前进。此后，吉列受到实施低价格策略的竞争对手的冲击。而在20世纪80年代，其他公司曾四次尝试收购吉列公司。

良好成长

吉列曾经受到无情挤压，以致市场份额缩小。曾经有一段时间，随着价格低廉的抛弃型剃须刀出现，吉列确确实实感受到市场上这种压力的存在。但吉列又重新发现了自己的竞争优势：质量。战略计划研究所（Strategic Planning Institute）的布雷德利·盖尔（Bradley Gale）说："批评家们并不知道问题的真正所在。问题是吉列没有认识到品牌到底代表着什么。市场上的商人能够在任何地方创造品牌力量和获得更高额的回报——如果他们致力于使自己成为质量领袖。"①

从此，吉列开始开拓于那些被自己称之为"男性和女性修饰"用品的对自己有益的细分市场，以及包括碱性电池在内的其他几个领域。吉列王国现在包括贝朗（Braun）电动用具；盥洗和化妆用品；文具［它拥有派克（Parker）制笔公司和比百美（Papermate）铅笔］；百灵（Oral-B）牙刷；1996年被吉列吞并的电池制造商金霸王（Duracell）。令人稍感惊奇的是据估计每天有超过12亿人使用吉列产品。这解释了为什么公司在2001年的销售额达到了89.6亿美元，并且在19个国家的38家工厂中雇用了3.15万名工人。

吉列公司热心投资者中包括沃伦·巴菲特，他曾经评价："知道了数十亿男人脸上毛发正在生长出来，每天晚上我都会愉快地上床睡觉。"②对于巴菲特这样的投资者，吉列拥有很多有吸引力的地方，最突出的是它表现出已达到了在创新和市场两个兼顾上的平衡。"好的产品来自于市场研究，伟大的产品来自于研发，一鸣惊人的产品就是那些诞生于实验室中而又是顾客想要的产品。"③CEO阿尔弗雷德·蔡恩（Alfred Zeien）——就像巴菲特和吉列一样——持有这种长期的观点。他指出吉列努力开发新产品与开发新药的长期研发需求是非常相似的。

吉列被证明能够善于推出主宰市场的新产品。它的最引人注目的胜利就是在最近几年推出的感应式剃须刀。这种产品的开发实际早在 1979 年就开始了，但直到 1990 年才正式推出产品。吉列在感应式剃须刀的设计和开发上整整花费了 2.75 亿美元。最终，感应式剃须刀是近年来市场上最伟大的成功之一——截至 1995 年，它的销售业绩达到了 26 亿美元。1998 年，公司紧跟着推出了 Mach 3。秉承了吉列一贯创新的传统，这种可抛弃的剃须刀拥有三个刀头而不是两个。这种剃须刀是公司在英国实验室的科学家发明的，他们整整用了七年才使它趋于完美并上市。整个项目是由一个名叫“22 特别工作小组”策划的。这个项目是高度保密的，即使是像巴菲特这样的主要投资者都并不知情。这种革命性新产品花费了 7.5 亿美元。那么它是否真的物有所值呢？答案确实是这样。感应式剃刀在上市后六个月内就创造了令人瞠目的 2 亿美元销售收入，而 Mach 3 远高于此，它在前六个月内给公司带来 6.8 亿美元的收入。

吉列公司真正做到了全球研发和运作。公司超过 70%的销售收入和利润来自于美国之外的市场。再也没有像罗莎贝斯·莫斯·肯特（Rosabeth Moss Kanter）讲过的这样权威的话了：“吉列做了每一个公司都应该做的国际化工作。”

精密剃须用具

- 1901 年：金·吉列（King C. Gillette）在波士顿成立了吉列公司。
- 1903 年：生产出第一把安全剃刀。
- 1905 年：在伦敦的销售办事处开张，在巴黎建立工厂。
- 1918 年：当美国政府决定在军队中装备洗漱用品时，公司向军队提供了 350 万把安全剃须刀和 3 600 万套刀具。
- 1932 年：吉列推出了它的第一套蓝色剃刀。
- 1953 年：推出富含泡沫的剃须膏。
- 1960 年：推出了 Right Guard 除臭气溶剂。
- 1963 年：不锈钢刀头获得专利。
- 1967 年：收购贝朗（BRAUN AG）公司。
- 1971 年：推出 Trac II——世界上第一种双刀片剃须系统。
- 1973 年：年收入第一次突破 10 亿美元大关。
- 1984 年：收购百灵（Oral B）（美国顶尖的牙刷生产厂家）
- 1986 年：实行主要的重组计划。

- 1987年：收购威迪文（Waterman），法国的铅笔生产厂家。
- 1990年：泛大西洋产业（Pan-Atlantic product）推出感应剃须系统。
- 1993年：收购派克笔业（Parker Pens）。
- 1994年：《金融世界》（Financial World）杂志将吉列评为世界上最有价值品牌的第九名。
- 1996年：与金霸王（Duracell）合并。
- 1998年：推出"Mach 3"三刀头剃须系统。
- 2000年：CEO迈克尔·霍勒（Michael Hawley）被解雇。
- 2001年：詹姆士·吉尔特（James Kilts）被任命为CEO。

不幸的是，由于吉列如此热衷于全球化，20世纪90年代末，世界经济遭遇衰退时，公司利润不可避免地受到冲击。吉列不再受到人们的宠爱。以至于公司以前的支持者肯特在《商业周刊》上把吉列公司描述为"一个内部官僚体制使自身失去控制的臃肿、无纪律的组织"。重新能将公司带回到过去充满朝气状态的值得信赖的人是纳贝斯克公司（Nabisco）的前CEO詹姆士·吉尔特（James M. Kilts）。④

2002年初，吉列公司又恢复了原有风采。吉尔特一举扭转了在他上台时公司2000年损失65%全球市场份额的颓势，2001年公司获得了64%的份额。

注释

①Peters, Tom, Liberation Management, Knopf, New York, 1992.

汤姆·彼得斯，《管理的解放》，纽约，1992年。

②Grant, Linda, 'Gillette knows shaving- and how to turn out', Fortune, October 14, 1996.

林达·格兰特，"吉列知道剃须用品——以及如何生产出来"，《财富》，1996年10月14日。

③Grant, Linda, 'Gillette knows shaving- and how to turn out', Fortune, October 14, 1996.

林达·格兰特，"吉列知道剃须用品——以及如何生产出来"，《财富》，1996年10

月 14 日。

④Symonds William S., 'Razor burn at Gillette', Business Week Online, June 18, 2001.

威廉·西蒙德，“剃须刀点燃吉列”，《商业周刊在线》，2001 年 6 月 18 日。

Goodyear 固特异

在我们这个星球上查尔斯·固特异（Charles Goodyear）（1800—1860年）可算不上是一位吉星高照的人物。但是他对于自己的贫穷具有哲学意味的思想："人的生命不应该完全以金钱标准来衡量。我并不对于我栽树，而其他人收获果实而感到抱怨。一个人只有当自己播种而其他人并不能因此获得任何收获，而感到遗憾。"①

固特异发明了一种橡胶硫化工艺。这种工艺使橡胶从在很大程度上不能付诸实际的胶状物质转变为一种具有广泛用途的物质。固特异本人将橡胶运用在比当时任何人所能想到的更多用途上——在他众多实践中包括：橡胶帽子、橡胶内衣与领带、橡胶钞票、橡胶笔记本等等。固特异相信橡胶，但他对于专利注册却略显迟钝，并且对商业方面的事情也并不上心。

好年景与坏年景

- 1898年：弗兰克·A·赛伯杰（Frank A. Seiberling）在俄亥俄州的East Akron创立了工厂。
- 1901年：与亨利·福特一起参加汽车竞赛。
- 1903年：PW Litchfield注册了第一条无内胎汽车轮胎。
- 1924年：获得齐柏林飞艇的特许权。
- 1927年：在欧洲开设了第一家工厂。
- 1937年：美国制造的第一条合成轮胎被制造出来并经过测试。
- 1951年：生产了5亿条轮胎，销售收入达到10亿美元。
- 1963年：生产了10亿条轮胎。
- 1970年：提供在月球上使用的第一条轮胎。
- 1976年：化学部首次研制出能够防止破碎的聚酯树脂饮料瓶。
- 1983年：生产了30亿条轮胎。
- 1986年：与敌意收购作斗争。
- 1989年：投资6 400万美元的项目，以增加合成橡胶轮胎的生产能力。
- 1993年：在北京开设第一家轮胎商店，成为进入中国市场的第一家西方轮胎厂家。
- 1994年：与青岛金狮水管公司（Qingdao Gold Lion Hose Co.）成立注册资本2 000万美元的合资企业。
- 1997年：包括建设两座新厂总额6亿美元的投资计划。
- 1999年：固特异宣布与日本的住友橡胶（Sumitomo）结成联盟。
- 2000年：利润下降到6 300万美元。
- 2001年：税后利润损失了2.06亿美元，缩减了1万个工作职位。

当然，他本人从没有从这些极具智慧的发明中挣到1分钱。在一段时间内，他和他的家人曾在Staten岛一座废弃橡胶厂的废墟中度日，依靠固特异抓到的鱼为生。但固特异花费大量时间和金钱在对抗社会上肆无忌惮的剽窃自己主意上面。曾有一段时间，他好像获得了胜利。1852年，美国高等法院曾颁布过有利于他的法令，将任何侵害固特异专利行径宣布为违法。固特异兴高采烈地交给自己律师高达 15 000 美元的账单，再也没有像丹尼尔·韦伯斯特（Daniel Webster）这样幸运的人了。但不幸的是，侵权行动仍然屡禁不止，直到固特异死后，他为此欠了将近 20 万美元的债务。

对于世界上最大橡胶企业——固特异轮胎与橡胶公司（Goodyear Tire & Rubber Company）与固特异本人没有任何关系，人们一点也不会感到奇怪。在这里，公司仅仅借用了他的名字。固特异公司是 1898 年由弗兰克·A·赛伯杰（Frank A. Seiberling）创立的。在俄亥俄州 East Akron 的 Little Cuyahoga 河岸边上建立了第一家工厂，它生产马蹄铁的衬垫、自行车和马车轮胎、罐头底座环、灭火水龙带，甚至包括橡胶扑克牌。固特异公司从盈利开始，生意迅速起飞。第一个月销售额就攀升到 8 246 美元（想一想可口可乐在第一年内仅仅销售了 50 美元）。

早年，固特异热衷于汽车竞赛——它在 1901 年，向还是孩童赛车手的亨利·福特提供了轮胎。两年后，PW Litchfield 注册了第一条无内胎汽车轮胎。截至 1926 年，固特异销售额达到 23 万美元，成为世界上最大的轮胎和橡胶生产企业。同时，它也取得了制造齐柏林式飞艇的许可并且制造出了美国第一条硬式飞艇（飞艇主要分硬式和软式两种，区别是有无金属骨架，译者注）。

根据许多标准，一开始固特异在发展成为一个全球性品牌过程中没有遇到什么问题。直到 20 世纪 80 年代它遇到了真正问题。首先在整个 80 年代，它不得不面对潜在购买者不令人高兴的需求变化。用于替换的轮胎出货量从 1986 年的 1 890 万条下降到 1989 年的 1 620 万条。同期，固特异在新车轮胎使用份额上也从 12.8%跌至 10.5%。替换轮胎业务的利润也一路下滑。1990 年公司收入为 110 亿美元，但净亏损 3 800 万美元。

固特异遭遇的艰辛是美国势力在轮胎业衰退的征兆。最能说明问题的是日本行业新秀普利司通公司（Bridgestone）收购了美国轮胎公司——火石公司（Firestone）。

20 世纪 90 年代又带给固特异品牌一系列持续挑战。其中最引人注目的莫过于轮胎行业的生产过剩——据估计在全世界范围内产大于销 15%以上。因此产品削价此起彼伏。1998 年，固特异销售额减少；2 800 个职位被削减。2001 年，削减的工人数目达到了 1 万人。而 2002 年初，公司又宣布削减另外 3 500 个职位。

1999 年初，固特异对这些问题做出了反应。公司宣布与日本的竞争对手，住友橡胶工业株式会社（Sumitomo Rubber）结成联盟。1997 年住友橡胶销售量达到47亿美元，成为市场的主要知名品牌。它们之间联合的目的是实现节约3亿到3.6亿美元的目标，并能联合住友在日本的优势和固特异在北美和欧洲的优势。值得夸耀的是这种新联合能够占据总额为695亿美元的轮胎市场的22.6%，使它成为最大厂家。而普利司通公司只占据了18.6%，米其林（Michelin）略少一些，为18.3%。[②]

尽管这种联合在费用节省上已在公司账本底线上显现出一些效果。1997年，固特异收入为130亿美元，利润达到5.587亿美元。而2000年利润下跌到6 300万美元，2001年固特异销售收入为14亿美元，亏损2.036亿美元。CEO塞姆·吉巴拉（Sam Gibara）能否扭转品牌的颓势还有待于观察。但就像查尔斯·固特异所表现出的，希望是永远存在的。

注释

①'Charles Goodyear and the strange story of rubber', Reader's Digest, January 1958.
"查尔斯·固特异和橡胶的传奇故事"，《读者文摘》，1958年1月。

②'Tread carefully', The Economist, February 6, 1999.
"步履小心翼翼"，《经济学家》，1999年2月6日。

Guinness 健力士

GUINNESS

"真正的潮流（Pure genius）"，这是一条最成功的广告语，也是对健力士品牌恰如其分的描述。通过向顾客提供卓然不凡的产品、极具想像力的广告和充满神奇色彩的爱尔兰故事，健力士啤酒已成功地说服消费者健力士是一种黑白相间饮料的名称，而不仅仅是 stout 的一个品牌名称。[①]

在英国，健力士在所有啤酒品牌中品牌关注度最高。在那里，每天要销售掉 100 万品脱干啤酒。这种漂浮着与众不同白色泡沫的黑色饮料具有如此高的吸引力，以至于人们都不是说来一瓶 stout，而是要一品脱健力士。那个著名的欧内尔（O'Neill）竖琴标志配以公司创立者阿瑟·健力士（Arthur Guinness）的签名标识是在 1862 年推出的，一经出现就被全世界喜好饮酒的人认可。

自 1928 年健力士开始进行它的第一个广告攻势，它在英国广告业中就占有特殊地位。多年来，这个品牌通过一些运用著名艺术家或作家等最具创意的广告攻势荣获声誉。有时，健力士广告超越了商业想像和流行艺术之间的鸿沟——是健力士品牌定位的补充。

从传统感觉上，健力士也并不保守；它与时俱进而且特别的酷。它对年轻人的吸引力可以从健力士爱好者们年龄结构的变化清晰反映出来。1987 年，健力士爱好者的平均年龄为 47 岁左右，而到 1997 年，则是 35 岁以下。

爱尔兰根源

健力士得益于它的爱尔兰传统。这个公司是由阿瑟·健力士于 1759 年创立的。在都柏林（Dublin）一座废弃酿造厂中，他开始了创业。健力士本人如此坚信公司能够取得成功，以至于他一下就签订了为期 9 000 年的租约，而每年的租金只需要 45 英镑。最初，公司生产都柏林 ale，然后转变到生产一种相当新的叫做 Porter 的啤酒上来——一种酒精饮料，得名于伦敦女修道院花园（London's Covent Garden）的守门人，这些人非常喜欢这种饮料。在酿造过程中使用了烘烤的大麦，健力士生产的超强 porter（被人们当作 stout porter）具有令人醒目的黑颜色。在以后几年中，它被人们认作健力士 stout。

在阿瑟三个儿子的管理之下，健力士公司开始将它生产的 stout 出口到国外市场。小阿瑟·健力士坚持公司应该注重于使用高质量原料，生产出一种比其他啤酒味道更加浓郁、也更持久的啤酒。这种著名啤酒在酒徒中流行起来，到 19 世纪 80 年代初，圣·詹姆斯门（St James Gate）酿造厂成为爱尔兰最大的一家酒厂。

这家工厂继续获得发展。到 19 世纪末，健力士的这家酿造厂成为世界上最大的一家。阿瑟·健力士和他儿子的公司在伦敦股票交易所上市，而且这个品牌出口并被北美、澳大利亚和部分非洲国家的消费者们所喜好。随着进入新世纪，健力士表现出一种对科学的偏好，采用新的酿造科技。公司在都柏林建立了分析和研究实验室，并且直接从大学里聘请了科学研究人员。令人感兴趣的是，尽管采用了科学方法，但健力士干啤的酿造过程却仍然完整保留了 200 年前的方法，一点儿也没有改变。

20 世纪 20 年代，公司就开始投放自己的广告，在 1928 年的时候，公司投放了一系列海报和报纸广告，大加赞美这种神奇饮料的优点。第一次广告战所针对的就是这种产品的与众不同的本质。市场研究人员也向英国公众推荐健力士是一种营养丰富的饮料。这场广告战尽力利用了这一点，并提出了“健力士对你有好处”的口号。包括约翰·吉罗（John Gilroy）、威克斯·惠斯特（Rex Whistler）和桃乐丝·赛儿丝（Dorothy L. Sayers）等一些知名艺术家和作家贡献了广告词或亲自登场。针对日渐增长的需求，健力士在伦敦御苑（Park Royal）区建立了一座新酿造厂。但它的目光没有只局限于自己的近邻——英国。

（尽管在当时，健力士已经越来越爱好于广告创新。考虑到公众有可能对一些重要健康问题产生曲解，广告标准权威组织后来要求公司撤回所有标语。公司在 1955 年推出了第一次电视广告战役。在 20 世纪 60 年代，会说话的巨嘴鸟成为啤酒广告的先驱。）

为管理出口业务，健力士出口有限公司在第二次世界大战后成立了。1963 年，健力士海外有限公司成立，并在加纳、尼日利亚、马来西亚和喀麦隆等国建立新的酿造厂。在美国，健力士竖琴公司在 20 世纪 60 年代中期建立起来，并在 1985 年成为健力士进口公司。

20 世纪 80 年代，这个品牌的好名声受污于公司试图接管迪斯提乐公司（Distillers）中为使股价升高而采取一些非法勾当的流言。当时健力士总裁厄内斯特·桑德斯（Ernest Saunders）本人也受到牵连而锒铛入狱。他因身体状况而获释，随后痊愈，但在公众中间引起了一些更加没有必要的负面影响。但是令人惊奇的是这些都没有对健力士产生什么致命损害。

多年来，尽管采用了科学方法，但还是有一点一直束缚着公司。公司的声誉是建立在健力士干啤的质量和味道上的——一种可以说不能用普通酒瓶来盛装的口味（一些健力士忠实客户甚至足不出都柏林）。

能够带回家品尝的方式理所当然成为下一步发展的方向。但将健力士盛装在啤酒罐中让消费者带回家饮用被证明是非常有问题的。重新恢复出那种著名的漂浮在啤酒表面的乳状油脂成为一个绊脚石。由艾伦·福珀瑞格（Alan Forage）博士领导的项目组经过四年努力终于获得了突破。他创造的 ICS（罐状系统）就是仿造酒吧中倾倒健力士干啤所使用的那种调配系统。1989 年，这种新系统成功地在英国推出。

多年来，有关健力士啤酒营养有益身心的说法一直被坚持着。其中，它特别有益于孕妇和贫血症病人。多年来，健力士一直被人们赞誉为含酒精的滋补药。这种流行的形象在健力士最近的广告战役中一直不折不扣地执行着。

为了给与这种饮料一种更有男子汉气概的形象，广告词“健力士赋予力量”是原先“健力士有益于你”的广告词的进一步发展。这次战役也是对过去众多广告中所宣称的一种假设的温和讽刺。这种假设是购买这种产品能够使消费者转变为一个更好的人：他会更有吸引力、更性感、社会流行而且充满力量。

通过简单的夸张就达到了这种内在的幽默；在品尝了一口健力士之后，你显然可以举起一个巨大的金属梁，将一匹马从汽车旁边推开或者用一把斧子砍倒一棵大树。这种“真正的天赋”战役开始于1986年，以演员拉特格·豪厄（Rutger Hauer）作为“神秘男人”，并且建立了产品神秘、黑色的特性。这场战役特别吸引了那些对其他啤酒所提供的不细致信息感到困惑的年轻啤酒爱好者。

在北美市场，健力士并不怎么知名。但在美国部分地区认知度还在升高。曾经有一位评论员这么评价健力士进口公司——像往地上倾倒一品托黑啤酒一样缓慢地开拓美国市场。公司的一位高层主管承认：“在某些方面，这个品牌具有一点儿小的神秘感，因为它使别人明白这不是针对大众的。我们必须做一些基本的工作提升人们对品牌的关切度。”

在掀起一场重要广告战役之前，健力士的准备工作花费了5年时间，主要是改进了营销渠道。在接到顾客有关味道的投诉之后，进口商派遣了专门团队指导美国的酒吧如何正确倾倒和提供健力士啤酒服务，在啤酒管路中如何正确使用氮气和二氧化碳混合气。

1997年，英国健力士公司兼并了大都会食品公司（Grand Metropolitan）。这项花费223亿美元的交易创建了迭戈（Diageo）公司，这场品牌婚姻将一个著名的stout酒、Gordon's Gin、汉堡大王和哈根达斯冰激凌品牌置于同一公司——Grand Met's J&B Scotch and Smirnoff vodka名下。

在迭戈公司庇护下，这个品牌将继续兴盛下去。2000年后半年，国际销售上升了6%。实际上，健力士继续扩展自己在世界范围内的经营。它甚至在空气稀薄的尼泊尔酿造和销售啤酒，使征服世界最高山峰的勇士们能够在下山之前痛饮庆祝。

具有讽刺意味的是，健力士销售出现衰退趋势正是在它的原产地——爱尔兰。销售量下滑促使公司开始实施一项新的品牌宣传策略，提醒爱尔兰民众健力士的美味，但爱尔兰民众仍无动于衷，听任他们的国家饮料如此衰落下去。公司关闭了设在爱尔兰陆斯郡（County Louth）的灌装厂，使150名工人失去了工作。厂内堆积了大量多余的包装箱。达成关闭的一个重要要素就是向这些失业者们提供免费啤酒，牌子当然是健力士。

品牌磁石（Brand magnets）

一些公司已经组成了令人敬畏的品牌名字：

宝洁（Procter & Gamble，P&G）

- Ariel
- Bounce
- Camay
- Cover Girl
- Crest
- Daz
- Dreft
- Fairy
- Head & Shoulders
- Hugo Boss
- Lenor
- Max Factor
- Old Spice
- Pampers
- Pantene Pro-V
- Pringles
- Sunny Delight
- Tampax
- Vicks
- Vidal Sassoon

联合丽华（Unilever）

- Ben & Jerry's
- Bertolli
- Bird's Eye
- Brooke Bond PG Tips
- Brut
- Calvin Klein Cosmetics
- Cif
- Colman's
- Comfort
- Cornetto
- Domestos
- Dove
- Flora
- I Can't Believe It's Not Butter!
- Impulse
- Karl Lagerfeld
- Lagerfeld for Men
- Lifebuoy
- Lipton
- Lux
- Lynx
- Magnum
- Obsession
- Organics hair care
- Pond's
- Pepperami
- Persil
- Persona
- Radion
- Ragu
- Salon Selectives
- Signal
- Sunsilk
- Surf
- Timotei
- Valentino
- Vaseline
- Viennetta
- Vim
- Wall's

雀巢（Nestle）

- After Eight
- Baci
- Buitoni
- Buxton
- Carnation
- Coffee-mate
- Contadina
- Crosse & Blackwell
- Friskies
- Kit-Kat
- L' Oreal (major shareholding)
- Libby's
- Lion
- Maggi
- Milkybar
- Nescafe
- Nesquick
- Perrier
- Polo
- Quality Street
- Rolo
- San Pellegrino
- Smarties
- Thorny
- Valvert
- Vittel

注释

①Lager Beers （淡啤酒）：下发酵 Beer，3—9℃，发酵时间长（约 1 周）且慢，储存在桶子中（1—3℃）较长（约 6 周），温度低色泽较淡。4—5°，包括 Pilsener、Light beer、Malt liquors、Bock beers、Double docks、Bavarian beer、Steam beer、Dry beer。

Ales（麦芽酒）：上发酵 Beer，10—20℃，发酵时间较短（少于 1 周），快且激烈，储存短只需几天，温度较高色泽较深。8—10°，包括 Cream ale、Pale ale、Porter ale、Stout、Wheat beer。

Haagen-Dazs
哈根达斯

哈根达斯是20世纪80年代一个超级品牌。它曾经是一种销量稀少的产品和奢华品牌。这种让人溺爱的冰激凌正好符合这个时代。广告业者又添加了另外一种使它更加不可抗拒的成分：性。“奉献欢乐”的口号和多变的品种很快赋予这种梦幻冰激凌超级品牌地位。

《时代周刊》曾经这样描述哈根达斯：“世界上最好的冰激凌”。实际上这个品牌开发出了高端冰激凌市场，其他企业迅速跟进。但是，直到今天哈根达斯仍然是这个市场的领头羊。市场分析显示它仍然是这个市场的领导品牌。

最近几年，很少有品牌能够像这家美国冰激凌生产商这样有效地运用市场营销。首先，哈根达斯拥有一个充满异国情调的名字：哈根达斯——具有某种丹麦情调。第二，精心传递的品牌承诺，真正的沉溺于此。只有最好的原料才能被用来制作这种被认为是最豪华的消费产品。哈根达斯打破了原有规律，将儿童食品转变为一种成人享受的奢华食品。

这种品牌的冰激凌总是要求消费者付出额外的价格，但是不知何故，这并不能使顾客远离它，好像吸引他们放纵的欲望。有关这个品牌的每一件事，从性感的广告到包装，都引诱着顾客去放纵自己。这里强调的是享乐主义带来的终极欢乐。性和冰激凌结合在一起，没有什么比这显得更好的了。无论他们是否能够支付起每一件事情最好的一面，但在他们生活的一个方面，他们可以用全部的办法去做。千百万人正是这样做的。

装满罐子

令人垂涎三尺的哈根达斯冰激凌首次出现是在 1961 年。这是由纽约企业家鲁本·马图斯（Reuben Mattus）制作的，他的梦想就是生产一种世上有史以来味道最好的冰激凌。

马图斯在制作冰激凌方面并不是新手。在他八岁的时候，随自己离异的母亲从波兰搬迁到美国。他的母亲通过手工压榨柠檬来制作柠檬冰。(冰块和冰激凌都是由管子里的果汁冷冻而成。)

1932 年，在马图斯指导下，在布朗克斯（Bronx）成立了塞内特冷冻食品公司（Senator Frozen Products，Inc.)。20 世纪 50 年代末，马图斯已经将公司建成一家成功企业，在它销售的产品中包括一种叫做仙乐(Ciro's）的冰激凌，这种冰激凌通过诸如药店和杂货店之类的店铺销售。20 世纪 60 年代，马图斯预见到了未来是属于那些大型经销商的。他想通过正在崛起的超级市场分销冰激凌。他坚信大的经销商由于拥有超出一般的冷冻能力和广泛吸引力，能够常年向市场提供冰激凌。

但是，他的仙乐品牌产品很快被大型奶制品厂挤出了市场。这些产品也同样采用这个主意，并且能够给大型零售商奖励措施，而这是仙乐所不能企及的。

冰激凌梦想

➢ 1921 年：马图斯一家在美国纽约的布朗克斯开始做冰块和冰激凌生意。8 岁的马图斯是 1921 年随他的离异母亲从波兰移民到美国的。他母亲销售手工压榨柠檬制成的柠檬冰。（将管子里的果汁冷冻做成冰块和冰激凌。)

- 1932 年：在马图斯指导下，在布朗克斯成立了塞内特冷冻食品公司（Senator Frozen Products， Inc.）。
- 20 世纪 40 年代：由于冷冻科技的进步冰激凌成为常年销售的产品。马图斯和他的妻子罗斯（Rose）扩展了生产线：产品以仙乐（Ciro's）命名。
- 20 世纪 50 年代：马图斯的发明改变了美国的冰激凌工业。他是采取如下措施的第一人：
  - · 用特别低矮、圆形的品脱盒子盛装冰激凌；
  - · 针对不同味道使用不同颜色包装；
  - · 进入杂货连锁店常年销售冰激凌，并向它们提供冷冻柜。

  马图斯的创新被许多大型奶制品企业所模仿，它们通过削减价格，威胁到了马图斯家族生意的存在。马图斯意识到自己不得不去发现小的市场缝隙，这就产生了哈根达斯。
- 1961 年：哈根达斯的名字被注册，产品首先在纽约昂贵的精品店销售。
- 20 世纪 60 年代到 70 年代早期：通过人们之间口头赞誉创造了新的市场需求，哈根达斯的销售获得增长。
- 20 世纪 70 年代中期：马图斯的女儿桃瑞丝·马图斯·赫丽（Doris Mattus Hurley）在纽约的布鲁克林开设了第一家“专卖店”。（到 1990 年，哈根达斯在美国开设了 250 家店，在国际上包括英国、法国、德国、新加坡、中国香港和日本）。
- 1978 年：公司从布朗克斯（现在是纽约服务分销点）搬迁到了新泽西州木桥（Woodbridge）的一个大型工厂。年生产能力是 2 000 万加仑冰激凌。
- 20 世纪 80 年代：哈根达斯品牌全球化开始。
- 1983 年：哈根达斯被皮尔斯布莱（Pillsbury）公司收购。
- 1984 年：公司与日本顶尖公司 Suntory 和日本顶尖奶制品公司 Takanashi 签订协议，在日本生产和销售哈根达斯。
- 1985 年：为了在西海岸分销，在 Tulare 开设了哈根达斯的第二家工厂，该厂是加利福尼亚的奶制品、水果和干果的中心。
- 1991 年：哈根达斯推出了 5 种口味的冷冻酸乳酪：香草、巧克力、草莓、桃、咖啡。

> ➢ 1997 年：哈根达斯的拥有者大都市（Grand Metropolitan）与健力士（Guinness）合并组成了迭戈（Diageo）。
>
> ➢ 2001 年：大磨房（General Mills Inc.）购买了哈根达斯，该公司是由雀巢（Nestle）在美国和加拿大注册的。

然而马图斯可并不是轻言放弃的人。他的脑子里又有了另外一个主意：用新鲜奶油、纯正水果、天然原料制作一种奢侈品牌的冰激凌，这种品牌应通过想像力丰富的名字进行营销。他觉得，一个稍微有点古怪的、丹麦味道的名字对于表现新品牌与竞争对手不同是非常贴切的。

哈根达斯首先推出三种基本口味——香草、巧克力和咖啡，它们都通过设在纽约的熟食店销售。产品迅速获得市场反应。在随后几周内，遍及全美的其他店铺也订购了这种新型冰激凌。这种新品牌的冰激凌获得了如此巨大成功，在 20 世纪 70 年代完全替代了仙乐的销售，并最终促使仙乐停止生产。

在整个 70 年代早期，尽管产品没有做任何正式广告，而且也只是获得了人们口头间赞誉，哈根达斯的销售一直在增加。不同寻常的是，这也足以促使分销系统进入东北部的市区中心和大学城。人们开始从全国各地写信询问他们如何能够在自己生活的区域购买到哈根达斯。

下一步到了品牌确立的决定性时刻。这使哈根达斯从一个简单的冰激凌品牌依靠自身实力成为一种经销商现象。马图斯的女儿有了一个“专卖店”的主意，就是只销售哈根达斯产品的店铺。这样的第一家店铺是在布鲁克林（Brooklyn）开办的。这种举措引领这个品牌进入一个新时代。紧接着在美国许多地方都开设了许多家这样的店铺。

到 1982 年，公司阔步前进不断进入新市场。扩张进入加拿大市场是自然而然的下一步。接着就是与日本一家顶尖奶制品公司合资。到 20 世纪 80 年代末期，这种冰激凌跨过大西洋进入了旧世界，映入欧洲人眼里的是充满美感的广告，他们对这种冰激凌的到来怀有极大热情。

20 世纪 80 年代中期对于哈根达斯来说是一个友好时代。这对于“我们这一代”具有直接的吸引力。这种放纵的心情是如此强烈，他们的消费是如此之高——需要用卡车运输。到 20 世纪 90 年代初，哈根达斯已成为市场上最酷的、新的床上附属用品。在杂志、报刊和剪贴版上的广告都是漂亮的半裸男女模特浸在豪华冰激凌桶中。同时，在这一幕的背后，控制权发生了变化。

20 世纪 80 年代，哈根达斯的所有权转换了两次。1983 年，公司被皮尔斯布莱集团（Pillsbury Group）收购。皮尔斯布莱自己又在 1989 年被大都会（Grand Metropolitan）收购。20 世纪 80 年代也目睹了新产品的接踵而至，包括了冷冻酸乳酪棒、冰激凌棒和冷冻饼干，以及获得了非常成功的包含了一大堆原料的 Extraas 冰激凌。

但在 20 世纪 80 年代，又出现了另外一种奢侈型冰激凌品牌：本-杰瑞自制（Ben & Jerry's Homemade）。该公司是以本·科恩（Ben Cohen）和杰瑞·葛林菲尔德（Jerry Greenfield）在佛蒙特州（Vermont）一间废弃加油站中创业而知名。他们的冰激凌王国与哈根达斯直接展开了竞争。

本-杰瑞所带给市场的豪华冰激凌带有一种嬉皮士态度。从某些方面来说，这是下一代人的事情。在 20 世纪 80 年代享乐主义之后，婴儿潮这一代人通过精神信息被吸引到冷冻甜点上来。这些新的冰激凌爱好者并不太关注卡路里的多少，而是更加注重能否拯救世界。本-杰瑞自制的全脂梦幻圣代冰激凌所蕴含的某种乌托邦商业价值令人诱惑。他们的嬉皮士式的幽默——比如像是樱桃（Cherry）Garcia（灵感来自于 Grateful Dead 乐队的领唱 Garry Dead）的味道——同样也吸引人。

哈根达斯发现自己不得不处于防御态势。这两个公司之间发生了一些非常知名的小冲突。哈根达斯卷入了阻止本-杰瑞使用同样销售渠道的法律诉讼。

然而，就像是波蒂商店（Body Shop），本-杰瑞本身散发出一种混合信息。以价值为导向的商业活动有些时候使这两个品牌的美好期望都混杂在一起。社会变化和全脂冰激凌能够筑就一个怪癖伙伴。哈根达斯的信息——同榻伙伴吃的全脂冰激凌——是更诱人的一种。

在 20 世纪 90 年代，哈根达斯的所有权几经易手。开始，它成为迭戈品牌系列的一部分。2001 年，成为了大磨房公司（General Mills Inc.）的一部分，当时它从迭戈手里购买了皮尔斯布莱。最后，美国雀巢公司（Nestle USA）在美国和加拿大对它进行了注册。

尽管所有权变更，哈根达斯仍继续发展着自己作为豪华冰激凌品牌的声誉。诸如 Banana Split Dazzler 这样的新产品非常聪明地在公司网址上进行营销。公司继续将哈根达斯的喜悦带给新顾客。通过在北京、大连、广州、杭州、上海和深圳建立分销店，哈根达斯逼走竞争对手，使自己成为中国最奢华的冰激凌品牌。

Harley-Davidson

哈雷-戴维逊

有关哈雷-戴维逊品牌的精髓可以概括为一个词：自由。比起其他任何一个品牌，这家位于密尔沃基（Milwaukee）的摩托车生产企业成为美国富于个性化的代表。就像其他身份性品牌一样，公司已经认识到它的最大资产就是充满神奇色彩的过去。

哈雷-戴维逊的品牌传统一部分基于社会实际，一部分基于诸如《野蛮人群》（The Wild Bunch）和《逍遥骑士》（Easy Rider）这样的电影。这使好莱坞许多顶尖男演员——也包括一两位顶尖女演员选择哈雷摩托。聪明地运用这个品牌，也使公司能够销售许多产品，包括从哈雷-戴维逊衣物到除臭剂和室内装饰品。

今天，哈雷-戴维逊的顾客平均年龄 42 岁，而 10 年前是 32 岁。这个品牌得益于新一代的专业人士——会计师和律师，在周末穿着摩托车皮服追求一种自由和远离他们办公室的另外一种生活。（顾客通常购买他们的第一辆摩托车或在产生失误后出去骑行一下，这种情况在 1987 年到 1994 年间增长了三成。）订货单超过了生产量，造成要想购买许多型号不得不等上一段时间，使用过一年的哈雷摩托比起全新的还要贵 25%。①

成为野蛮

19 世纪、20 世纪变化之交的密尔沃基，一位名叫威廉姆·哈雷（William Harley）的 21 岁年轻人和他的朋友亚瑟·戴维森（Arthur Davidson）开始尝试着设计并改装自行车及安装动力装置。之后不久，亚瑟的兄弟怀特（Walter）和威廉（William）也加入了他们的行列。直到构架令人满意之前，发动机经过了多次不断地改动。（大家熟悉的 45 度角双 V 直到 1909 年才被引入。）设计出弧型组合管式车架后，1903 年开始制造摩托车。

1906 年哈雷-戴维逊在现在的朱诺大街（Juneau Avenue）建立了它的第一座厂房，并且在 1907 年建成公司。当年总产量为 150 辆摩托车。两年以后，著名的双 V 开始投入了生产，公司一年里生产出了 1 100 多辆摩托车。

哈雷主宰了美国的赛事，他的摩托车也被美国军方所采用，并且在潘哥维拉（Pancho Villa）边境冲突中被证实具有不可低估的军事价值。到 20 世纪 20 年代，哈雷-戴维逊成为世界上最大的摩托车生产企业，并且出口到世界 67 个国家。

在它迎来不平静的 20 周年里，许多创新成为哈雷的标志，包括泪珠状油箱和创新的前闸。华尔街的股市风暴敲响了摩托车销售的警钟，但是公司的销售又因为推出了 EL 型号而反弹——这就是人们所熟知的“傻瓜”型号。

美国参加第二次世界大战，哈雷-戴维逊的所有产品都供给军方，在战后，公司庆贺自己 50 周年的时候，它的最古老和最接近的竞争对手印第安公司（Indian）关门歇业了。

哈雷公司在 1957 年推出了 Sportster 运动系列。1958 年，卡罗·罗斯威伯（Carroll Resweber）使用哈雷摩托连续四次赢得了美国摩托车协会举办的全美最高级别杯赛冠军（AMA Grand National Championships）。在同一年，双重滑行（Duo Glide）型号进入了生产——1965 年这种型号添加了一个电子启动器，变成了巡航型 Electra Glide。

公司在1965年成为上市公司，并且在四年后转而一变与美国机械铸造公司（American Machine and Foundry Company，AMF）合并。1971年，公司推出了超级滑行（Super Glide），这是另外一种划时代的型号。随着Tour Glide的到来——被说成“高速公路之王”——这标志着哈雷进入旅行摩托市场。

1981年，由哇恩·贝尔斯（Vaughn Beals）领导的13位高级主管组成的管理集团购买了公司。他们以胜利者的姿态从公司设在纽约的工厂骑行到密尔沃基的公司总部以示庆祝。新公司的所有者们开始组建哈雷拥有者协会（Harley Owners Group，HOG），使品牌能够更加深入到顾客当中去。

1983年，日本700cc以上的摩托都被苛以重税。哈雷公开揭示了自己新的——更加可靠的——1 340cc V2改进型发动机。

1987年7月，哈雷公司在纽约证券交易所上市。1993年，公司庆贺自己90岁生日时，超过10万的哈雷爱好者云集密尔沃基，并且有6万多辆车参加了游行。

品牌巡航

1989年，CEO理查德·提尔令克（Richard Teerlink）登上哈雷-戴维逊公司最高层的时候，他继承了世界上最为显著的品牌之一。哈雷品牌的爱好者们对于品牌的忠诚度是牢不可破的，但公司却处于下滑趋势。随着这个著名的品牌努力压低成本去抗衡日本入侵者咄咄逼人的竞争，质量已成为一个重要的问题。更为雪上加霜的是日本人以哈雷型号为蓝本仿造的摩托赚取了本属于巡航者的一份市场份额。

提尔令克明白一些事情需要改变。他切中了哈雷最为重要的资产——关心哈雷品牌的人。他与公司外部的忠实客户和公司内部员工对话。结果，到2001年，哈雷拥有者协会在115个国家中拥有66万名成员。

提尔令克还推出了新的严格质量规则，保证了离开工厂的产品都配得上哈雷-戴维逊这个名字。这就意味着顾客有时必须静等自己订购的摩托，但对于产品的保证使他们值得等待。

管理流程做了彻底修改。它们现在已经成为时尚的最好经验的参照物。比如，哈雷使用自我指导（self-directed）的队伍作为执行层。在层级结构中剔除了执行副总裁，取而代之的是三个关联小组。这种小组反映了公司组织的方式。一个负责创造需求，一个负责生产产品，另外一个负责支持。[②]

公司改革是以投资培训为基础的。公司设立了哈雷学院（Harley Institute），关注的是核心竞争力（这被分解为交互、执行和技术），所有员工每年都受到80小时的培训，并对经销商实行为期3天的培训项目。

这些还有其他措施为哈雷-戴维逊在20世纪90年代的振兴铺平了道路。

2001年，公司销售额达到33.6亿美元这个创纪录的数额。净收入达到了4.377亿美元，234 461辆摩托车被运送出去。这是公司连续第十六年打破了销售收入和利润纪录。这也是公司在50年来首次推出新车型——V-Rod，这种与德国保时捷公司合作设计的产品对于将在欧洲市场的份额从6%提高到接近15%做出了贡献。公司现在已经主宰了当地55%的市场份额。[③]

在哈雷100周年组织了一次开放型公路赛。这项赛事是从2002年7月到2003年7月，路经美国亚特兰大，目的地是德国的慕尼黑，其中包括了悉尼和东京。这项赛事是为庆贺哈雷-戴维逊而举办的。在公司发放的书面宣传材料上这项活动被形容为包括“12小时顶尖音乐娱乐，剧院效果的展览和互动展出，摩托车时尚表演，电影、针对儿童和成年人的活动，还有其他更多，都是为了一个活动”。这项活动的高潮是在2003年8月31日星期天，在密歇根湖畔密尔沃基Veteran公园举办的哈雷-戴维逊晚会。这是采取适当的方法庆贺美国著名品牌的成功重振。

注释

①Schonfeld, Erick, ‘Betting on the Boomers’, Fortune, 25 December 1995.
艾瑞克·斯重费尔德，“赌注于婴儿潮”，《财富》，1995年12月25日。

② Imperato, Gina, ‘Harley shifts gear’, Fast Company, Issue 9, June/July 1997.
吉纳·英普拉脱，“哈雷换档了”，《快速公司》，第九期，1997年6/7月。

③ ‘Harley-Davidson rides into Europe’, http://news.bbc.co.uk, August 20, 2001.
“哈雷-戴维逊进入欧洲”，2001年8月20日。

Harvard Business School

哈佛商学院

哈佛商学院是有关商业教育方面一个重要品牌。这一品牌使商学院能够对它所作的任何事情都可要求获得溢价收费。

今天，哈佛商学院品牌涵盖了令人惊奇的、如此之广的活动范围。这包括了诸如MBA（工商管理硕士）这样的学术资格课程，对于企业高层领导人的高级教育计划，以及出版发行《哈佛商业评论》（Harvard Business Review）和商业书籍活动。作为受益匪浅的发明者，哈佛商学院也是案例教学的巨大生产者，这种教学方法被世界上所有管理教育学院所采用。

它的巨大优势在于拥有能够合理运用知识资本的能力。在商学院术语中哈佛商学院品牌就是一种协同。哈佛标识促成了一种环环相扣的循环——甚至向整个迷你工业提供了一个发射台。在《哈佛商业评论》某一篇文章中的思想能够被发展成为一本书，然后就是灌制录像带和CD-ROM。依靠发行著作，这位成功的作者能够参加国际性会议，因此也就促进了著作销售。

对于某些人来说，这是一个杰出、有效的循环。不断获得的成功使那些举棋不定的商业学教授们最终回到哈佛那充满友善的臂膀中。在这里早期的一个想法能够发展成为一门令人备感兴奋的新课程，并且能够吸引到资金以便做进一步研究使得整个循环处于再一次运转当中。拥有了哈佛商学院的品牌，无需顾及产品的生命周期。

由于哈佛商学院的这种协同结果，哈佛商学院的出版物不仅能够触及最新管理思想，而且也能触及最现代的管理思想家——他们之中的许多人就是各自研究领域的大师。

其中几位突出的作者就是哈佛商学院的教授，包括了学校的校长金·克拉克（Kim Clark）、琳达·希尔（Linda Hill）、罗莎贝斯·莫斯·肯特、罗伯特·凯普兰（Robert Kaplan）、约翰·科特（John Kotter）、米切尔·波特。公司也出版了一些销售量最大的管理著作者的作品，他们包括阿瑞迪·格斯（Arie de Geus）、加里·海默（Gary Hamel）、查尔斯·汉地（Charles Handy）、里吉斯·迈克纳（Regis McKenna）、帕拉哈德（C.K. Prahalad）。他们中有些人加入了其他商学院，但都非常愿意在哈佛品牌之下出版自己的著作。

培育常春藤

哈佛商学院建立于1908年，在1910年获得了管理学硕士学位颁予权。尽管其他商学院——特别是Dartmouth的Tuck School——宣称在这个日期之前就已开始拥有管理学研究生计划，但哈佛商学院是第一家要求拥有大学文凭才能进入管理学计划的商学院。

学校所拥有的将它与当时美国大陆上蓬勃兴起的其他商学院区分开的重要东西就是哈佛品牌。结合哈佛大学所具有常青藤学校的巨大声望，新学校培育发展所采用的严肃方法，以及具有吸引天才教授能力的综合体——一些从学校其他部分所带来的优势，很快确立了商学院成为顶尖商业学府的地位。

哈佛商学院校长华莱士·杜汉（Wallace Dohan）回顾了1922年创立的《哈佛商业评论》："这种就像凭借对面粉厂的控制权而进行投机的效果并没有设定令人心跳的竞赛，但这是一个成功出版故事的开始，并且增加了哈佛品牌的声誉。75年以来，《哈佛商业评论》在塑造全球管理思想上具有很高的影响力。今天，除了能够从《哈佛商业评论》目录中重印文章，繁忙的企业领导者们还能够购买到录音磁带以供他们在车中或长距离旅途中使用。

哈佛商学院受益于MBA的繁荣。20世纪60年代和70年代，哈佛的这种资格进一步加强了自己的地位，并在80年代演变为神。突然间，企业雇主们不能得到足够的商学院毕业生。不仅是那些以重视MBA所能提供的分析能力而著称的投资银行和商业咨询公司，其他行业绩优股公司也纷纷加入进来。

在这种繁荣景象下，MBA好像成为主宰西方民主政体的自由市场哲学的一个缩影。无论是茅屋匠的还是总统的孩子都被这种瓶装企业文化浇灌、培育。突然间，在所有掩饰下的商业不仅仅是一种受人尊敬的活动，而成为一种道德命令。

20世纪80年代的MBA就像戈登·格克（电影《华尔街》中少年得志的人物，译者注）或是《Vanities的篝火》。用汤姆·沃尔夫（Tom Wolfe）的话说，大学研究生都拥有MBA学历。这是时代精神的一部分。当时时代精神就是从商学院毕业的、穿着考究的年轻人直接获得拥有无上权力的高级职位。很简单的是，在你名字后面拥有MBA这三个字母就能使你工资数后面再加上一个零。从来没有一种资格拥有如此力量——或是如此让人兴奋。有关"金色问候"的故事——再加上红利——提供给MBA毕业生是很普遍的事情。特别流行的是商学院毕业生们加入华尔街投资银行和伦敦金融城，还有进入世界顶级管理咨询公司，他们成为MBA神话的一部分。

在这个塔的顶尖就是哈佛品牌MBA。这也是吸引了那些追寻拥有品牌简历的个人。管理学大师汤姆·彼得斯承认这一点。他说："在海军服役之后，我并不知道还有什么比上MBA更好的事情。我上商学院是因为我最好的六个朋友认为MBA炙手可热。在那个时代MBA已经开始流行起来，我的2/3军队伙伴都去哈佛上学。"现代哈佛MBA计划每年收录大约900名学生。哈佛商学院在管理者再教育方面也颇有建树。许多公司都愿意付出4.85万美元选派高级管理人员接受哈佛大学享有声望的为期9周的高级管理计划。

案例教学也是兴旺发达，尽管一些关注者们认为案例教学实际是提供了一种运行商业活动的肤浅认识。具有传统的是，案例教学已成为整个世界MBA教育的基本组成部分之一。哈佛商学院早在1924年就将案例教学作为基本教学方法。案例教学展现给学生的是企业的例子。根据这种叙述，学生们被期望能够找出哪些是对的或是错误的结论，认识到那些最好或是最坏的经验，并且学习某些管理行为。仅哈佛一个学校就撰写了超过7 500个案例——其中一个案例是关于如何使用哈佛品牌。这种案例教学方法仍然是全球所接受的和实践采用的方法。

每年，哈佛仍然艰苦地撰写出350个案例（大约有40本书）。最近，哈佛商学院的品牌营销已经走向高科技，它的许多产品被灌制成了CD-ROM、录音和录像格式。现在能够付费在网上迅速查阅《哈佛商业评论》的文章或下载内容。即使是传统的案例教学也用上了数字化。1996年哈佛将它的第一个电子化案例付诸实施，而现在则通过将大量电子化案例点播播放和联结互联网的实时信息发展出MBA“无纸化”课程。

哈佛的影响遍及整个世界。比如，印度管理学院（The Indian Institute of Management）在哈佛的支持下创立，并且直到今天仍然是哈佛热心的追随者。一些欧洲商学院也遵循哈佛模式，包括IESE这个富有盛名的西班牙学校。在亚洲，马尼拉的亚洲管理学院建立于1968年，并从一开始所有课程全部使用哈佛资料。（哈佛大学甚至向越南胡志明城市经济大学提供一年期的实用经济学，这种秘密行为甚至达到了美国在越战中没有达到的目的。）

然而，并不是所有的人都相信哈佛商学院以自己品牌的保证造就了更好的商业领导人。这个品牌也遭遇到一两条负面指责。彼得·杜拉克（Peter Drucker）曾经全面反驳哈佛——他曾经评论：“哈佛，对于我来说，就是结合了最糟糕的德国学术傲慢自大和美国神学院的糟糕习惯。”

后来成为Avis总裁同时也是《提升组织》（Up the Organization）作者的罗伯特·汤塞德（Robert Townsend）也持有这种观点。他警告：“千万不要雇用哈佛的毕业生。”他说：“在我的眼里，这些所谓的精英分子缺乏一些成功的必要素质：谦逊；对一线人员的尊重；深刻理解商业的本质和了解那些因推动公司发展而欣欣然的人们；尊重自己的下属；拥有勤奋、忠诚、决断和公平的良好记录，并且不屈服压力保持诚实。”

但是这些批评仍是微不足道的。随着高级主管教育市场的有望继续增长，哈佛商学院的品牌仍被很好地使用，以获得优势最大化。如果这个品牌的阿基里斯的脚后跟（古希腊传说中的勇士，惟一弱点在脚后跟，译者注）存在于自己学识的傲慢。到此为止，如果没有获得引人入胜的创新，那么这种缺陷将足够展现出来了。随着竞争的加剧，它将抬起自己的脚后跟或是被其他更加灵活的商学院超过。

Heineken
喜力

喜力啤酒享有其他啤酒所不能企及的130多年长盛不衰的历史。在一个表面上看起来产品大同小异的巨大市场内，这种荷兰生产的啤酒所运用的怪异诙谐和强烈品牌个性使它脱颖而出。今天，喜力啤酒是世界上最畅销的品牌之一。

20世纪70年代和80年代，公司实施了非常有效的广告战以进入英国市场。一直以来，这个市场被当地所出产的ale和bitter所占据。而喜力啤酒的广告宣传侧重于强调它的清爽。它所提供的pilsner都是经过冰镇的。同时，喜力也继承了欧洲大陆啤酒传统。这种战略被设计用来吸引年轻人。畅饮喜力啤酒是一件很有趣的事情。这种啤酒给人们留下的印象是玩世不恭、稍微有一点伤风败俗，与当地啤酒给人的陈腐、蓝领印象形成了鲜明对比。

这些商业活动激起了一系列对喜力啤酒清爽质量的疯狂需求。它成为无论是从劳累的脚步到烦闷的钢琴演奏会等每一件事情的补救良药。在这场战斗的第一个十年里，喜力啤酒在英国的销售额增长了300%，尽管这期间有超过 100 家其他啤酒厂也在英国登陆。

1974 年到 1985 年间，喜力的业务继续发展。它奇迹般地总能够使事物向好的方面发展，它能够伸长史波克先生（Mr Spock）（美国一著名科幻电影的人物，与顺风耳相似，译者注）的耳朵，使鲁道夫（Rudolph）（圣诞老人，译者注）的红鼻子又重新发红，使恶棍艾因（J.R.Ewing）（美国一电影中最著名的恶棍，译者注）转变为带有光环的天使。这就是这场战斗的威力，它已经成为日常用语，并成为喜剧演员的幽默。

酿造品牌

喜力的故事开始于 1863 年，当时杰拉德·阿德瑞安·喜力（Gerard Adriaan Heineken）购买了阿姆斯特丹最大的酿造厂迪-霍伯格（De Hooiberg）。随着喜力在阿姆斯特丹和鹿特丹（Rotterdam）开设新的酿造厂，这项业务也发展得越来越大。

为寻找高质量原材料和最新酿造技术，喜力周游了欧洲。在德国，他很快发现了传统上部发酵方法已经转变到了底部发酵法。喜力雇用了一位德国人作为他的啤酒酿造师。后来的创新就是开发出了一种新的配方。1886 年，路易斯-巴斯特（Louis Pasteur's）学校的一位毕业生——埃里森（Elion）博士开发出了著名的“喜力酵母”——直到今天，它仍然赋予喜力啤酒与众不同的味道。

在喜力 1893 年去世的时候，他的酿造生意已成为荷兰最重要的业务之一。但是来自于荷兰其他公司的竞争——包括 Amstel——和德国竞争对手的逼迫，公司不得不将自己的啤酒降价。20 世纪 30 年代发生的经济大衰退也带来了更多竞争，而且整个欧洲的啤酒消费量开始下降。在荷兰获得解放以后，喜力的管理者们面对一场重建酿酒王国的战斗。

在以后 20 年里，在欧洲的销量稳步增长。但是荷兰的啤酒商们一直想尽办法希望进入英国市场，在那里传统的 ale 和苦啤酒仍然比欧洲大陆口味的啤酒流行。那种采用“厂家直营”系统模式的酒吧和对于烈性酒征收惩罚性税收的举措都使得传统的大型酿酒商很难在这个市场竞争。

1951 年，喜力推出了一种特殊的、适应当地口味的产品——味道更加清淡——针对英国市场的淡啤酒。这是喜力发生了根本性转变的标志之一，以前它一直强调自己独一无二的味道不会迁就当地口味。尽管有了以上适应性变化，但直到20世纪70年代，当狂饮的一代已经开始广泛选择饮品了，在英国的销售量却仍然令人失望。1985年，公司推出了“喜力特别出口”，这是为了迎合喜力在其他国际市场作为一种最优秀啤酒而进行促销和定价的。

然而，在美国市场，喜力的运气显得更好些。喜力是禁酒令被取消后第一家出口啤酒到美国的酿酒企业。美国人过去习惯于本地生产的基于大陆型淡味啤酒的当地产品，并且人们喜爱喜力啤酒 pilsner 的传统。这种啤酒的超出寻常的定价和高质量的品牌影响力就像拥有魔力一样，迅速成为在美国最受欢迎的进口啤酒。

到达其他啤酒厂商不能到达的市场

在英国之外，喜力啤酒总是坚持它的核心价值就是它的产品以质量为核心，并且能够渗透进海外市场的能力。随着淡啤酒市场增长的预测，啤酒厂商的增加，小型酿造厂和干啤酒、清淡啤酒和冰啤酒的科技创新，这场竞争看起来更趋于激烈。

尽管喜力在品牌认知度上占有优势，但是喜力是否能够做好准备应对这种挑战并不清晰。与许多当地顶尖啤酒不同的是，喜力品牌在美国啤酒爱好者中的忠诚度并不是特别的强烈。许多消费者认为喜力是“最好的进口啤酒”。危险在于如果他们接触了其他优秀啤酒，那么喜力啤酒就可能失去作为啤酒优秀品牌的价格吸引力。

在英国和其他欧洲市场，喜力成为时尚的牺牲品。20世纪80年代，流入市场的美国和澳大利亚啤酒引起了巨大反响，这并不是因为他们所提供的产品具有完全不同的特性，而是因为它们适合了时代的发展。新的世界呈现出比旧世界——其中一部分是由喜力和其他大陆型啤酒所组成的——更加令人兴奋的一面。一些品牌——比如 Skol 和 Harp——已经遭到重创。这种冲击也敲响了诸如喜力等高质量品牌的警钟。

尽管喜力的业务遇到这些威胁，但是公司继续获得良好收益。2001年，喜力是世界第三大酿造厂商，利润增长了15%，达到了6.23亿美元。

2002年1月，弗莱德·喜力（Freddy Heineken）逝世，享年78岁。这位耀眼的荷兰企业家对喜力品牌的全球成功拥有众多功绩。喜力本人曾经有过著名的言论："我不是出售啤酒，而是销售热情。"他或许是一位市场营销方面的天才，但并不是他所有的主意都是赢家，他也有走麦城的时候。比如制作"世界啤酒"的瓶子，这是为了解决发展中国家房屋短缺和保护环境而采用的，这种瓶子是正方形，饮用完啤酒后可以当做砖头。还有就是公司管理层缺乏热情。

今天，啤酒爱好者们比过去更加不忠实于某一个品牌。时尚的影响降低了他们的坚定性，他们更喜欢去品尝不同的啤酒，不断地去寻找一种适合自己的产品。这对于小型酿造厂来说是一个好消息，但对喜力这样大批量市场的品牌却造成更大的负面影响。这种荷兰啤酒在最近几年里立于不败之地的是基于一种娱乐感觉和品牌个性，这使它能够适应市场环境的变化。

Heinz

亨氏

亨利·约翰·亨氏（Henry John Heinz）（1844—1916年）生于匹兹堡（Pittsburgh）。他是一位早熟的企业家——在他8岁时候（另一说12岁，这完全取决于阅读了哪一本传记）就将自己家里种植的多余蔬菜卖掉。这项生意滚雪球般越滚越大很快发展成一个巨大的王国。到1860年，亨利每周向匹兹堡的食品杂货商发送三大马车蔬菜。

亨氏的买卖越做越大。1869年，他与人合伙贩卖农产品，当时所卖的产品就是揉碎的山葵。亨氏贩卖的山葵以纯正出名——亨氏并不像其他商人那样往里掺入价格低廉的芜箐。通过使用透明包装瓶，公司产品的纯正性被置于大众面前。这一段经历证明是非常有益的：这段合伙经历在6年后以公司破产告终。失败原因是由于农作物产量过多，打压了农产品价格。（代表亨氏个性的是，他付清了自己所有的欠账。）亨氏没有被吓倒，1876年，他很快又卷土重来。这次是与他的兄弟和堂妹合伙，成立F & J亨氏公司，自己出任公司经理。新公司主要制作泡菜和调味品。公司出产的第一种产品就是番茄调味酱。

亨利拥有非常远大的志向。他以自己一贯的秉性宣称：“我们的市场是整个世界。”为了调查新市场，他走访了欧洲。非常著名的是，他带给伦敦声望很高的 Fortnum & Mason 商店五箱产品。该店声誉卓著的采购专家在品尝了样品后对亨利说：“我想，亨利先生，我们需要大量订货。”到 1900 年，亨氏公司的销售人员在全世界销售的产品超过 200 种。他曾经宣称自己的触角已经遍及了世界上“每一个有人类居住的大陆”。

1888 年，公司在亨氏领导下重建。到 1892 年，亨利·亨氏决定公司需要一条口号。他提出了“57 种不同口味”来描述公司所销售的食品。当时公司产品中只有少数几种销售冷淡——当时亨氏公司总共生产 60 种产品——另外一种还需经历时间的验证。亨氏是一位天生的市场营销家。他曾聪明地评论：“你用不着说得太多，只要搞清怎么做、什么时候做、在哪里做就行了。”

豆子计算

- 1869 年：亨利·亨氏（Henry J. Heinz）和克拉伦斯·诺贝尔（Clarence Noble）开设了亨氏—诺贝尔公司（Heinz & Noble）。
- 1876 年：公司产品线中增加了亨氏番茄调味酱。
- 1896 年：“57 种不同口味”口号的提出。
- 1931 年：霍华德·亨氏（Howard Heinz）将公司业务转移到婴儿食品和汤类食品上。
- 1946 年：杰克·亨氏（Jack Heinz）使公司成为公众公司。
- 1966 年：波特·固金（R. Burt Gookin）成为公司第一位非亨氏家族成员的 CEO。
- 1979 年：托尼·瑞力（Tony O' Reilly）成为公司 CEO 并开始进行全球扩张。
- 1998 年：威廉·约翰逊（William R. Johnson）成为公司的第六任 CEO。
- 2001 年：业务涉及 200 个国家，提供 5 700 种调味料。

1905 年组成公司，亨氏当上总裁。亨氏的商业哲学直接来自于维克多利亚慈善家的一本入门手册。“人们心中的力量远大于机械的力量。”他设在埃勒格尼河畔（Allegheny River）的工厂就是如何善待职工和保持清洁的典范。亨氏鼓励工厂对那些感兴趣的团体开放。在他 1916 年逝世的时候，公司在 25 家工厂中雇用了上千名员工。

超越亨利

亨利·亨氏的职务由他的儿子霍华德继任。霍华德·亨氏（Howard Heinz）将公司转向到婴儿食品和预制汤类食品上——当 1944 年盟军在法国诺曼底登陆的时候，士兵们都携带了自动加热的亨氏汤罐头。后来，亨氏的孙子，杰克·亨氏（Jack Heinz）接管了公司。他继续坚持公司广告宣传和促销上的信条。一些战时口号非常著名，包括令人难以忘怀的“用豆子去轰炸”和“腌菜驱逐机”等等。

直到 1965 年，在波特·固金（R. Burt Gookin）担任公司 CEO 后，亨氏家族才放弃了一直占据着的公司最高层。固金跟随前爱尔兰橄榄球员托尼·瑞力（Tony O'Reilly）的脚步。一些基本原则并没有发生改变。托尼·瑞力曾说：“我们面对的严峻考验……就是任何一位想购买亨氏番茄调味酱的家庭主妇，如果发现产品已经断货，她就走出商店从其他地方买一瓶或是换一种替代品。”①

私有商标的崛起

食品品牌的发展揭示了在整个品牌发展道路上所呈现的几个重要阶段。一些世界最大食品品牌的起源是在 19 世纪。在这段时间内，亨氏和雀巢以大批量生产的食物创建了一个巨大的新市场。

开发出这个市场后，这些公司认识到这个市场的变数会变得越来越明显。为了回应人们食用这种食物总会有一定数量这样一个简单的事实，企业们都将自己的注意力放在有附加价值的产品上。只有这样他们才能够获取额外价格。重点放在了预先灌装好的膳食，吃起来更健康、快速和有效。大量的不同品牌和市场细分出现了。消费者们希望能够吃到味道好、有益健康的食品。他们希望这种食品是预先做好的、准备就绪非常容易烹调的。

其结果就是一个巨大的市场。1992年，有一种预计，在全球销售的包装食品超过了2.8万亿美元。巨大的盈利和现金收入意味着这些公司能够从其他食品业务领域购买品牌。在20世纪80年代，兼并和收购成为稳定的发展趋势。巨额资金和品牌大量转手。

就像大多数情形一样，在品牌振兴的时候，现实发生了变化。随着附加价格的增加，预算飞速上涨而且品牌价值面对商业的最顶层，但是消费者开始变得有点沉默寡言了。他们找寻其他品牌，并且开始注重花费金钱所取得的价值，这是市场营销以外的艰难事实。

超级市场迅速利用这种变化，它们强调发展自有品牌。自有品牌当时已经存在了十多年了，正在得到发展，但还没有壮大起来。从1987年占据包装食品收入的23%，自有品牌发展到了1991年的34.9%。实际上，Henley Center所进行的调查发现，现在最好的品牌往往是那些零售商们的自有品牌。根据所有标准——包括可信度、产品创新、包装和价格来看，荷兰最好的超级连锁Albert Heijn自有品牌的产品排名远高于雀巢。事情已经起了完全变化。实际上，一些零售连锁店现在直接从农场购买产品，这是增加收入的另外一种努力。这么做，他们就是简单地重复亨利·亨氏作为一位儿童企业家所做的事情。

沿着这条路，亨氏公司收购了斯塔基斯特公司（StarKist）（1963年），Ore-Ida(1965年）和国际体重监管（Weight Watchers International）(1978年)。1998年，亨氏公司的第六任CEO——威廉·约翰逊（William R. Johnson）成为公司最高领导人。约翰逊拥护为获得成功而采取一项名叫V5V的措施——亨氏将通过5个V获得成功；立足于全球管理和增长的远景（vision）；可望成功（voracious）；坚定不移地关注于提高股东价值（value）；通过成本控制达到产量增长（volume）；变化快速应对（velocity）。

约翰逊将自己的全球成长战略付诸实施。它兼并了诸如在哥斯达黎加、菲律宾、荷兰和新加坡的工厂。不仅如此，约翰逊监督将公司的诸如调味酱、调料和沙拉与快速食品和汤类等主产品进行重组。

结果是令人鼓舞的。现在，亨氏公司收入已经达到了100亿美元，雇员超过了45 800人，在6大洲200个国家中推出的产品超过5 700种。他在世界范围内拥有150种排名第一或第二的品牌。对于调味酱来说——这种冠以亨氏名字的产品或许是最贴切的——公司已经销售了 6.5 亿瓶和令人惊奇的 110 亿袋小包装，这几乎就是整个食品工业。生活在这个星球上的每一个人都拥有这两种产品。

注释

①Kotler, Philip, Marketing Management, Prentice Hall, Englewood Cliffs, NJ, 1996.
菲利普·科特勒，《市场营销管理》，1996 年。

Hertz Car-Hire

赫兹汽车租赁

赫兹是汽车租赁业的顶级品牌。这个公司就像底特律的汽车制造业一样成为美国汽车发展史中不可或缺的部分。从先驱沃特·贾柯布（Walter L. Jacobs）在位于芝加哥一个僻静的小摊位开始出租12辆福特T型小轿车开始，经过众多兼并直至20世纪90年代被福特汽车公司所拥有。今天，赫兹仍然是一个位居前列的汽车租赁品牌。

公司在庆贺自己80周年的时候，宣布取得了创纪录的销售量。赫兹汽车租赁提供优异服务的声誉和它覆盖北美和世界其他地方的布局，使它成为数以百万计游客的首选。在业界，公司一直以创新为荣。早在1926年，公司就在汽车租赁行业推出了一项重要商业措施——信用卡——成为该行业第一个覆盖全国的协定。全国信用卡（The National Credential card）——就像它的名字——是1959年推入市场的赫兹国际汽车信用卡前身（Hertz International AUTO-matic charge card）。

赫兹公司的其他首创使顾客能够更加容易地发现到达目的地的道路。1984年，赫兹店引入了计算机辅助驾驶方向系统（Computerized Driving

Directions，CDD）为驾驶者提供目的地的详细资料——能够提供6种语言。它花费大量时间研制的Avis系统或许仍然需要经历一段艰难路程，但关注客户的需求，使赫兹品牌走在了时代的前列。

驾驭品牌

公司是在1918年开始进行汽车租赁的。这项业务是由沃特·贾柯布这位汽车租赁业务先驱开创的。22岁的时候，贾柯布开始在芝加哥运行汽车租赁业务。他最早的出租车队是由12辆福特牌T型轿车组成，这些车都是他亲自修理和油漆过的。

到1923年的时候，这项业务获得了发展，每年收入达到了大约100万美元。同年，贾柯布将自己的汽车租赁生意卖给了约翰·赫兹（John Hertz），他是黄色出租车（Yellow Cab）与黄色货车和客车制造公司（Yellow Truck and Coach Manufacturing Company）的总裁。贾柯布仍然留在公司内，作为赫兹的高级主管。

这项业务被改名为赫兹自选驾驶系统（Hertz Drive U-Self System），1926年，成为通用汽车公司的一部分，当时通用汽车从赫兹手里收购了黄色货车公司。

在1953年，全向汽车公司（Omnibus Corporation）从通用汽车手里购买了赫兹租赁这项业务。当时赫兹公司已经不再经营客车业务而专注于轿车和卡车租赁上。1954年，成立了赫兹企业并且第一次在纽约证券交易所上市。最初开创租赁业务的贾柯布成为公司第一任总裁。直到1960年退休前，他一直担任该职务。贾柯布于1985年在他89岁高龄时逝世。

1954年，赫兹收购了大都会分销公司（Metropolitan Distributors），这是一家历史可以追溯到第一次世界大战时就开始进行货车租赁的公司。在此过程中，它还招募了利昂·格林鲍姆（Leon C. Greenbaum），他当时是大都会分销公司的总裁。格林鲍姆在赫兹公司董事会中占有一席之地，在1960年被任命为公司CEO之前，一直担任公司主席一职。

在后来20年间，赫兹公司三易其主。1967年成为RCA公司的一个完全附属分支。在1985年，它加入了UAL Inc.。1987年12月30日，公司被卖给Park Ridge Corporation，这是福特汽车公司与赫兹公司组建的一个新公司，目的就是购买赫兹公司。1988年，将赫兹公司在新泽西

Park Ridge 的总部以该名字命名。

20 世纪 80 年代，在底特律汽车制造三巨头间——通用汽车公司、福特公司和克莱斯勒公司——买断了一些大型租赁经销商。这个租赁市场的顶级品牌，已经部分被福特公司所拥有的赫兹公司肯定不会被这些工业巨头们长时间忽视。

1988 年，沃尔沃北美公司也成为 Park Ridge 公司的投资者。在 1993 年，Park Ridge 公司与赫兹公司合并，而且赫兹成为一个独立的、完全由福特公司所拥有的下属机构。

一个与时俱进的品牌

20 世纪 90 年代中叶，汽车制造厂商纷纷脱离了汽车租赁行业。通用汽车公司曾经拥有国家汽车租赁系统和 Avis29%的股份，它将这两项业务都转卖了。1997 年 1 月，福特公司同意将 Budget Rent A Car 租车公司出卖给它最大的经销商团队租赁集团公司（Team Rental Group Inc.），交易额达到 3.5 亿美元。其他举措接踵而至，福特公司还宣称它将出售赫兹公司 20%股权，这个在美国拥有近 25 万辆车的最大经销商将被公开出售。公司股票首发是在 1997 年 4 月 25 日，赫兹成为纽约证券交易所上市的公众公司。

尽管销售还存在着许多未知数，一年来这个品牌还是表现良好。收入上升了 27%达到了 2.16 亿美元，连续第四年刷新了销售纪录。1997 年也是获得巨大荣誉的一年，公司共收到了 16 项奖励，以表彰它优异的客户服务和客户满意度，包括 Conde Nast Traveller。赫兹品牌也成功地在工业设备租赁行业运用。比如，1997 年赫兹设备租赁公司（Hertz Equipment Rental Corporation）宣布收入达到 4.445 亿美元，业务范围遍及美国 135 处地方和欧洲 13 处地方。到 2000 年，赫兹的收入增长了 7.6%，达到 51 亿美元，其中特别在设备租赁方面增长势头猛烈。从此这个品牌扩展到其他许多商业领域。这包括保险代理租赁、汽车销售、出租、赔偿代理和电信服务。

2001 年 3 月，公众公司赫兹与福特汽车公司一家下属单位合并，成为福特公司间接控制的下属单位的一部分。这种产权上的变化并没有影响赫兹的成功道路。2001 年，赫兹仍然占据了租赁市场的第一位。在美国拥有超过 7 000 家店铺，并在美国之外的 144 个国家中也留下了它的足迹。赫兹公司在世界范围内拥有超过 50 万辆汽车的庞大车队。在世界顶级品牌中，赫兹仍然是一个只在北美、澳大利亚、新西兰、西欧和巴西开展业务的企业。

公司仍然继续扩大其品牌在全球的影响，并不满足于它在世界范围内的已有活动。赫兹是第一个进入中国并开展业务的全球汽车租赁企业。中国是世界上潜在的最大汽车租赁市场之一。2002 年，公司在中国诸如北京、上海这样的大城市开设了店铺。

Hewlett-Packard
惠普

大卫·帕卡德（David Packard）（1912—1996年）这位惠普公司的创立者之一，名字仍然是公司品牌一部分的人曾说道：“你不应该对你所做的任何事情感到心满意足，你应该不断地前进并且努力去做一些更好的事情。”

在20世纪60年代，惠普公司与IBM公司类似：是每个人心目中良好管理公司的化身。作为一个品牌，它并没有受到普遍喜爱、普遍认知或普遍使用。它没有特别的聪明或是轻率，但它与卓越紧密相连。实际上在70年代末期，当他们还在为公司成为“杰出”企业而奋斗的时候，汤姆·彼得斯和罗伯特·沃特曼（Robert Waterman）就在他们的著作中例举了惠普公司，对此没有招致任何异议。同样，在詹姆斯·柯林斯（James Collins）和杰瑞·波拉斯（Jerry Porras）撰写的《企业精神，贯彻始终》（Built to Last）一书中，在作者所赞颂的长久存在的企业名单中就有惠普公司的名字。1985年，惠普荣登为《财富》杂志评选的美国最受人尊敬两家公司之一。惠普公司在每一方面都被评为最佳管理企业以及最值得为之工作的企业。惠普赢得了不同寻常的双丰收：既受人敬仰，又获得了商业成功。

惠普公司创立于 1937 年，这一年比尔·惠勒特（Bill Hewlett）和大卫·帕卡德以区区 538 美元，在加利福尼亚州的帕洛阿图市（Palo Alto）一座租来的车库里开创了他们的事业。惠勒特和帕卡德二人是上学时在斯坦福附近相识的。在开创他们自己事业的时候，二人所能想到的与当时创立企业的许多年轻人没有什么两样。帕卡德说："我们当时所想的就是给自己找点活干，这就是我们在刚开始时所能想到的。我们可根本没有想到过创立一个大公司。"事实上，这个车库成为硅谷的发源地。

在公司成立的第一年，惠普公司实现了销售额 5 100 美元，利润 1 300 美元。惠普公司的第一个商业成功是生产出一种测量声波的装置，并将它转卖给了迪斯尼公司。公司还研制出了一种萬笋稀释剂自动播撒器和一种能帮助人们减肥的震动器械。他们也还研究过生产冲洗小便池的自动机械、保龄球壁灯传感器和空调设备的市场可能。1940 年，他们搬出了车库，并永远告别了它。

二战期间，他们的事业获得空前发展。在高峰时，惠普聘用了 144 个人。但战后，销售直线下降，仅 1946 年一年就下跌了 50%。但他们没有就此被吓倒，惠勒特和帕卡德以他们的技术天赋扭转了销售下滑的趋势，到 1948 年，企业销售额已达到 210 万美元。

惠勒特和帕卡德曾提到他们的秘诀就在于想法简单。惠勒特曾说道，"我们之所以会获得成功完全是因为没有什么计划，我们只是在做一些零星片段的工作而已。管理学教授们一直对此耿耿于怀、口诛笔伐。"但惠勒特和帕卡德给我们留下的最有价值的东西，可不是什么高效的萬笋稀释剂播撒器，也不是什么高质量的小便冲洗器，而是他们所创造的企业文化和管理风格——即惠普之道。

创建于简单

创建伊始，惠普就是依靠几个基本信条来运作的。它坚信不能依赖长期贷款来支持企业扩张。在企业发展方面，它的信条更简单明了，就是惠普的产品应该是市场的领导者，并以自己努力工作来实现。1961 年，帕卡德曾在备忘录中对员工写道："我们的工作就是为科学的进步和人类的幸福，去设计、开发和制造最好的（电子设备）。我们愿意将我们一生奉献给这个事业。”

惠勒特和帕卡德对当时时兴的管理理论敬而远之。1974 年，帕卡德在一次讲话中是这么说的：“如果我听到谁谈论市场份额有多么大或致力于增加市场份额的话，那么从我个人角度讲，我将在他个人工作记录表上打上负面评价。”

惠普相信人应该被信任，而且应该永远受到尊重和体面地对待。帕卡德说道：“我们能感觉到人本质上都有做好某一项工作的意愿，只需要告诉他们如何做事。”

惠普坚信管理应该是触手可及的和实实在在的。那种漫无目的的管理只是一种座右铭。实际上，惠普更倾向于个人的领导能力，而不仅仅是管理上的建议。

惠普认为，如果发生冲突，双方应的该通过交流和讨论协商解决，而不是对质。当《金融时报》刊登出帕卡德的讣告的时候，路易斯·科赫（Louise Kehoe）是如此评价的：“惠勒特和帕卡德所留下的，也是惠普公司最引以为自豪的成就，就是建立在开放的和尊重个人基础上的管理方式。”[①]惠普的前 CEO 约翰·永（John Young）曾经评论：“自从我们的创始人相信它之后，我们的基本信条就从来没有改变过。我们辨别核心价值与实践之间的不同；核心价值是不可改变的，而实践却可以。”[②]

惠普是一个建立在简单想法上的企业。当其他企业纷纷转变成集团的时候，惠勒特和帕卡德继续埋头苦干，并坚持自己的方法。当某些部门变得过于庞大，如达到 1 500 人时，他们就将这些部门拆分，以免失控。

他们简单明了，就是好的人建立好的公司。他们从不做任何风险太大、或是怪癖的事情（尽管帕卡德对便携式计算器心存芥蒂，但最终惠普还是最早进入该市场的公司）。惠勒特和帕卡德从不以公司的命运去博取某一大额订单或使公司背上债务。实际上，理查德·帕斯卡在他的一项研究中提出“极致完美”是惠普公司潜在的问题。也只有在商界才存在着对极致完美进行批评。根据简单标准幸福地生活，惠普获得了普遍认同。

实际上，在困难时期，惠普的价值观很好地起到了保护企业的作用。在 20 世纪 70 年代经济大衰退时期，惠普员工工资下调 10%，工作时间缩短了 10%。如果惠普公司没有一个职工股权的长期承诺的话，那么，工人们也不可能会做出如此大的牺牲。公司同时也注重利用那些在其他地方很可能被忽视的幸运突破——1979 年，一位工程师发现用某些特定方法加热金属，墨水能够被溅得到处都是。继续开发这种科技的结果是产生了喷墨打印机——十年后，这个决定为惠普公司带来的收入贡献超过60亿美元。

截止到帕卡德1996年逝世的时候，惠普公司在120个国家中拥有超过10万雇员，年收入达到310亿美元。随着缔造者的逝去，惠普公司也发生了许多根本性变化。原CEO卢·布拉特（Lew Platt）被卡莱尔·菲瑞纳（Carly Fiorina）代替。2001年，公司宣布它与计算机生产厂家康柏合并。这项决定不仅仅受到两位缔造者的儿子的反对，还受到其他股东相当大的抵触。尽管已经获得欧洲监管者认同，然而经过痛苦斗争，股东们同意了合并决议。有关这种合并对于品牌的影响仍有待观察。当惠普成为一个更大实体的一部分时，或许它将很难保留品牌价值。这种价值明确散发着企业缔造者们所浇灌的企业价值。

注释

①Kehoe, Louise, 'Radical who built group with open management style', Financial Times, March 28, 1996.

路易斯·科赫，“用开放管理方式建立集团的Radical”，《金融时报》，1996年3月28日。

②Porras, Jerry, & Collins, James, Built to Last, Century, New York, 1994.

杰瑞·波拉斯、詹姆斯·柯林斯，《企业精神，贯彻始终》，纽约，1994年。

Holiday Inn
假日旅店

1951 年夏天，住在孟菲斯（Memphis）的威尔逊（Wilson）一家动身利用假日进行自驾车旅行。这次旅行没有什么特别的地方，就是一对夫妇和他们的 5 个孩子去华盛顿特区游览。凯蒙斯·威尔逊（Kemmons Wilson）先生是孟菲斯的一位建筑商和房地产经纪人。随着旅程前行，他和他的家庭被惹怒了。住在昂贵和劣质汽车旅馆里可不是一件令人高兴的事情。

威尔逊后来说："汽车旅馆一间房间每晚租金仅仅需要 8 美元，但经营者都毫无例外地要求每个孩子需额外支付 2 美元。于是，对于我们这个家庭来说，8 美元收费像坐气球一样迅速上涨到 18 美元。如果我们能有一间两个床铺的房间，我们的两个女儿睡一张床，我和桃乐茜（Dorothy）睡另外一张。我们的三个男孩子可以睡在地板上的睡袋里。用 1 美元作为钥匙的保证金，另外 1 美元可以使用电视机。"

于是威尔逊（生于 1913 年）决定建立属于自己的旅店——"我一下子就被这个主意抓住了：我可以建立一个让人们付得起的连锁旅店，从东海岸延伸到西海岸。一家人旅行穿越整个美国，都可以在我的某一家旅店中过夜。”威尔逊设想建立 400 家这样的汽车旅店。这听起来简直太雄心勃勃了。但是威尔逊并不是纸上谈兵。还在假期中，他就开始工作了。他丈量了房间大小并察看了设备。他的结论是像电视、电话、冰柜和餐厅等应该普遍拥有。在他所设想的旅店系统中，应该对孩童免费。

当这家人回来后，威尔逊就直接开始工作了。他要求一位计划起草人给他做一些计划。这位起草人曾经在前一天晚上看过一部名叫《宾-克罗斯白》（Bing Crosby）的电影，于是将这个计划以电影中假日旅店的称谓命名。威尔逊很喜欢这个名字，这个名字就这样被确定下来。

第一家假日旅店于 1952 年在孟菲斯开业。（它的遭遇比威尔逊购买的第一套房子要好得多，这套房子建在了错误地点）。剩下的就是这种汽车旅馆的发展史。干净和整洁，汽车旅馆在美国和全世界萌芽发展。参议员约翰·格伦（John Glenn）评论威尔逊：“他改变了美国人的旅行方式。”《时代周刊》在威尔逊 1979 年退休的时候写道：“威尔逊将汽车旅馆业从陈旧的路旁睡袋转变成了远离家庭的家的感觉。”假日旅店是世界上最大的寄宿连锁店。今天，在全世界范围内的 1 600 家假日旅店拥有 327 059 间客房。

一半是运气

自从提出这个主意并在夏日大街（Summer Avenue）4985 号开设了第一家假日旅店后，威尔逊一直试图去推广特许经营权。仅仅一年内，在孟菲斯开设 4 家假日旅店就使他的财力达到了极限。12 家连锁店的特许经营权以每店 500 美元的价格卖给了房屋建筑商，最终只有 3 家建成。威尔逊经过再次仔细考虑后，以 9.75 美元一股的价格卖出了 12 万股公司股票。

这一措施提供了创建遍及全国连锁店的必要推动力。1958 年，第 50 家假日旅店开业；1959 年，是第 100 家；而 1964 年，则是第 500 家。

威尔逊将自己的成功归功于适时和有效的商业思想——他自传的名字就是《一半是运气，一半是脑力》。在假日旅店之外，威尔逊继续沿着他的企业家道路前进。在他 65 岁以后，他用个人资产在佛罗里达州基西米（Florida Kissimmee）建立了橙湖乡村俱乐部（Orange Lake Country Club）。这成为世界上最大的分时旅游胜地，约有 6 万名拥有者。威尔逊公司（威尔逊曾经做过50项以上的业务，包括从熏制猪肉皮到糖果）现在包括了威尔逊航空中心（Wilson Air Center）、威尔逊旅店管理公司（Wilson Hotel Management Company）、威尔逊-托德建筑公司（Wilson-Todd Construction）和威尔逊图片社（Wilson Graphics）。

1979年，威尔逊将自己对假日旅店的控制权移交给了他的两个儿子。从此，假日旅店被一些大企业所控制。现在假日旅店是六洲酒店集团（Six Continents Hotels）的一个组成部分。六洲酒店集团的所有者是英国一家巨大的休闲和娱乐集团——巴斯集团（Bass）。这个集团除了拥有假日旅店外，还拥有或连锁经营了其他一些旅店品牌，诸如Inter-Continental、Crowne Plaza、Holiday Inn、Holiday Inn Express和Staybridge Suites等。

2002年，假日旅店庆贺自己50周年的时候进行了一系列推广活动，庆祝自己品牌的家庭价值观、价值观和企业家精神。假日旅店仍然是世界上最被广泛认同的寄宿品牌。

Hoover 胡佛

胡佛（Hoover）品牌仍然名列人们所广泛承认的世界十个顶尖家庭用品品牌之列。非常罕有的是胡佛成为它所生产产品的同义词，甚至进入了牛津大辞典（“Hoover”这个词被用来代替“真空吸尘器”，动词“to hoover”指“用真空吸尘器洗尘”）。

通过设在俄亥俄州东枫叶大街（Main and East Maple）的总部，胡佛公司已经向一代又一代的美国人和全世界的家庭提供了真空吸尘器。在品牌认知度方面，胡佛品牌享有无与伦比的地位，比最接近它的竞争对手整整高了4倍。

早期岁月

1849年，威廉·胡佛（William H. Hoover）生于宾西法尼亚州的兰卡斯特郡（Pennsylvania Lancaster County）。1875年，胡佛收购了今天位于

俄亥俄州北行政区（North Canton）的约翰·琳达（John Lind）制革厂。在这里，他重新安置了自己的家庭和事业，这家公司最终被命名为W.H.胡佛公司（W.H.Hoover）。

1907年被人们亲切地称做老板的胡佛，做了一个使胡佛品牌与真空吸尘器联系起来的决定。他妻子的表弟墨里·斯班格拉（Murray Spangler）是北行政区一家百货商店的夜班看门人。由于受到哮喘病困扰，他开始搜寻一种打扫地板时能阻止扬尘的方法。使用一个马口铁做的盒子、一台风扇、一个枕头状容器和一个扫帚状把手，他制造了一台重约40磅能够在打扫卫生时将灰尘吸起来的机器。这就是真空吸尘器的诞生。

斯班格拉与胡佛进行了接触，以获得经济上的支持去生产和销售这种产品。胡佛的妻子在家里试用了这种机械。在她同意之下，1908年，威廉·胡佛从斯班格拉手里购买了专利并且成立了胡佛吸入式扫帚公司（The Hoover Suction Sweeper Company）。斯班格拉留下来作为工厂的监督帮助工厂生产运作。在第一年里，6名工人制造和销售了近350台“吸入式扫帚”。

开始的时候，真空吸尘器只是胡佛公司的一个副业。占用了皮革厂的一间厂房，整个工人队伍也只有不到20人。工厂的生产能力是每天6—8台。

胡佛开发了一种创造性的市场营销方法。他在当地报纸上刊登广告，宣称向任何提供书面申请的人提供十天的免费试用。他并不是将产品直接寄送给那些回应广告的人，而是将这种吸尘扫帚直接发送到需求者住所附近有一定声誉的店铺里。他附带上一则注释，要求店铺将产品送到需求者手中，如果产品能够最终销售出去的话，商店可以提取一定比例的佣金。这种办法不仅保障了直接销售，而且帮助胡佛很快建立起了一个经销商网络。

胡佛的声望很快传出了美国。1911年，他在加拿大开设了一个装配厂。8年以后，他在英格兰建立了一个销售组织。同时，由于汽车替代了昔日的马匹和马车，人们对于马鞍和其他皮革制品的需求持续下降。到了1919年，胡佛决定不再继续开展这项业务，胡佛吸入式扫帚公司（后来简称为胡佛公司）所生产的真空吸尘器的销售成为胡佛关注的重点。

吸引

第一台胡佛吸尘器重达40磅，主要是沉重的马达所致。1909年，威斯康星州（Wisconsin）的汉密尔顿（Hamilton）开发出一种小巧高速的能够广泛使用的马达。这帮助胡佛公司减轻了机器的重量。

同年，胡佛开始执行自己的工程和设计计划。取得的成果包括研究出依靠震动地毯而消除灰尘的原理。有关该原理的最初工作后来发展成为胡佛吸尘器一个独特的品质——用螺旋形的搅拌棍柔和地拍打地毯使得深深嵌入的灰尘和脏物浮出表面。

结合旋转刷子的刷洗运动和强大的吸力，制造出了胡佛著名的"三种作用"机器，并且冠以非常著名的口号"它打了、它扫了、它干净了"。

在最近几年，出现了以戴森（Dyson）形式的新的竞争。作为回应，胡佛推出了独有的戴森旋风系统——机动式垂直风道。这种随声附和的创新是否能够在未来保护品牌不受侵扰还有待观察。

胡佛死于1932年2月25日。胡佛品牌仍然成为地板清洁行业中最为人所熟知的品牌之一。公司的主要生产设施都集中在威廉·胡佛开办的第一家皮革生产车间的地方。

在最近几年，《财富》杂志将胡佛的生产线评为美国在世界上最具竞争力的5家工厂之一。工厂最近已经投入了4 700万美元用以扩大自己在得克萨斯州艾尔帕索（EI Paso）的产量。

胡佛公司的母公司美泰克（Maytag）公司的起源可以追溯到1893年，当时美泰克（F.L. Maytag）在艾奥瓦州的牛顿（Newton）开始生产农用机械。为了弥补生意的季节性下降，他在1907年开始推出木质缸体洗衣机。市场证明这种洗衣机是如此受欢迎，美泰克公司很快放弃了农用器械生意，将所有精力都放在了洗衣机业务上。

今天，除了拥有胡佛（这是1997年收入增长最快的公司）之外，美泰克公司以拥有其他一些顶尖品牌为豪，这些品牌包括美泰克洗衣（Maytag Laundry）和詹纳航空（Jenn-Air）。美泰克公司产品的总合占据了用具行业市场份额和销售数量第四位。但公司在高端品牌中所占据的名额要靠前得多。它的优秀品牌在高盈利、高价格的品牌中是最强的。

最好的地毯扫帚

20世纪80年代和90年代初，胡佛公司经历了一段艰难时期。经济衰退造成了母公司美泰克的衰落。胡佛也品尝到了一个深刻教训。一场指导错误的市场促销活动毁坏了胡佛品牌在英国的声誉。一开始的时候，这好像是一个绝妙的促销主意——向任何在胡佛产品上消费满100英镑的英国顾客提供前往欧洲大陆或美国的免费机票——但最终演变成了一场企业灾难。胡佛公司的市场主管错误估计了顾客的韧性，使得这场促销活动付出了远比预计大得多的代价。

公司一直没有发现这个问题，他们本应该知晓抱怨的狂潮正在疯狂增长，在媒体上充斥着那些购买了胡佛产品并填写了要求获得机票的申请，却没有得到公司任何答复的顾客怒气冲冲的抱怨。一开始所犯的错误被之后所犯的一系列错误加重了。这些错误包括没有迅速应对以重新恢复顾客信心，以及公关上的失信，胡佛公司管理者们认为顾客会愚笨地期望大事化小、小事化了。

1993年4月，胡佛公司的母公司美泰克宣布第一个季度净亏损1 050万美元，其中额外付出了3 000万美元以支付免费机票促销活动所带来的未曾预料到的损失。

在其他方面，公司也表现出品牌颓势的某些信号。20世纪90年代初期的糟糕业绩使得分析家们想知道美泰克的一揽子品牌——包括胡佛——是否正在逐渐变得暗淡无光。

1993年，美泰克聘请了一位新CEO里奥纳多·哈德利（Leonard A. Hadley）。他重新调整了美泰克公司的资产平衡表，减少了1/3的借债和利息支出，终止了那些表现糟糕的业务，并对公司表现出色的核心业务重新做了投资。

这样做的结果是：如今美泰克公司的业务混合（business mix）更加清晰地集中在那些公司能够做得最好，能够进行最有效竞争，能够获得利润的地方。它的目标是集中在北美大陆的美国和加拿大市场以及亚洲的中国市场。

特别的是，它也对戴森（Dyson）这个曾经横扫一切的英国吸尘器厂家的挑战做出了回应。胡佛已经推出了自己独有的戴森旋风系统，并且将自己的风道设计注册了专利。公司仍然在本地产品上继续推进技术。在 2002 年，胡佛宣布与 Friendly Robotics 公司结成战略联盟，该公司曾经创造了 Robomower。它们的目标就是通过能够自动清扫的“智能”型吸尘器来减轻人们清扫时的麻烦。

IBM

很少有在商业人士离去后，按照他们意愿创建的公司还能够继续繁荣下去。通常当伟大领导人告别公司后，因不能执行或不愿意保持原有措施而导致公司的种种衰退。老托马斯·沃特森（Thomas Watson Senior）（1874—1956年），这位IBM背后的人，是少有的几个例外。在沃特森领导下，IBM成为企业和股票市场的一个神话，在沃特森死后IBM仍然占据主导地位。

在著作《一个企业和它的信条》（A Business and Its Beliefs）——IBM使命的延续——小托马斯·沃特森（Thomas Watson Jr）生动地评论："那些造就了伟大企业的信条，通常取自一个人的经历和信念。"在IBM公司，这个人就是老托马斯·沃特森。

沃特森创造了一个一直延续到今天的企业文化。IBM这个蓝色巨人成为现代企业雏形，而它的经理们却穿着极度保守的服饰——深色西服、白衬衫、平整领带，热衷于产品销售、喜好企业歌曲。而隐藏在这背后的是充满活力的积极竞争，提供高质量服务的信条。后来，一些公司抱怨是

IBM 公司的规模帮助它赢得顾客订单。但这只是部分正确，IBM 的庞大规模意味着对客户更进一步的承诺，提供更好的服务，建立更好的联系。这些因素才是 IBM 品牌的基石，这一切由追求完美的沃特森创立。实际上，沃特森的品牌宣传超出产品本身。汤姆·彼得斯在他的《管理的解放》（Liberation Management）一书中评论："他强调人和服务——痴迷于此。IBM 是雄性机器时代的服务明星。"服务就是 IBM 的品牌。

最大的切肉机

IBM 最初只是一个专门做计算器用打表存储器的公司。1914 年，老沃特森加盟公司。到 1917 年，在沃特森领导下，公司收入已经翻了一番，营业额从 420 万美元上升到 830 万美元。公司最初生产的产品五花八门，既有肉铺用的磅秤，又有切肉机。逐渐地，公司业务集中在一种能将信息以机械方式存储在打孔卡片上的打孔机器上。沃特森大胆地将公司重新命名为国际商用机器公司。在当时，尽管二战前刚刚建立了 IBM 日本公司，但这个名字有夸大之嫌。（品牌第一课：听起来很大。）

1937 年出台的"工资工时法案"规定，美国企业必须记录员工工作的时间和所支付的工资金额。该法案极大地推动了 IBM 的发展。当时的机器根本无法完成这项工作，沃特森开始执著于探寻解决之道。1944 年，IBM 公司正式推出了 Mark 1 型机器；接着在 1947 年推出了具有选择功能的顺序电子计算器。此时，IBM 公司年收入已经达到了 1.19 亿美元，它正在向世界最大的计算机公司飞速迈进，并且成为世界上最有价值的品牌。

老托马斯·沃特森创立了 IBM 以服务为核心的品牌和强有力的公司文化，他的儿子小托马斯·沃特森（1914—1994 年）将它从一个杰出的表演者改变为世界的主宰者。小沃特森给公司带来了未来远景，这是他父亲所缺乏的。然而最初品牌的这种强势仍然没有变动。

一些人简单地认为小托马斯·沃特森只是从他老子那里继承了企业控制权的衣钵，并且在企业到达目的地的过程中没有留下自己的印记。而其他一些人认为是他引领 IBM 进入技术时代，并且制定出了塑造整个企业的价值观和文化。1987 年，《财富》赞誉沃特森是"历史上最成功的资本家"。（当然，这是他死时所获得的赞誉之词。）

无论哪一种解释是正确的，沃特森在塑造现代IBM过程中起到了显著作用——有关IBM的经验和磨难仍然充斥着今天的媒体。小沃特森总是生活在父亲的影子里——“早年我从父亲那里学到的秘密就是时时戒备，从来不想我已经做到了”——但是在他的领导下，IBM被推动前进达到20世纪60年代和70年代的技术前沿和企业革命先驱。最令人瞩目的是，1962年决定开发System/360计算机系统家族花费了公司50亿美元——开发费用大于原子弹研发费用。结果，即使是IBM的市场研究人员提出这种计算机在世界范围内只能卖出2台，但这种机器成为第一种主流计算机。System/360奠定了公司在20世纪70年代和80年代成功的基础。

然而，沃特森真正的管理名声并不是来自于公司的技术成就。实际上，这些问题也是他经常询问自己的。1965年，沃特森为IBM对西摩·克雷（Seymour Cray）开发出CDC 6600的微弱反应感到绝望。沃特森说：“我们大量的研发活动对比包括看门人在内的这34个人的适度努力，我不明白我们为什么丢掉了业界领导地位，让其他人提供世界上最具威力的计算机。”一条小鱼是如何从外部改造了巨人？克雷很快对此回复：“看起来沃特森先生自己已经回答了这个问题。”

IBM所代表的管理思想比起它做什么更为重要。在沃特森领导下，企业文化、企业价值观和公司品牌成为最为重要的。它们是将四处扩张的国际运作置于控制之下的粘合剂。

IBM所构造的三个基本信条是：全面关注单个雇员；花费大量时间让顾客高兴；坚持最后一公里使事情完满。这些是在小沃特森领导下建立起来的。当老沃特森心满意足于在家里鼓噪这些信息时，他的儿子却使它们更向前迈进了一步。

小沃特森分清和确定了IBM应该立足于什么。他说，信心从来也没有改变过。其他每一件事情都会改变，但不是公司所立足的最基本真理——“如果一个组织要应对世界变化所带来的挑战，它必须准备改变自己的每一件事情，除了信心，这贯穿了企业的整个生命……一个组织内惟一神圣的东西就是他做生意的基本哲学。”

IBM是否会因为没有使自己的信条改变或适应于新时代而最终垮掉是很难确定的，沃特森看见它的到来。50年代，克里斯·阿格瑞斯（Chris Argyris）为公司做一些工作的时候，沃特森对他说：“我担心IBM会变成一个巨大、不灵活的组织。当计算机业务迎来第二个浪潮的时候，它会不能改变。”沃特森看到了未来，但他并不能再次动员企业文化，而本是他在结构和实践中做了如此众多工作，使 IBM 高举起指挥棒。

蓝色巨人的沉浮

如果一种产品或服务与竞争对手的有显著区别，那么它就成为一种商品。商品——就像咖啡、石油或是铝——主要以价格买卖。这也同样适用于 20 世纪 80 年代的个人计算机。从前，消费者热衷于 IBM 所提供的品牌差异。这是来自于 IBM 产品的安全、信心和质量。在一段时间，IBM 赚取了世界计算机工业 70%的利润。

当公司和消费者们认识到个人计算机实质上是大同小异的，他们没有必要为了 IBM 品牌而支付额外的费用时，（IBM 的边际毛利率从 1990 年的 55%下跌到 1993 年的 38%。）他们对机器开始放心起来。结果，廉价的克隆机器将 IBM 拉下了马。

1993 年 IBM 品牌排名世界第三位，到了 1994 年在排名表上已经开始掉了下来。当代战略大师加里·汉默（Gary Hamel）说："20 年来，IBM 已承担起计算机行业革新的重任。而现在这个行业是由其他厂家的远见和战略推动发展。IBM 的问题并不是实施层面上的，而是远见上的。"

IBM 的衰落提供了处理强有力品牌时哪些不要做的实物课程。沃顿商学院的乔治·戴（George S. Day）论证 IBM 之所以衰落的核心是它以"自我为核心"。[①]IBM 疏远了它的顾客。获取和传送顾客信息环节很糟糕。高级管理人员远离了市场上实际发生的事情。（有一种批评将 IBM 比作用聋子管理音乐出版公司。）

另外，IBM 坚定不移地以卓越为核心使它自我隔绝开来。IBM 继续坚持超过一般的标准，但是缺乏将这种杰出扩展到更加宽广范围的方法。IBM 也开始致力于成本削减以达到短期财务目标而不是长期发展。

戴坚决主张 IBM 已经滑落到了他所称的"顾客强制性圈套"——尽管这是在 20 世纪 90 年代初，IBM 探寻通过倾听每一位顾客去修正平衡。结果就是混乱和幻灭。20 世纪 90 年代初，IBM 开始掉入深渊。蓝色巨人，这个美国企业力量的象征已经创下巨额亏损纪录，并且看起来不大可能卷土重来。

这时候，它雇用了前麦肯锡咨询专家和挽救危局的大师路·郭士纳（Lou Gerstner）担任公司 CEO。当郭士纳在 1993 年成为公司 CEO 后，决定不拆分IBM——这是前CEO约翰·爱克斯（John Akers）准备要做的。公司的复兴在很大程度上应该归功于这个决断。郭士纳注意到IBM已经经历了“一场等同于地震的经济震撼”。

在郭士纳的领导下，IBM取得了令人震惊的强有力回复。在人们的感觉中，它已经恢复过来了。当郭士纳来到IBM的时候，他是非常缺乏技术背景的。批评者称他甚至不能列举出技术机遇。在他早期演讲中包括如下一段话——“IBM现在最不需要的就是远景”——的时候，媒体对此的回应是一片反对鼓噪。根据后见之明，当时人们对于缺乏远景的担心是不恰当的。对于这样一个缺乏远景的人，郭士纳与他对IBM的战略是一致的。

革新是郭士纳战略的一个核心纲领。在郭士纳到达IBM后一年，IBM注册的专利比美国任何一个公司注册得都多。从此，这个IT巨头每年都能带来革新技术。语音识别系统、世界上运行速度最快的超级计算机、有望代替硅芯片的新技术、纳米科技，在郭士纳的领导下，IBM的革新清单不断继续下去。

IBM的大部分创造力都瞄准了电子商务，郭士纳坚信这个领域对蓝色巨人未来成功是至关重要的。2001年初，这个近900亿美元的公司发展最快的业务就是服务商务。郭士纳已经将公司重新定位为一个主要的电子商务公司，一个有赖于诸如服务、存储、网络和中间设备等的核心业务。这纯粹是一种小把戏。非常聪明的是，郭士纳还放弃了IBM原来那套对外紧闭技术的政策，并且接受了开放资源运动的哲学思想。通过快速实施专利权交易使IBM技术对其他公司开放。

郭士纳是蹑手蹑脚隐藏在背后，拉动这个弦，当需要时施加压力。实际上，他的行为看起来像是教科书上现代领导能力的例子——侧重于授权和引导，而不是控制。同时，在商业实践中他的足迹看起来如此坚实。郭士纳说：“我的观点是你永久地追求成功，应通过不断保持警惕，不是回首看你哪些做得最好，而是向前看什么将使你默默无闻，于是你将持续注重这些使你粗陋、饥饿、机敏的挑战。”[②]

最终，郭士纳所带来的影响是什么？1994年，在他上任两年后，公司宣告销售量达到600亿美元，利润也达到了30亿美元。这是在连续三年亏损总额达150亿美元之后取得的。根据利润恢复所带来的强势，股票价格在1994年初上涨到89美元一股。从那时起，尽管IBM股票仍像技术股票一样受到了波动的影响，但它呈现出一个向上的发展趋势。2000年收入达到了884亿美元，净利润达到了81亿美元。到2001年10月，股票价格已经突破了100美元大关，公司价值已经达到了令人难以置信的1 780亿美元。无论你使用哪一条标准都意味着郭士纳的表现是令人鼓舞的。

郭士纳和IBM所面对的挑战就是如何保持这种转变。对于IBM这样规模的公司，不断地运动是必需的，但应是高质量的。郭士纳看起来对于没有经过人们预料的将公司拆分为更小的公司，使一个僵化的庞然大物转化为一个灵巧的充满创新公司的批评感到困惑不解。郭士纳的合同于2002年到期，那时他将接近60岁。问题在于，如果没有郭士纳掌舵，IBM是否能够继续追求他所灌输的成功。

注释

① Day, George S., 'What does it mean to be market-driven? 'Business Strategy Review, Spring 1998.

乔治·戴，"市场驱动意味着什么?"，《商业战略回顾》，1998年春。

②Kehoe, Louise, 'Big Blue-eyed boy makes good,' Financial Times, April 22, 1995.

路易斯·科赫，"蓝色巨人做得不错"，《金融时报》，1995年4月22日。

IKEA Ikea

宜家

宜家是我们这个时代一个伟大的零售品牌。这家瑞典家具公司广泛获得了其业务所涉及的130多个国家中年轻、注重价格的家庭装修者的喜爱。对于他们来说，宜家——这种平板式包装、自己动手安装的家具——代表了一种能以你承受得起的价格购买的时尚。对于那些挤满了宜家大小店铺的忠实顾客，宜家就是能够自己动手装配的别致装饰品。

宜家源于卑微，最初它出现在瑞典郊外一个名叫小台地（Small-land）的地区。现在，宜家已经从一个微小的邮购公司发展成为一个年收入达到113亿欧元的家具巨头。这家公司一直遵循着它的创始人英格瓦尔·坎姆普瑞德（Ingvar Kamprad）的哲学思想——其实从一开始，公司名称也部分来自于他的名字。

今天，宜家在29个国家中开设有150多家店铺，雇员超过7万人。“宜家方法”使它那套与顾客交流几乎百战百胜的价值观成为金科玉律。一种简单的、涂有白色漆的叫做“比利”的书架已经畅销20多年。这种朴素的简单就是宜家完全清楚顾客想要什么的证明。

但最近几年，这些二三十年来受人们喜爱的东西受到了媒体的粗暴批评。有关对坎姆普瑞德本人的新发现——如他同情纳粹，并且有酗酒习性——对公司健康的吸引力并没有产生什么大的影响。在如今这样一个更为宽松的年代里，即使亿万富翁，人们也允许他们身上存在着某些污点。

在英国，公司也收到了对顾客投诉反映迟钝和产品本身存在制造缺陷的批评。这些问题或许证明了这样一条真理，你真的不可能在所有时候让所有顾客都感到满意。但是，顾客的这些反应也突出了公司现在仍以“小公司管理哲学”来管理这样一个大型跨国企业所遇到的困难。

瑞典的顾客能够清楚公司传统，所以当问题出现的时候，他们可能仍会偏重于好的一面，但众多光顾商店的海外客户对公司起源可并不知情。

始于卑微

宜家的故事始于20世纪30年代。这个公司的成长完全归功于一位与众不同的人的远见。这个人就是英格瓦尔·坎姆普瑞德，他是公司的缔造者和主席。这种远见就是创造力。

宜家的使命是：“为大多数人能够更好地工作和生活做出贡献，提供范围宽广、设计精心、性能良好、价格便宜，并为大多数人承受得起的家居陈设。”

生于瑞典小台地贫瘠山村，坎姆普瑞德成长于20世纪20年代经济大衰退时代。他将发生在自己周围那些足智多谋的事情牢记在心。那种瑞典本国节约、埋头苦干的品质被运用到零售业务当中。这场竞赛始于他进入家具行业，结束于成为世界最大的一家家私零售企业。在70多岁时，他将自己灌输给宜家的价值观称为“一个家具经销商的遗嘱”。

这就是起源于家庭的、结合了朴素和成功的优秀品质，致力于质量和创新的哲学。这种方法与当今时代发展同步。宜家是家具行业中第一家使用再生原料的企业。这么做的目的是更注重环保，而不是刻意削减成本。

构筑在瑞典的早期经验基础上——参观宜家的一家商店可能会花上一整天时间——宜家发展了一整套零售特殊方法，该方法的目标就是使购物成为一种令人愉快的经历，而不是一种家务杂事。

愤世嫉俗的人可能会质疑在转变为大型商业活动过程中，坎姆普瑞德的那种待人友善的哲学是否真正能够生存下去，但宜家雇员对此深信不疑。位于瑞典埃姆赫特（Almhult）宜家总部的一位高级主管说：“将顾客长期置于我们视野内的惟一方法就是使他们在宜家受益。我们提供的产品无论是价格还是质量都是最好的。我们甚至说我们的价格一定会比竞争对手更具优势，因为这是我们经营的一个原则，这是我们能够获得长期成功的一个根本保证。

“我们如何能够使顾客在宜家待上一整天。宜家是应该能让他们待上一天的。这起始于在埃姆赫特开设的第一家店。过去，人们往往在上午就早早离去。在这儿通常会花费他们几个小时，而且我们的许多顾客都是带着孩子来的。”于是家庭餐厅和儿童托儿所成为宜家商店的重要一环。（在周末或假期，公司甚至雇用马戏团小丑和魔术师来取悦孩子。）

这种逻辑就是注重实效。“我认为我们餐厅中的价格应该非常合适，使以年轻顾客为主的家庭能够支付得起，可以不需要带三明治。不应该仅仅因为饥饿而离开宜家。”

同样这种平等主义原则也适用于管理文化。在宜家很明显没有什么正装服饰，这里的层级管理结构是最小的。广告宣传也没有什么稀奇古怪。宜家不允许有什么身份象征，它提倡所有员工都是合作的工人。这套哲学被公司现任CEO安德斯·莫伯格（Anders Moburg），这位由坎姆普瑞德一手提拔起来的公司领导更进一步验证。比如莫伯格参加商业活动时，他乘坐飞机的经济舱，如果有公共交通也拒绝乘坐出租车。对于公司的根本也是如此，宜家在设计新产品的时候很少对顾客进行调查，完全依靠对市场的感觉。

国际设计组所在地瑞典部门领导简·捷尔曼（Jan Kjellmam）也曾做出如下解释：“我们在开始做事前并没有问许多问题，我们没有经过任何市场调查就实施了‘瑞典村舍’系列，但广大顾客都非常喜欢。”

在最近几年，当在北美洲的一些欧洲零售商纷纷倒闭的时候，宜家成功地将它的模式推广到了那里。它在那里取得了经验，但也并不是没有教训。宜家一开始困惑于床和其他产品的惨淡销售业绩，很快它就认识到尽管美国人喜欢这种简洁的设计风格，但是他们希望家具能够适合自己比欧洲大得多的房子的需求。这个问题的答案就是更大一些的家具。

1997年，宜家推出新的儿童家具和玩具产品线，公司继续不遗余力地投资开设新店。有一个在东欧进行大范围扩张的计划，到2000年，在波兰要开设10家店以及在保加利亚、罗马尼亚和俄罗斯开设店铺。对于平板家具和宜家其他产品的需求看起来是普遍的。宜家莫斯科店是在2001

年开业的，在第一年里就带来 1 亿美元的收入，成为宜家业绩最好的十家店之一。下一步是亚洲，开始在中国上海投资了 1 000 万美元，在台湾和香港投资了 1.3 亿美元用于建立零售和配送体系。到 2006 年，公司下一个不屈不挠的长征目的地就是宜家计划在日本东京地区开设两家店。

尽管价格比竞争对手便宜近 30%，宜家的收入仍在持续增长。2001 年宜家收入从 2000 年的 82 亿欧元大幅增长到 113 亿欧元。然而宜家仍尽力提高它的单位店铺回报；据估计宜家每平方米的销售额是行业平均水平的 2 倍。如此低的借债水平和如此强的现金流，宜家能够依靠自己的财政力量进一步金融扩展。

在宜家晴朗地平线上惟一潜在的阴云就是公司的接续性。尽管坎姆普瑞德已经正式从日常管理中退出来，他仍然对公司高层决策者有着重大影响。尽管他拥有显著的财富——税务和法律事项意味着他是瑞士公民——他的所作所为也看起来像是销售手表的人。他说：“我将自己的任务看作是服务于大多数人。问题在于你如何发现他们想要什么，如何最好地服务于他们？我的答案是紧密地与普通老百姓站在一起，因为在内心深处，我就是他们中的一员。”他仍然保持著名的节约——他曾经将自己描述为“瑞典的苏格兰人”。他乘航班坐经济舱、吃的很简朴、穿着随便，而且还能够看到他在当地市场上讨价还价。

在继承人问题上，并没有英格瓦尔·坎姆普瑞德让他的儿子接任的任何迹象——他有三个儿子。像“我不认为我的任何一个儿子能够担负起运转公司的重任，最少现在是这样的”的陈述更加强了坎姆普瑞德坚信他在宜家中还扮演重要角色。在他的传记《通过设计来领导》（Leading By Design）一书中他写道：“我的守护神对我说，这里有如此多的事情需要我去做……我从来没有满足过。”

Intel 英特尔

1968 年，戈登·摩尔（Gordon Moore）和罗伯特·诺宜斯（Robert Noyce）离开快捷半导体公司（Fairchild Semiconductor），创建了他们自己的公司——英特尔，接下来就是引起了科技史上的一场风暴和巨大商业成功。他们开始这种冒险的时候只雇用了四个人。安迪·格鲁夫（Andy Grove）与戈登·摩尔提出了那个被人们经常引用的硅谷定律。摩尔定律就是在同一种芯片中可包含的电子元器件数每 18 个月就要翻一番。

英特尔发展初期就使科学技术向前迈进了一大步。1971 年，它推出了世界上第一台微处理器——4004。英特尔还发明了运用在任何一种电子计算机系统上的高速存储器（D-RAM）。这些成功促使英特尔在 1977 年就已经雇用了 1 万名员工。20 世纪 80 年代，英特尔聪明地拒绝授予其他制造商生产最有力芯片的特许权，而是自行制造所有核心芯片。1981 年，IBM 推出基于英特尔微处理器的个人计算机。这使英特尔在 1984 年第一次销售收入超过 10 亿美元。1986 年却见证了英特尔有史以来的第一次亏损。但是 1987 年它就扭亏为盈，并在 1990 年第一次一个季度销售超 10 亿美元。很快，三年以后，又第一次获得一个季度销售过 20 亿美元的成绩。

安迪·格鲁夫简单总结了使英特尔获得成功的基本前提：“商业就是一种沟通、分享数据和即时制定决策。如果在你的办公桌上有这样一台机器，能够使你与全世界的同事沟通、分享数据，你就会获得战略性优势。”①

品牌宣传重点在内部

最初在大部分时期，英特尔是没有品牌和不为人知的，只有硅谷内部人士和计算机爱好者们才对这个芯片产自哪里感兴趣。尽管如此，它已经占据了世界上 80%的个人计算机芯片市场。英特尔决定它不仅要取得巨大成功，而且要成为一种人所共知的品牌。英特尔希望每一个人都关注在计算机内部到底是什么做了实际工作。这就产生了著名的“Intel Inside”战役，这是一场花费浩大但也是极其成功的战役。人们现在都知道是英特尔制造了芯片。从那时起，英特尔成为一个顶尖品牌。1993 年，英特尔被《金融世界》（Financial World）杂志评选为世界第三大最有价值的品牌。英特尔只是排名在万宝路和可口可乐品牌之后，价值达到了 178 亿美元(与它最接近竞争者的品牌只值 41 亿美元)。这是一个非常了不起的成就。

英特尔在它最初战役之后的举措之一就是推出奔腾（Pentium）芯片。这种行为背后的潜在逻辑——奔腾是市场上最新和最具威力的个人计算机芯片。奔腾是英特尔获得巨大成功的 286、386、486 芯片的后续者。

在 1994 年初开始推出该芯片后，英特尔估计到 1996 年奔腾销售量会超 1 000 万片。这场战役鼓励人们将 486 机器换成奔腾机器。所有这些都是值得称赞的，但是因为 486 芯片也是英特尔公司出产的，公司陷入了一场对付自己的战役。这场战役产生了作用——它增强了人们对奔腾的关注……但也惹恼了诸如康柏这样的公司，这些公司仍在 486 机型上投入努力。康柏的市场营销需要发现能够绕开芯片制造商所宣称的 486 芯片完全过时的方法。

当然，英特尔已经向世界展示了自己是制造芯片的，如果芯片出现了问题，那么英特尔就会遇到麻烦。一个微小硅片上可能包含了 300 万个晶体管，但我们都希望它是完美无缺的。感谢英特尔的市场营销，如果芯片出现了毛病，我们现在知道应该诅咒谁，不是戴尔和 IBM，而是英特尔。

在英特尔一则广告中这样写到："伴随着 Intel Inside，你知道你会得到……一种无与伦比的质量。"这种"无与伦比的质量"在后来 1994 年，一位来自弗吉尼亚林奇堡大学（Virginia Lynchburg College）的数学教授托马斯·尼斯里（Thomas Nicely）的发现引起全世界关注后，显得有些吹过了头。尼斯里教授发现他的三台奔腾计算机会发生错误，为了使这个迷雾大白天下，他将自己的发现放在互联网上与大家共享。感谢现代科技的奇迹，一个微小的数学问题成为了国际性事件。并且应该感谢英特尔的广告宣传，人们知道这个问题来自于何方。

1994 年 12 月，IBM 宣布将暂停受到影响的个人计算机发货，而英特尔公司也不得不接受一项危害限制性测试。英特尔对此的第一反应就是 IBM 的这种测试是居心叵测的。

这种缺陷是非常小的——英特尔计算出平均每 27 000 年，顾客才会碰到一次该问题。IBM 对此的反击是一些顾客会每个月都遇到缺陷。IBM 说："对于那些拥有 500 台奔腾计算机的客户来说，每天都会遇到 20 个这样的错误。"与此同时，IBM 也开发了一种安装自主研制芯片的机器——《经济学家》曾经评论"多年来，看到英特尔用 IBM 的花销建立起自己的品牌，蓝色巨人就会像长期遭受压制的老爹撤销了一个犯错误主妇的信用卡一样心满意足地看到这种情况。"②

无论这种缺陷的本质或规律性如何，英特尔已经明确地将这个问题提了出来。具有讽刺意味的是，奔腾所带有的问题比以前芯片所带有的毛病显得无足轻重得多——惟一不同之处在于英特尔已经将它的品牌市场化得如此成功。不仅仅是 500 万个奔腾芯片被制造出来，而奔腾背后是投入高达 8 000 万美元的鼓励市场放弃旧（486）芯片换成新的（奔腾）芯片的市场营销战。在 Intel Inside 战役中估计花费了 7 000 万美元。

芯片与收益

- 1968 年：英特尔创立，目标是制作半导体记忆元器件。
- 1971 年：推出 4004 微处理器——每秒钟运行 6 万条指令，紧接着就是 8008。
- 70 年代中期：戈登·摩尔（Gordon Moore）回忆："在 70 年代中期，有些人告诉我一些基本的有关个人计算机的想法，从我个人来讲根本没把它看作有什么用处，所以我们从来没有对其做进一步思考。"

- 1981 年：英特尔推出了 8086 和 8088 微处理器。IBM 选择了 8088 作为它的第一台个人计算机基本配置。
- 1982 年：286 芯片。
- 1985 年：386 芯片——每秒运行 500 万条指令。
- 1989 年：486 芯片——比 4004 运算速度快 50 倍。
- 1993 年：奔腾——比 4004 运算速度快 1 500 倍。
- 1995 年：奔腾 Pro。
- 1997 年：推出提高多媒体效果的 MMX 技术；奔腾 2。
- 1998 年：赛扬（Celeron）微处理器。
- 2000 年：奔腾 3 型 1GHz 处理器。
- 2001 年：推出 Xeon 处理器。

英特尔所遇到的问题在很大程度上是自己造成的。它创造了品牌并且需要忍受所造成的后果。当然，显而易见，它也是自己成功的牺牲者。越大的名气，越大的品牌，竞争者、旁观者、评论家和学者越热忱地希望将它从神坛上扳倒下来。

媒体对奔腾的关注从一个很小的错误转移到了公司的整个历史。安迪·格鲁夫的最初声明好像是暗示这场争论是由于无知和媒体的大肆宣传引起的——格鲁夫说道："我们非常明确地渴望将这件事掩盖在我们身后，但是考虑到这已变成了大众媒体的一个重要事件，使那些并不精通于诸如随机除法、操作数和浮点运算等复杂数学演算的人卷了进来。非常坦白地说我们并不知道该如何去做。"③

最初英特尔为那些能够证明他们的机器是用来进行精确复杂计算的顾客更换芯片。在这稍后，12 月份，英特尔开始免费提供更换的芯片。安迪·格鲁夫评论："我们以前的政策是与用户商讨他们是否需要更换芯片。对于我们的这种做法存在着某种怨恨——这看起来我们英特尔公司的人是傲慢自大的，我们告诉顾客哪些是对他们有益的。或许我们是死脑筋……但是我们最终领会到了。"④1994 年 12 月 22 日，英特尔在《金融时报》上刊登整幅广告进行道歉——它说："从没有微处理器是完美无缺的。英特尔仍然坚信这是它的生涯中一个非常小的技术问题。尽管英特尔仍然坚定地认为现在版本的奔腾芯片质量没有什么问题，但是我们认识到许多用户都关心这个问题，我们希望解决他们所关注的问题。"

就像摩尔定律所预言的，这种让人烦恼的事情很快就成为历史。技术和英特尔继续阔步前进。英特尔市场营销的重心已经从20世纪70年代的以销售产品为主转移到了与公司微处理器的最终客户的直接合伙关系。它以不屈不挠的速度以及并不清晰的目的和想法大步前进。

尽管20世纪90年代的严酷市场环境影响了大多数科技公司，但英特尔公司仍然主宰了芯片市场。这验证了英特尔“Intel Inside”战役的有效性。自从这场战役在1991年拉开帷幕，已经花费了英特尔和其他计算机制造商70亿美元投入。花费这么多钱是值得的。从1997年开始，公司逐步增加在网站上进行的产品广告宣传，而且随着用户纷纷拥抱电子商务，英特尔开始改变自己的广告宣传以反映这种情况。最近，英特尔设法获得了企业市场的支持，它将自己的市场努力转变到支持高端的微处理器上，如Xeon和Itanium的品牌。这些都是用在服务器和工作站上的。另一项英特尔所关注的就是Intel Inside Online Network，这支持了它的合作广告努力，允许广告宣传合作伙伴和他们的代理处用英特尔online 24/7管理他们之间的关系。最重要的是，尽管科技不断进步，英特尔仍然是一个“质量”、“可信”、“技术领导者”。

注释

①Cane, Alan, ‘Chips with everything’, Financial Times, November 15, 1993.

艾伦·凯恩，“芯片就是一切”，《金融时报》，1993年11月15日。

②‘Intel’s chip of worms? ’ The Economist, December 17, 1994.

“英特尔芯片”，《经济学家》，1994年12月17日。

③Kehoe, Louise, ‘Article of faith challenged’, Financial Times, December 14, 1994.

路易斯·科赫，“信任遭遇挑战”，《金融时报》，1994年12月14日。

④Kehoe, Louise, ‘Intel offers to replace Pentium microchips’, Financial Times, December 21, 1994.

路易斯·科赫，“英特尔提供奔腾替换芯片”，《金融时报》，1994年12月21日。

Kellogg's 凯洛格

在世界范围内凯洛格（Kellogg）品牌的产品比其他任何品牌进入更多家庭的早餐。几十年来，该公司主宰了早餐谷物市场，它拥有众多顶尖的谷物品牌——包括了 Corn Flakes、Rice Krispies 和 Froot Loops。

威廉·基斯·凯洛格（William Keith Kellogg）这位早在 1906 年就开始大规模生产谷物薄片的企业家，一直坚持高品质标准，并且极其注重生产环节中每一个细节。即使在当时，仿冒产品也成为一个问题。为了保证客户买到的不是那些质量低劣的仿冒品，他还将自己的签名印在每一个包装盒上。从此以后那些最优秀的品牌都开始使用相似的策略。

在 1988 年达到巅峰的时候，凯洛格占据了美国方便食品市场份额的 40%。然而，此后低价格的商店自有品牌开始蚕食掉总额 80 亿美元的谷物市场越来越大的一块份额。

尽管凯洛格拥有很高的市场出现率和客户认知度，但在迎接即将到来的 2000 年的时候，凯洛格也面临着一些艰难选择。

第一碗金

1876年，约翰·哈维·凯洛格（John Harvey Kellogg）博士被任命为密歇根州巴特克里克（Battle Creek）的西部健康改革学院（Western Health Reform Institute）首席医生。这个组织受当地一所教堂主教的妻子启发，当时她认为以谷物、干果和蔬菜等食物为主的食谱能够对人的精力起到振奋和纯洁作用。凯洛格博士开始对那些能够有益于人们健康的产品产生兴趣，开发出一种易于消化的早餐来代替那些不易消化的传统食物。

在他的兄长威廉·基斯·凯洛格的帮助下，他发明了一种含水很少的麦芽味烘烤薄片。实践证明这种产品在病人中非常流行。实际上，这种产品是如此盛行，凯洛格几乎被生过病的人要求发送产品的如雪片而至的订单淹没。这就是谷物脆片所谓的早餐桌现象的开始。

1906年，威廉·基斯在木质车棚里建立起了巴特克里克烘烤玉米脆片公司（Battle Creek Toasted Corn Flake Company)。在这一年里，厂房被一场大火烧掉。他被迫建立起一座新的、更大的厂房。

凯洛格很早就相信广告，并且依靠新的媒体收到了很好的效果。销售在持续增长，到1909年，产量已经从最初的每天33包向前迈进了一大步，超过了百万包。1911年广告预算是100万美元。1912年，凯洛格在纽约时代广场上安装了世界上最大的标识，单词Kellogg中的K字竟高达60英尺。

20世纪40年代，凯洛格认识到健康在市场营销上威力的增长，开始在他的谷物产品中增加营养成分和维生素。1955年，公司推出了一种添加了蛋白质的谷物——特殊K（Special K）产品。

此后几年，产品线中增加了许多产品，但是玉米脆片（Corn Flake）仍然保持销量最大。到1986年，凯洛格在17个国家中开办了22家工厂。年销售收入超过60亿美元。

但在最近几年，凯洛格管理品牌的方法遭到了批评。1997年8月《财富》杂志上一篇名叫“凯洛格往哪里去”的文章宣称：“凯洛格缺乏想像力的管理队伍正在缓慢地损坏一些世界顶尖品牌。”①

促使发布这种坏消息的部分原因是位于巴特克里克的凯洛格总部内缺乏紧迫性和新颖主意。1988年，公司产品占据了美国谷物食品市场40.5%的好像不可战胜的地位，而到1997年，这个数字下跌到33.2%。

就像与它最贴近的对手大磨房（General Mills）（麦片）、菲利普-莫里斯（Philip Morris' Post）（葡萄干，小麦片）和奎格麦片（Quaker Oats）一样，凯洛格受到了商店自有品牌的冲击。在同期，这些自有品牌的市场占有率翻了一倍，达到了10%。凯洛格和它的竞争者们所面对的问题是它们深处在一场零和游戏中，美国市场总额几乎没有什么增长。

凯洛格的价格升高战略——有时在同一年内价格提升了2次——使它付出了代价，尽管使用优惠券等促销手段抵消影响。当凯洛格的苹果-杰克（Apple Jack）打破了5美元界限的时候，转折点到来了——那些厌倦了不停剪下优惠券的顾客们开始购买自有品牌谷物。

凯洛格的CEO阿诺德·兰格博（Arnold Langbo）告诉那些不耐烦地期盼公司有什么新举动的华尔街分析家们，1997年将是公司优先注重增长的一年。但初期的信号却令人沮丧。兰格博所做的就是开始重建凯洛格这只恐龙，关闭工厂和削减职位。

凯洛格所面对的两难处境也是所有伟大品牌在特定时期面对过的问题。拥有能够获得额外价格的品牌已是非常诱人的了。人们很容易想到如果你拥有了这个市场，那么就不要再画蛇添足了，为什么在还没有出现问题时就开始操心呢？而且还存在搅乱制胜格局的危险（就像可口可乐出现的情况）。但另一方面如果没有创新，就很难证明价格的增加是正当的，那么这个品牌就会开始消亡。

正如一位顶尖咨询专家的解释："凯洛格是一家拥有超乎寻常潜力的伟大企业，它与那些曾经困扰诸如吉列、宝洁和博世（Anheuser-Busch）等企业的问题搏斗。如何最大化利用著名品牌和保持这种优越形象，而又不显得索价过高。凯洛格能否在这场斗争中变得更强大或更弱小还是一个问号。"

1999年初，公司宣布阿诺德·兰格博辞职下台，他的位置由卡洛斯·加特热兹（Carlos Gutierrez）取代。在任命大会上，加特热兹评述："我坚信我们公司和产品系列获得增长的重要一环在于公司产品创新、经销商网络投入和加速便利食品生意扩张。"

加特热兹很快就采取了措施。1999年末他宣布了一项为期三年的重建战略使凯洛格能够重现往日活力。这项计划的部分内容对于凯洛格的员工来说使他们感到痛苦。这项计划包括关闭设在密歇根州公司总部的工厂，不可避免地将使许多人丢掉饭碗。公司总裁新计划的另外一项基础措施就是兼并 Keebler Foods 公司，这是美国纳贝斯克之后的第二大甜面包和饼干生产厂家。这项交易是一项非常巧妙的举动，它消除了公司对谷物市场的依靠，如果美国没有什么起色的话，这一市场本已显得无力。加特热兹也改变了公司衡量成功的办法，以金额来衡量市场份额而不是销售量来衡量。这样做的一个缺点就是使凯洛格丢掉了它那令人垂涎三尺的第一谷物生产企业的头衔，而排在大磨房之后。

到 2002 年，公司看起来又回到了一个比预期第一季度好的境地。2001 年，年收入达到了 4.736 亿美元，而上一年为 5.877 亿美元。这还不包括重组成本。2002 年第一季度收入达到了 1.526 亿美元，而上一年同期收入为 8 410 万美元。甚至考虑到凯洛格的收购，净收入也增长了 2%。加特热兹使公司重组取得了进展并增强了凯洛格谷物品牌的表现。这看起来至少在最近一段时间，凯洛格是处于安全状态的。

注释

①Grant, Linda, ‘Where did the Snap, Crackle & Pop go?’Fortune, August 4, 1997.

琳达·格兰特，“凯洛格往哪里去?”《财富》，1997 年 8 月 4 日。

柯达

一位作家曾经写道："现代广告营销可以说是伴随着'你只要按下按钮，其他的让我们来做'的广告词开始的。这就是当代数以百万计的业余摄影爱好者们所知道的快镜照相机的诞生。"

写下这则广告词的人叫乔治·伊斯曼（George Eastman），他是早期照相胶片的先驱和伊斯曼-柯达（Eastman Kodak）公司的创始人。1888年，他将第一台简单照相机送到世界消费者的手里，并且使复杂的过程变得容易操作和理解。伊斯曼是特殊类型品牌的营销之父："相信印有品牌的盒子中的东西。"

今天，柯达最初主张所暗示的是我们现在认为天经地义的有关品牌的无数小把戏。在它的建议中，消费者所需要提供的仅仅是补充这种技术的想像力。例如，微软的"你今天想到哪里去？"和英特尔的"Intel Inside"是柯达这种首次承诺的现代式反应。它们都反映了伊斯曼早期的有关顾客会相信品牌并关心技术层面，使得产品能够适应他们各自的生活的灵感。

与其他口号不同，伊斯曼在用户至上主义历史中占据了转折性地位。

从前，消费者必须明白——即使仅仅停留在非常初级的水平——他们所购买的产品是如何工作的。但在19世纪晚期和20世纪早期，新发明层出不穷——这包括了电话、电灯和电影放映——意味着这种情况从此发生了变化。

伊斯曼是历史上不平凡时期的产物。19世纪末期特殊的先驱之一，他从当时数以千计的翻腾奔涌的创新中采用新的科学技术重新定义了消费主义。伊斯曼在他13岁的时候就从高中辍学，并在美国传统的工业企业家中，将他的远见运用到从科学应用转移到大批量生产的产品上。

“柯达”作为商标第一次注册是在1888年。从此，这个名字的来源成为人们思索的中心，但是伊斯曼看起来像无中生有地发明了它。

他在自传中曾经写道：“我是自己发明了这个名字。我是特别钟爱字母‘K’的——这看起来是一种非常强烈的字母。大量字母组合实验表明单词以字母K为开头和结尾看起来是并不容易。单词‘柯达’就是这样大量实验的一个结果。”

这个单词以及品牌醒目的黄色和黑色（如今是公司最有价值的资产之一），都是由伊斯曼亲自挑选的——广告词也是由伊斯曼亲自撰写的。在1897年，单词“柯达”的闪亮霓虹灯出现在伦敦特拉法加广场——这是这类标记第一次在广告上应用。后来，柯达又出现在世界博览会和奥运会等世界性活动上。

“柯达女孩”及时诞生了。巧妙的构想，她结合了性感外貌和总是变化着的服装，使得柯达品牌总是保持新鲜。在广告中她在相机前微笑的形象和衣服样式以及照相机型号每年都在变化。

品牌总是结合着创新。多年来，柯达沿着这条路前进，推出了大量新产品使得照相变得更加简单、更加有用和更加有趣。这使柯达在美国人的记忆中赢得了特殊地位。它记录了约翰·格伦（John Glenn）成为美国第一位环绕地球的宇航员，柯达胶卷记录下他在太空漫游时的实况。

最近几年，公司利用那些曾经用柯达胶卷记录下难忘记忆的数以百万计顾客的情感，数以百万计的美国人与柯达共享他们珍贵时光。为了提升公司鼓励人们捕捉和分享那一宝贵时刻的任务，公司推出了“进一步照片”的战役。以一系列在顾客和商业消费者中扩大柯达品牌吸引力的电视商业活动为特点。

1996年，在完全调查公司（Total Research Corporation）举办的一项品牌调查中，美国消费者再一次挑选柯达品牌作为世界上他们最为熟知和尊敬的品牌。但在过去十几年中，这家美国最著名公司的前进道路却是崎岖不平的。柯达品牌并没有使它免遭竞争对手的打击。

20 世纪 80 年代末期和 90 年代初期，倒霉的柯达管理者们眼睁睁看着富士（Fuji Photo Film）和其他竞争者们吞噬了公司胶卷销售的 30%的市场。到 1993 年，作为美国最为著名的名字之一和世界博览会最著名品牌之一，柯达看起来有灭顶之灾。

就像《财富》杂志的评论："公司曾经历了 5 次单独重组，缩减了大约 4 万个工作岗位，花费了 100 亿美元用于多元化，这使公司总资产中债务攀升到 69%。但是所有这些都没有产生什么效果，公司股价仍一路踉踉跄跄。"①

1993 年，愤怒的董事会成员们终于将前主席凯·惠特莫尔（Kay Whitmore）解雇，邀请了可口可乐公司的主席罗伯特·戈伊祖塔来领导，前摩托罗拉的老板乔治·费希尔（George Fisher）最终接手了这个烫手的位子，去努力扭转柯达的命运。

作为摩托罗拉前 CEO，费希尔曾经掌舵使这家经营电话业务的公司从襁褓发展为业界排名第一。但是稳固柯达的防线可不是那么容易的。一位华尔街分析家曾经评述扭转公司的颓势需要商业有史以来一种最伟大的功力。

使分析家们感到怀疑的是费希尔并没有采取精简机构的方法。在当时其他美国企业纷纷热衷于刻意缩减成本的时候，柯达努力寻求通过更加人性化的手段来修复自己。那些明白费希尔风格的人并没有感到奇怪。密歇根大学的商业学教授帕拉哈德（C.K.Prahalad）当时曾预言："乔治对于实施费用精简、大幅紧缩等并不感兴趣。他将他的时间花费在思考、重新配置、重新适应和发展公司上面。"

帕拉哈德的观点是有先见之明的。费希尔开始着手实施有系统的在柯达重建信心，他剥离大量公司多样化兴趣，并使公司重新将注意力放在核心业务——照片上。

一开始的结果是令人鼓舞的。1993 年后借债在资产总额中的比例下降到 19%，而且分析家预测柯达在 1996 年度销售额将达到 160 亿美元，利润为 15 亿美元。但是富士的低价战略和美元坚挺敲碎了这种梦想。而且还伴随着其他问题——特别是研发部门，柯达已经在一种"高级摄像系统"的相机和胶卷上投资了 1 亿美元，但最终发现这种系统不大可能商品化进入市场，并且不大可能在足够多的地方开设胶卷冲洗店。

到 1997 年，柯达开始变得步履蹒跚——增长速度也从 20%下跌到 7%。并且市场份额落后于富士公司 3 到 4 个百分点。公司著名的对员工家长式作风的方法也开始变得难以维继下去。费希尔不得不开始削减成本。他裁减了 200 个管理岗位——包括公司三个最重要业务的经理：客户影像、柯达专业、数字和应用影像——还有 16 600 名其他员工。

一个品牌的点滴时刻

- 1879 年：伊斯曼发明一种带感光乳剂的机器，能够使他大量制造干的图形金属板。
- 1880 年：在纽约罗切斯特一间租来的阁楼里，伊斯曼开始商业生产干板。
- 1881 年：伊斯曼和亨利·斯特朗（Henry A.Strong）合伙组建了伊斯曼干板公司（Eastman Dry Plate Company）。伊斯曼放弃了自己在银行的职员工作，全身心地投入到自己的生意当中去。
- 1883 年：搬迁到现在的纽约罗切斯特区 State 大街 343 号，并成为公司总部。
- 1885 年：成立伊斯曼美国胶片公司（Eastman American Film）——我们今天所知的第一张“胶片”。
- 1888 年：“柯达”的名字诞生了并出现在市场上，著名的广告语“你只要按下按钮，其他的让我们来做”。
- 1889 年：第一卷商业化胶卷。
- 1891 年：第一台可白天上卷的相机。
- 1892 年：成为纽约伊斯曼柯达公司。
- 1895 年：可放在口袋里的相机。
- 1898 年：可折叠的兜式相机。
- 1900 年：推出第一台著名的 Brownie 相机。
- 1917 年：在第一次世界大战中，柯达为美国通讯兵开发了航空照相机和训练用航空相机。
- 1932 年：乔治·伊斯曼逝世，他将自己的所有资产留给了罗切斯特大学。
- 1950 年：第一次揭示后来长期使用的柯达 Colorama 显示图片——18 英尺高和 60 英尺宽——俯视纽约中心车站的主要楼层。

- 1951年：推出低价格的Brownie 8毫米电影相机。
- 1955年：作为1954年签发的赞成法令的结果，开始不计运作成本地销售彩色胶片。
- 1961年：推出非常成功的柯达Carousel投影仪。
- 1962年：第一次销售收入超过10亿美元。
- 1963年：推出柯达易拍得相机。
- 1972年：销售额超过40亿美元。
- 1982年：推出“磁盘照相机”。
- 1993年：柯达CEO凯·惠特莫尔（Kay Whitemore）的职位由乔治·费希尔（George M.C. Fisher）代替。
- 1995年：柯达数字科技品牌揭开面纱。
- 1996年：推出Advantix品牌。
- 1997年：宣布建立柯达图片网。
- 2000年：丹尼尔·凯普（Daniel A. Carp）成为CEO。

研发部门进行了调整。1998年，公司在高级照片系统中投入了另外1亿美元，但是采用了新任市场营销经理丹尼尔·帕伦博（Daniel Palumbo）所提倡的更加突出重点的方法。此人原先在宝洁工作。

研究人员表明1/3的相机购买者希望购买价格不高于50美元的相机。而柯达所生产的型号定价都高于这个数字。但是随着重新推出高级照相系统——一种介于数字和模拟相机之间的产品——价格开始下降。这种新系列效果不错，在1997年圣诞节期间其销售占柯达公司销售额的20%。

分析揭示了柯达公司80%的销售额来自于20%的产品线，公司也削减了27%的商品类型，重新调整了它的包装并且加大了广告投入。

这种新的在店铺中的品牌展示集中于柯达所提供的三种胶卷上：

- Max，这种具有两种速度的胶卷能满足大多数需求。这也指公司叫做Max的一次性相机。在品牌重新推出时，帕伦博说这是我们版本的“Intel Inside”。
- 金牌柯达（Kodak Gold）——目标是那些在最近几年转向富士的价格敏感型顾客。
- 对于专业和爱好者们是这类经过挑选的产品——Advantix、Royal Gold、Elite和Kodachrome。

今天，柯达不仅仅与主要竞争对手富士，而且与那些数量众多的在硅谷寻求数字影像的先驱们竞争。

市场营销专家和哈佛商学院教授约翰·科特尔（John Kotter）曾经评论：“这是一种令人嚎叫、毛骨悚然的挑战。一个世纪以来，柯达已经获得了太多的成功和太多的市场份额。这就像是IBM公司最糟糕的时候。”

事情变得更糟糕，随着公司努力应对来自于富士这样的竞争对手的更加剧烈的价格竞争和日趋恶劣的经济环境。结果就是新一轮更严重的成本削减。1997年大量裁减工人之后，2001年又削减了7 000个岗位。尽管这个冗余和重建的照相部门仍然控制了美国60%的市场，但在2001年利润大幅下降。2001年的利润仅仅是微不足道的7 600万美元，而2000年健康的时候是14亿美元。

在剩下的几年内会告诉我们一个美国最为著名的公司能否在数字时代彻底改造，或是平静地、步履蹒跚地迈入夕阳。其中任何一条道路，柯达品牌看起来都会存活下去——因为它太有价值了不会坐视其死去。

前CEO乔治·费希尔评论公司不平凡的创始人：“就像亚历山大·格拉海姆·贝尔（Alexander Graham Bell），伊斯曼修补自己前进的道路，取得了一种受到普遍欢迎的发明创造。就像亨利·福特，他用自己的名字命名公司，就像托马斯·爱迪生（Thomas Edison），他改造自己的产品适合世界饥渴的市场，并获取惊人的利润。”

注释

①Grant，Linda，‘Can Fisher focus Kodak?’Fortune，January 13，1996.

琳达·格兰特，“费希尔能够聚焦柯达吗?”，《财富》，1996年1月13日。

LEGO Lego
乐高

很少有品牌能够获得乐高这样合适的名字。公司的创立者克里斯蒂安森（Ole Kirk Christiansen）把两个丹麦字“leg”和“godt”（好好玩）结合在一起而组成了公司名字。从最早期的木质玩具，公司转入了自己熟悉的色彩明快的塑料积木。年轻的一代跟随乐高玩具成长并且构建起自己的梦幻世界和创造力。

这不仅仅是一种玩具，乐高在20世纪50年代以“系统玩具”重新投放市场。任何曾经看到过孩子们玩耍乐高玩具的人都会明白这是一项多么吸引人的活动。（在拉丁语中，乐高实际上就是意味着“我在读”或是“和我一起加入”。）

乐高原则——能够被充满想像力的孩子无穷无尽重新装配的互动配件——已经被其他许多玩具制造厂商复制。但作为原创的吸引力仍然是至高无上的。乐高的力量在于它能够被容易地使用——不需要特别的设备或是父母的帮助——并且能够无穷无尽的使用。这其实非常简单，就是一种针对每一天、每一个孩子不同的玩具。

乐高吸引了不同年龄的孩子。在采用乐高标准尺寸以前，Toddlers 开始推出更大一些的 Duplo 积木。产品的尺寸和价格都适合所有人的口袋。随着时光流逝，一个孩子能够收集到越来越多的构件，并且能够搭起更为巨大的建筑物。一些孩子一直沉迷于此，直到他们成年的时候还保持着这种热情。

从孩子父母角度来看，乐高是令人无法挑剔的。它干净、安全、没有暴力。它还是一种教育孩子的道具。通过它，孩子们可以学到如何熟练地运用积木，并且可以使他们的想像力付诸实践。许多父母都要花费好几个小时搭建一些乐高复杂、庞大的设计，而他们毫不领情的下一代往往兴高采烈地用几分钟就将它大卸八块。

建立乐高王国

克里斯蒂安森以木匠为生，生活在日德兰半岛上 Billund 荒原附近的一个小山村里。20 世纪 30 年代经济大衰退时期，他没有什么活可干。工作一段时间后，他有了一个主意，制造一种对儿童想像力和创造天性有吸引力的时尚玩具。这种玩具应该结实耐用，并能够经受得住粗暴对待。

他制造了溜溜球、带轮子的大象、迷你儿童装载车、汽车模型和其他一些设计作品。一种能够用绳子牵动的鸭子是当时最畅销的产品。随之而来，他的木质玩具开始流行并且开始雇用其他工匠。

品牌概念

品牌识别（Brand Identity）

品牌识别是品牌理论前沿中一个新出现的概念。最能说明品牌识别主要组成部分的解释是由有关此概念的最杰出说明者简·卡普费雷(Jean-Noel Kapferer) 做出的。

卡普费雷运用一个六面棱柱来表示品牌识别，组成品牌识别的这六个方面是：

➢ **体格**(Physique)：那些显著的（一提及该品牌就立即引起注意）或主要的（可能并不突出）独立特性的外在表现。

- **个性**（Personality）：通过品牌宣传和品牌实际运作，品牌获得的一种个性，这是品牌给人们的一种印象。
- **文化**（Culture）：品牌从各产品中提炼出自己的文化。文化意味着一种基于潜在价值观的假设系统。
- **关系**（Relationship）：一个品牌就是一种关系。消费者或许与品牌存在着一种关系。通过合作和共享，品牌可能提供了一种与其他人之间连接起无形关系的通道。
- **形象**（Reflection）：消费者心目中对品牌形象的反映。它提供了一种对自己和他人参考意见的共识。比如，宝马汽车的驾驶员可以通过品牌来识别，反之亦然。卡普费雷说人们往往把形象和品牌目标两个概念混淆。目标描述的是品牌潜在的购买者或使用者。
- **内在影像**（Self image）：卡普费雷宣称通过消费者对于某种品牌的态度，发展目标消费者自己的内在反映。（宝马汽车的驾驶者可能将品牌看作是他们的扩展。）

到20世纪40年代末，乐高雇用了50名员工并成为当地最大的公司。从14岁起就跟随父亲一起工作的克里斯蒂安森的儿子高特弗莱德（Gotfred）去英格兰旅行。在途中，他探讨了一种新概念的玩具，这是玩具经销商们所一直找寻的完全不同于以往的产品——一种具有目的性、连贯性和系统性的玩具。

这个主意吸引了高特弗莱德。他觉得解答这个问题的答案就是积木——可以用来搭建另外的一个世界。将这些积木搭建在一起和拆解开来都是有可能的。

1955年，经过大量考察和试验之后，这种新的著名的乐高积木在丹麦市场面世。与公司过去产品不同的是，这种新的产品是完完全全的“系统性玩具”。它的日标就是所有年龄段的男、女儿童。玩耍它们是简单、无穷变化和能带来无限满足的。

到克里斯蒂安森去世的1958年，高特弗莱德接手公司的时候，新型乐高玩具系统已经获得了成功。商业收入已经超过150万美元。它开始进入了一个新领域，1968年公司创立了第一个乐高天地。乐高工厂附近的10英亩土地被美化为儿童天堂，包括了现代村庄、咖啡馆、玩具博物馆和其他吸引人的东西。今天，乐高的这个创始地每年吸引着超过100万的游客。

1968 年，乐高在它的玩具系统中增加了轮子，对于玩耍它的孩子们来说开创了一个新的领域——高速公路。乐高随后推出了玩具人物，1977 年推出了乐高科技套装，能够用它制作工具模型。

今天，公司向世界上超过 100 个国家出口产品。它设在 Billund 工厂生产的 97%以上产品都是供应出口的。

永保新鲜

很少有行业像玩具行业这样是由时尚驱使的。最近几年，圣诞节里狂轰滥炸的电视广告意味着孩子们确实明白什么是最热门的、什么是陈旧的消息。身处在这种由市场操纵的漩涡中，乐高通过不断的技术创新熟练地使自己与时代同步。

20 世纪 70 年代，公司为对抗电动玩具的威胁推出了乐高摩托，通过它可以驾驭无数的汽车类装置。

最近几年，公司通过不断推出补充乐高经典主题的乐高套材使自己与时俱进。这些套材包括“骑士和龙”、“恐龙”、“昆虫”、“失落的世界”和“鲍勃和建筑”。

乐高还将品牌引入了其他领域。公司创立了自己的主题公园，拥有惊险的模型。如今在丹麦、英国、美国和德国都拥有乐高主题公园。还有就是乐高的生活方式，包括了孩子的衣服、书包、书籍、手表和交易卡。2002 年新推出的是乐高的严肃性玩具，即通过向成人开发战略时提供用具，使乐高品牌对于管理和商业的创新和学习做出贡献。

重建使乐高品牌成为更为全球化的业务，而对于先前向主题公园和服装非核心业务的扩张使公司高层将眼光从品牌上移开。1999 年，公司公布了自己有史以来的第一次亏损，4 850 万欧元。2000 年，损失更是达到了 1.34 亿欧元（8 500 万英镑，1.25 亿美元。）尽管品牌的运行没有预期的那样好，但是损失的相当部分是来自重组的费用。可以确定的是，乐高要实现自己制定的到 2005 年成为第一品牌的目标。沿着这条路走下去，公司关闭了设在匈牙利和瑞士的工厂，裁减的人员是其所有员工总数的 10%，并且为了能够做到全球化事务处理而重组了公共关系和广告宣传。

截至 2001 年，柯克·克里斯蒂安森（Kjeld Kirk Kristiansen）开始

将乐高拉回到正轨上。2001 年，公司宣告获得盈利。重组的收益开始在账面上显现出来。

当其他玩具厂商变得过时，使乐高品牌依然如此强大的就是不断的创新和提供新鲜的东西。创新产品，伴随着创造力、游戏、学习和发展公司品牌价值，使公司能够重新获得利润。“大脑风暴”系列就是一个著名的例子——与麻省理工学院（MIT）联合，由乐高开发的一种综合了积木与微型计算机技术的产品。

今天，乐高以使自己永葆青春的方法进行管理。如果这种方法仍然有效，乐高品牌就会像孩子所想像的那样长久持续下去。

Levi-Strauss
李维斯图尔斯

套上你的蓝色牛仔裤，很大可能它是李维斯（Levi's）品牌。20世纪70年代，社会主义国家内年轻一代开始热切地渴望拥有一条李维斯牛仔裤。这些裤子在波兰和捷克斯洛伐克是黑市上的抢手货。李维斯象征了在高速路上的自由自在，是西方世界的个人主义。它们是詹姆斯·迪恩（James Dean）这位万宝路广告牛仔所中意的，他很少穿戴其他品牌出场。李维斯仍然是一种偶像——你明白如果你穿上它就如同在一本色彩艳丽和昂贵的咖啡桌读物上扮演美国文化中的一个角色——1亿美元的广告预算确保我们不能忘记它。

感谢这样的偶像状态，李维斯图尔斯公司（Levi-Strauss & Co）是世界上最大的服装公司，年收入达到了43亿美元（2001年）。在公司的一则广告中写道："下一次你会在上海的自动洗衣店，独联体的合资企业，曼哈顿市区的会议室找寻到我们。我们是简单的，但精炼，是某人个人风格的一部分。"

李维斯不仅仅是一个全球顶尖品牌，它还从伦理上达到这个高度。公司不断地从公共社团获得奖项，从商业领导人那里获得赞誉，这都是因为它致力于道义、价值观和社会责任感。在一次评选美国商业领导者的活动中，李维斯图尔斯被评选为美国最具道义的私有企业——这个荣誉是与长期被认为是美国最讲道义的公众公司 Merck Corporation 共享的。

在李维斯图尔斯公司，道义和价值观并不是事后才产生的想法；当确实取得经济成功，这种概念就开始在企业内生根。它们成为企业文化的核心，并被认为是取得商业成功的关键推动力。这家企业以投之于其他关键企业事务同等程度的关心和关注管理着道义和价值观。就像英国的 Marks & Spencer，德国的 Robert Bosch，印度的 Tata 工业，该公司致力于公司创始人家族所确立的优秀道德规范和价值观。但是，公司成功地将家族个人对道义、价值观和社会责任的追求传递到世界范围的商业道德和管理实践当中去。

这种历史承诺的重要性不应该被低估。有关道义、价值观和社会责任的文化是建立在日积月累基础上，而不是一夜间就完成的。就像沃特森家族影响了 IBM 的文化，哈斯和 Koshland 家族影响到李维斯图尔斯的整个道义和价值观。在 140 多年历史中，大部分时期，这家公司是家族拥有的业务，这种关系对塑造它的价值观和品牌起到了关键作用。

从齐腰高到码头工人

李维·斯图尔斯（Levi Strauss）（1829—1902 年）最初来自于巴伐利亚（Bavaria）。他在 1847 年到达美国的纽约并且与他同父异母的兄弟经营杂货生意。1853 年，斯图尔斯来到旧金山开创自己的业务。他的重大进展来自于他的一位顾客，一位叫做杰克布·戴维斯（Jacob Davis）的内华达州裁缝，给他展示了自己有关拼接男性长裤的想法。这种长裤让人看起来精神充沛和更经得起磨损——非常适合采金者或农场主。戴维斯需要 68 美元注册设计专利。1873 年，斯图尔斯和戴维斯注册了拼接裤子或就像他们所称的那样“齐腰工作装”专利。公司兴盛起来——斯图尔斯死的时候，他的资产达到了非常庞大的 600 万美元。

公司遇到的第一个主要挑战发生在 1906 年，当时地震以及随之而来的大火摧毁了公司总部和两家工厂。对此，李维斯图尔斯公司对他的批发商客户扩大了信用，使他们能够依靠自己的力量重新恢复并开展业务。公司继续付给雇员和一位临时官员工资，并且开放陈列室让他们在新的总部和工厂建设期间能够有些事情可做。

同样的事情还发生在经济大衰退时期。当时的 CEO 沃特·哈斯爵士 (Walter Haas Sr) 雇用工人在旧金山 Valencia 街道的工厂内安装新地板，而不是将他们解雇。后来，在 20 世纪 50 年代，公司为美籍非洲人提供同等工作机会，在 60 年代这又扩展到了南部几个州。随着商业扩展到了更广泛社团，传统随之变化。李维斯图尔斯现在总收入的 40%以上来自于国际业务，并且在世界 50 多个国家中生产产品。1/4 以上的雇员是美国以外的海外雇员。

公司发展的最重要时期是 20 世纪 60 年代和 80 年代。1959 年，公司开始第一次向欧洲出口产品。1966 年，李维斯开始投放自己的第一个电视广告。当时的中心事件——尽管并不是公司所操纵的——伍德斯托克 (Woodstock) 和萨姆 (Summer) 陷入爱河。这对年轻伴侣披着阿富汗外套依偎着吸烟，他们同样地都穿着牛仔裤。牛仔裤成为年轻人的统一制服。年轻人或许会将他们的裤子撕开，并用安全别针将它们恢复起来，但它们仍然是牛仔裤，而且大部分都是李维斯产品。

60 年代见证了李维斯达到国际市场，并且被接受成为一种年轻人的装束，而 20 世纪 70 年代却是另一番情景。在加利福尼亚州的反托拉斯法案中，它成功应对起诉。1971 年，公司走向公众化。这被证明是非常不成功的。这还带来了一位从 Playtex 来的 CEO，他鼓励公司进行品牌扩展。李维斯游泳衣、李维斯帽子、李维斯雨衣都成为主要商业活动以外令人很快淡忘的转向。

沉浮

1980 年到 1984 年间，公司的净收入下跌了 80%。它关闭和出卖了在美国 1/4 的工厂，并且裁减了 15 000 名员工——这差不多是总人数的 1/3。负责重建的人——公司创立者的曾外孙罗伯特·哈斯 (Robert D. Haas) 将这一切视为“公司的信心和它的特别领导能力被打得粉碎。”哈斯，一位前麦肯锡咨询员，并没有置身于责备之外——从 1973 年起他就在公司工作。他在 1984 年接任公司 CEO，并成功地将公司乐善好施的家长式作风转变为管理道义和价值观的更动态、现代化的方法，整个过程雇员都参与其中。

哈斯使公司又恢复为私有，并且通过国际扩张和极其成功地推出码头工人（Dockers）系列，使公司又恢复了往日光彩。惟一马失前蹄的就是一次不成功的企业再造努力。

道义仍然是公司不可或缺的一部分。公司在1987年出版了一个热切陈述，在这个陈述里提出了挑战，所有员工都要表现出领导能力“塑造新的行为、赋予权力、管理伦理实践和良好的沟通”。“热切陈述”还认识到人们需要对他们的工作和有效行为的认同，而且公司应该评价和利用人的差异性，无论他的年龄、民族、性别和宗教信仰。这可不是说说而已。管理者的评定并不仅仅由经济表现所决定。这是公司的这些价值观中如此重要的一个关键信息。高达40%的管理奖金是由有关“热切陈述”和其他设定的伦理、价值观和人际关系个人风格行为尺度决定的。

一个迷人的故事

- 1847年：巴伐利亚移民李维·斯图尔斯（Levi Strauss）到达纽约。
- 1853年：斯图尔斯搬到旧金山开始创建自己的生意。
- 1873年：斯图尔斯和杰克布·戴维斯（Jacob Davis）注册了男士拼装裤子。
- 1906年：总部和工厂被地震和大火毁坏。
- 1920年：李维斯在印第安纳州建立了一家工厂为孩子们生产“Koveralls”。这是公司第一件全国销售的产品。
- 20世纪40年代：美国大兵们在欧洲开着罗尔斯—罗伊斯兜风的时候，穿着李维斯服装。
- 1959年：李维斯产品第一次出口到欧洲。
- 1961年：李维斯产品在巴黎展出。
- 1965年：李维斯图尔斯国际和李维斯图尔斯远东成立。
- 1966年：第一条李维斯电视广告。
- 1971年：公司成为公众公司。
- 1983年：在欧洲开设了第一家店铺。
- 1984年：罗伯特·哈斯（Robert Haas）成为公司CEO。
- 1985年：又变成私有企业。

- 1986 年：推出码头工人系列。
- 1991 年：李维斯原味店在美国开设。
- 1996 年：推出 Slates。
- 1997 年：重组开始，宣布工厂关闭。
- 1999 年：CEO 菲利普·马里尼（Philip Marineau）被任命。
- 2000 年：推出妇女的超级低牛仔裤（Superlow）。

前公司总裁彼得·杰克布（Peter Jacobi）说："我们已经告诉全世界我们的人，什么是我们的价值观，他们有责任支持我们。一旦你这么做，这就像是将瓶子中的妖怪放出来。你不能再走回头路。"经理们显然是喜欢这样做的——他们在旧金山公司总部的年费用只占公司总费用的 1.5%。①

罗伯特·哈斯曾经激烈争论道，一支享有和公司经理一样价值观和热望的强有力工人队伍能够使公司成为市场的领导者。哈斯说："除非整个组织拥有一种精神力量，你将不能赋予人们活力或是得到他们的支持。"

重新恢复品牌精神仅仅是故事一部分。李维斯图尔斯推出了一些成功的新产品。最引人注目的产品就是 1986 年推出的码头工人系列，该系列成为服装界最迅速成功的故事。

渠道就是一切

多年来产品仍然大同小异，改变的是李维斯对产品销售渠道的管理和认识。李维斯致力于重新改造品牌体验。CEO 罗伯特·哈斯说："我们吸引广泛范围的顾客在不同场合穿着的需要，他们觉得我们的产品不仅能够满足穿着需求，而且能够满足他们的心理需要。我们已经建立起我们的标记。心理体验是一回事——就像是产品提供的物质满足一样。

"我们做的是一个舒适的生意，我并不是说是物理上的舒适。我以为我们提供的是心理舒适——安全感，当你进入一个陌生人房间或是与同伴工作，你是以一个大家都能接受的服饰品牌装饰的。尽管很显然，顾客所定义的心理舒服或许会有所不同。"②

作为一部分，李维斯图尔斯开发了一种创新的新型发售系统。访问其位于伦敦摄政大街（Regent Street）的旗舰店，当你拾阶而上，在楼上可以预订到一条你个人尺寸的牛仔裤。详细数据被输入计算机，并发送到比利时的牛仔裤生产厂家。三个星期后一条完全按个人尺寸制作的裤子将被直接寄送到登记地址。这种最终的大批量市场化产品现在能够量身定做。这是一个大规模定制，更确切一些地说，大规模服务定制的时代。

在严酷时代里是没有例外的，20 世纪 90 年代末期，李维斯再一次经受了考验。它发现自己受到盖普（Gap）和时尚精品屋等低价格便装经销商的挤压。尽管当时许多服装企业将自己的生产运作外包到了远东，以自己商业伦理著名的李维斯仍然自己运转在美国的工厂。公司最终变得温和起来。从 1999 年就入主帮助整顿公司的 CEO 菲利普·马里尼（Philip Marineau）在 2002 年宣布美国的 6 家工厂将和海外的一些工厂一同被关闭，大约有 3 500 人将失业。这是一个为期三年的重整计划，目标是通过使公司从重视生产转变为重视市场营销和以产品驱动的企业，促使李维斯的境况趋于好转。这个计划的最终结果就是关闭了北美的 24 家工厂和使 13 000 人丢掉了工作。

“新”李维斯的承诺是更注重产品而不是注重品牌。这种新方法的一个信号就是与 Tandy Brands Accessories 的交易。根据这项交易，女士皮革产品将以李维斯品牌生产。李维斯重新发现创新，回溯到 19 世纪，这种品质曾经很好地服务于公司创始人李维·斯图尔斯。推出的 Superlow Stretch 牛仔裤以及从胯部到腰部只有两个扣子宽的特别低的 Two Lows 型裤子，使公司进入了低开口的女性牛仔裤市场。Go Khaki 型裤子是由棉布加上少许特氟纶材料制成，这使得它能够不沾上液体污物。李维斯图尔斯和他的顾客会感到振奋的。

注释

①Sherman, Stratford, ‘Levi’s: As ye sew, so shall ye reap’, Fortune, May 12, 1997.
斯特拉特福德·西曼，“李维斯：作为裁缝能收获吗”，《财富》，1997 年 5 月 12 日。

②McGregor, Alexander, ‘Torn in the USA? ’How to Spend It supplement, Financial Times, May 1998.
亚历山大·麦格雷戈，“在美国撕裂？如何耗尽它的补充物”，《金融时报》，1998 年 5 月。

Marlboro 万宝路

1961年，雷诺（RJ Reynolds）烟草公司充分有理由感到满足。它的市场占有率已接近35%，成为美国烟草工业的主导力量。在它之后气喘吁吁的跟随者中，排名第六的是菲利普-莫里斯公司（Philip Morris），当时它的市场份额不到10%。雷诺公司的主管无疑可以靠在高高的椅背上深吸一口他们的成功产品了。

与此同时，菲利普-莫里斯公司内一项新的计划浮出水面。表面看起来这有一些绝望的味道。它的一个品牌过去的主要消费目标是女性。新的、明智的选择就是重新命名该品牌以适应大众消费市场。要使这种转变能够被消费者所接受，公司决定这种重新命名的香烟以一个牛仔形象作为产品特有的吉祥物。这个品牌就是万宝路（Marlboro），世界上最为著名和长久生命力的品牌。

万宝路不仅仅是一个品牌。它是一件国际性产品，他的名字和形象传遍世界每一个角落。它醒目的红色和白色以及它以传统美国牛仔浪漫形象为标志的广告宣传尽人皆知。甚至，现在它的标识受到越来越集中的竞争和品牌竞争都丝毫没有影响它那庄重岁月形象和身份。

黑色星期五

1993 年 4 月 2 日，美国烟草巨头菲利普-莫里斯公司将它所有品牌香烟削价 25%，这也包括万宝路。而在一天前，人们或许会认为这也许是公司开的一个玩笑，但现在却是千真万确的。仅仅一年后，也就是 1994 年 6 月 19 日，米切尔·迈尔斯（Michael Miles），就是曾经做出这个重大决策的人被任命为莫里斯公司主席和首席执行官。在这个现在被称为万宝路星期五的故事背后激起了许多长期争论的、在现代商业的品牌宣传和品牌管理仍处在核心地位的问题。

万宝路和菲利普-莫里斯公司其他品牌的香烟由于受到其他香烟（非品牌烟）的竞争，市场份额受到长期损失（值得记住的是菲利普-莫里斯公司也生产那些削减万宝路市场份额的便宜烟——但这类产品的边际利润是令人理解的低）。在万宝路星期五掀起波澜之前，非品牌卷烟宣称占据了全美 40%的市场。这些烟只有万宝路售价的一半，那些便宜的竞争者，连同纳贝斯克的骆驼（Camel）品牌一起，将万宝路占据全美近 30%的市场份额挤压到仅仅超过 22%。米切尔·迈尔斯决定必须要做些什么。

迈尔斯被人们描述为孤僻、沉默寡言的人，《财富》杂志曾经称他为“一位商业痴迷者……注重实际、冷酷无情、专注……冷血。”①他也是一位非吸烟者，他的经验主要集中在菲利普-莫里斯公司庞大商业帝国的食品领域。该公司 1993 年的销售额就已经达到 610 亿美元。他那基于食品领域的工作背景（据说他是拥有的），意味着迈尔斯缺乏真正的对品牌的热心和对于烟草生意和万宝路之所以存在根基的理解。如果市场份额持续下降，一般对策无非就是掀起一场广告宣传战或是小幅降价，或两者兼而有之。这两种方法都能使万宝路的市场份额有所增加。

但是迈尔斯的方法更显戏剧性和出人意料：大幅降价。将世界顶尖品牌的香烟价格砍掉了 25%，以换取增加本以下降的市场份额本身就是一场非常危险的赌博。对许多评论员、观察家和分析员来说这种战略与其说是被长远考虑所驱使不如说是神经错乱。

使香烟变得更加便宜，万宝路星期五具有其他一些更加广泛的含义。一种品牌的大幅降价，使得 20 世纪 80 年代蓬勃发展起来的对品牌浪漫的崇拜走到尽头。品牌不再是一台能够保证赚钱的机器，而是突然间暴露在众人面前成为一种可能会犯错的、潜在的受害者，而无论原先有多么大。一种现实主义的爆发——在20世纪80年代，品牌一直在发展，在许多情况下是由于额外价格，主要是每年价格的增长，通常要增长15%左右。在许多市场上，连续的价格增长促使许多消费者投入到竞争者的怀抱中——因此自有品牌产品获得增长。

万宝路星期五标志着一种新的——没有人欢迎的——转变。证券市场就像他们经常在遇到出乎意料的问题时的反应一样，对此的反应是不信任。菲利普-莫里斯公司的股票在一天中狂跌23%。（对于米切尔·迈尔斯本人的羞辱是在他离职后股价又迅速上升。）

迈尔斯的战略显然是直来直去的。他认识到对万宝路品牌，公司再也不能依靠它继续获取额外高昂价格。许多顾客已经明显认为万宝路品牌已经过度了。或许看到康柏公司在个人计算机领域的作为，迈尔斯探寻通过降低价格和利用优秀品牌的口碑去提高市场占有率。

实际上，迈尔斯的战略产生了作用。在万宝路星期五之后最初一段日子里，菲利普-莫里斯公司的股票大幅反弹，而且公司在美国烟草市场的份额从42%上升到46%，其中万宝路一个品牌就从22%上升到27%。在1994年7月，菲利普-莫里斯公司能够宣称第二季度税后利润增加了17.6%，达到12.3亿美元——尤其引人注意的是这是自万宝路星期五后利润的首次增长。在美国的销量增长了将近22%，使得莫里斯公司占据的市场份额达到46.6%（增长了5%），同时万宝路达到了创纪录的28.5%——提高了6.5%。

最终结束迈尔斯在菲利普-莫里斯公司中事业的是他计划分离公司的两大核心业务——烟草与食品饮料，包括麦克斯韦尔（Maxwell House）、卡夫（Kraft）、米勒啤酒（Miller）。这种想法遭到了前主席哈姆斯·麦克斯韦尔（Hamish Maxwell）的抵制。麦克斯韦尔曾经策划了公司在80年代所进行的一系列引人注目的收购，诸如通用食品（General Foods）、卡夫和Jacobs Suchard而进行的多元化道路。

再一次，迈尔斯这么做的逻辑非常清晰。20世纪80年代，当烟草行业已经显露出衰退，并且日益成为具有潜在问题的业务时，麦克斯韦尔已经创立了该公司在食品行业中的业务。这种战略是能够起到作用的，菲利普-莫里斯公司在食品业务上的收入1993年占到公司总收入的一半——尽管与烟草行业比起来利润率还差得多。当迈尔斯接管卡夫成为主席和首席执行官的时候，他就已经执著于莫里斯公司的食品业务。根据他在食品行业的经验，他热衷于拆分成两个帝国——这也是他针对与在美国国内日益高涨的反对吸烟运动和诉讼威胁的反应。

在6个小时的董事会会议之后，迈尔斯的计划被否绝了。他的职务也变得不牢靠。一周后，他离开了公司。取而代之的是来自于菲利普-莫里斯公司烟草业务的两个吸烟的人。在万宝路世界里，吸烟者仍然是制定企业政策的人。

注释

①Fortune，23 October，1989.

《财富》，1989年10月23日。

m&m's Mars
玛斯

当罗尔德·达尔（Roald Dahl）写成了儿童经典著作《查理和巧克力工厂》（Charlie and the Chocolate Factory）一书，并且创作出了糖果企业家威利·万卡（Willy Wonka）这个人物时，在他脑子里或许想到的就是玛斯（Mars）公司如今已退休的创始人弗里斯特·玛斯（Forrest Mars）。对于质量和保密的激情构筑了这个巧克力王国。

今天，弗里斯特·玛斯已经建立起来一个年收入100亿美元的糖果帝国，并且成为企业发展历史中充满了神奇的一员。显赫但谨慎地运用、构筑玛斯品牌的人成为世界上最为秘密和成功的企业家。

近期出版的一本书审视了玛斯和它在巧克力生意上不共戴天的对手赫雪（Hershey）。①书中有一幅插图用达尔所能够想像到的一切奇异事情描绘了美国糖果行业的巨头们：一个充斥工业间谍的世界，进行配方和内部信息的秘密交易，妄想狂的领导们执迷于垂死挣扎以获得市场份额。

弗里斯特·玛斯被描述为一位“独裁者，具有光辉的——某些时候是离经叛道的——管理思想”。对于外人来说，对巧克力配方的保密措施显得过分了。但在极其残酷的糖果业竞争中则显得尤为必要。

今天，玛斯公司产品在世界150多个国家中销售。公司由CEO约翰·玛斯（John Mars）和年长一些的兄弟小弗里斯特（Forrest Jr）共同执掌。公司总部设在弗吉尼亚州的McLean Elm大街6885号。

玛斯公司或许在公众场合有些羞涩，但在80多年的岁月里，公司在世界上成为市场的领头羊。在这段时期内，公司创造了一个我们这个星球上最为知名的品牌之一。

来自玛斯公司的人

公司的创始人，弗兰克林·玛斯（Franklin C. Mars）于1902年，也就是他19岁的时候开始销售糖果。在他20多岁的时候，就在华盛顿特区的Tacoma建立了糖果批发生意，十年以后，他搬迁到了明尼阿波利斯(Minneapolis)。在这里他在自家的厨房里制作出了奶油乳酪，并由他的妻子埃塞尔·玛斯（Ethel Mars）运送到全城的零售商店里去。

1922年，Mar-O-Bar公司建立起来生产高质量的糖果产品。今天，玛斯就是意味着公司极其成功产品的同义词，但在公司成立的第一年，公司在生意上损失了6 000美元。但是弗兰克林并不是轻言放弃的人。第二年，Milky Way糖果（在美国以外的地区被叫做玛斯糖果）推入市场并且迅速被顾客所接受。

紧接着又推出了Snickers Bar［最初在英国叫做马拉松（Marathon)］，这种糖果是作为夏日产品而推出的，而当时在产品表面也还没有像现在一样包裹着巧克力。

公司的发展是如此之快，以至于不得不搬迁到一个更大的工厂。这就成为了玛斯公司（Mars Incorporated)。1929年，它搬迁到了紧靠芝加哥的一个地方。一年以后，Snickers糖果第一次外包上巧克力。

1932年弗兰克林的儿子弗里斯特·玛斯离开美国到了英国。他随身携带了玛斯公司的糖果秘方，他在Slough租借一家工厂开始创建自己的生意。在当时，流行的是实心巧克力条，而玛斯公司的产品却是独树一帜的在巧克力内部充入软饴糖和奶油杏仁糖，并且这些糖完全由手工制作。一段时间内，玛斯公司的糖果在当地售价达到2便士一块。

有关这种不平常糖果的赞誉很快沸沸扬扬，弗里斯特·玛斯不得不在六个月内将自己的员工队伍扩充了一倍。1935年公司推出了Milky Way型糖果（英国版），并且在几年以后推出另一种玛斯公司的经典之作，Maltesers。

早期的口号包括“不可思议的玛斯”和“每一块玛斯产品就是一顿大餐”，但是公司持久的宣传用语就是“一天一粒玛斯，帮助你工作、放松和运动”。

今天，玛斯家族或许在美国，但早年在英国养成的循规蹈矩遗风仍然存在。一位玛斯公司的主管说道：“你或许想知道为什么玛斯公司从不生产任何含有花生酱的产品？这是因为整个玛斯家族没有人爱吃花生酱。”

威利·万卡只相信那些忠实可靠的员工。而弗里斯特·玛斯也抱有相同的处世哲学。公司虽然仍然是一家私人开办的企业，但是在友善对待员工和付给行业平均以上薪金方面确有良好声誉。并且对管理方法一直是高度保密，以避免媒体的注意。

许多公司内部人士将公司的成功归功于与众不同的产品和启发性的管理哲学。这二者紧密结合，并且使玛斯品牌有一种延续性的感觉。玛斯公司并没有追寻什么管理窍门或是快速固定的解决之道。这给消费者传递了这样一个信息，公司并不是致力于短期的生意而是希望能够长久运作下去。

在玛斯公司内身份是不为称道的。每一个人都在肩并肩的工作，根本没有考虑级别。没有人拥有私人秘书，每一个人都自己复印材料并自己接听电话。约翰·马斯或许是惟一一位需要像传统工厂的工人那样刷门卡计时的全美最有影响力公司的CEO。

在玛斯公司内部，官僚体制是被诅咒的。位于McLean的公司总部只雇佣50人，包括约翰、小弗里斯特和杰姬（Jackie）。

薪金直接与公司生意的好坏挂钩。如果利润迅猛增长，那么与之挂钩的奖金也相当于5周、10周、甚至15周的薪水。而另一方面，如果利润降低，薪金也同比例降低。

清洁一直是公司努力追求的。公司一直引以为豪的是任何时候，玛斯公司工厂地板上可接受的细菌含量少于家庭水槽上的平均值。任何有关污染的线索都将导致生产线关闭几个小时。

质量是强制性的。每年，数以百万颗的M&Ms［以弗里斯特·玛斯和赫雪总裁威廉·莫勒（William Murrie）的儿子布鲁斯·莫勒（Bruce Murrie）

命名］———一种外裹巧克力融衣的公司拳头产品被丢弃，仅仅是因为字母"M"没有打印在正确地方。Snickers 上存在的气孔也足以促使销毁整个一批次产品。就是这样，一个立足于尽善尽美的王国建立起来了。

注释

①Brenner, Joel Glenn, The Chocolate Wars: Inside the Secret Worlds of Mars & Hershey, HarperCollins Business, 1999.

约尔·格林·布莱纳，《巧克力战争：玛斯与赫雪的内部秘密》，1999 年。

McDonald's 麦当劳

麦克唐纳两兄弟——迪克（Dick）和莫里斯（Maurice）（两人都被称作Mac）——于1940年在加利福尼亚州的桑布纳蒂诺（San Bernardino）开设了一家餐馆。它与当时其他餐馆没有什么两样——提供烧烤而且场地非常狭小。随着两人的经验越来越丰富，麦克唐纳兄弟认识到他们的顾客总是急急忙忙地需要食物。顾客们并不希望为得到食物而付出等待。他们仅仅希望食物能够快一点递送上来。于是，1948年12月，迪克和麦克转到快餐行业。他们在新餐馆的屋顶上架设了一座巨大的霓虹灯广告牌，宣称这家店的厨师都是手脚麻利的。

当时店铺的位置并不引人注目。迪克出了一个主意，用两个大拱形代表字母M，并且墙上都贴上瓷砖（红色和白色），使得能够比较容易清洗。顾客能够驾车直接来到第一个窗口点菜。可供顾客的选择其实并不多，但当他们驾车来到另一窗口的时候，他们所订的食物就已准备好了。顾客们喜欢这种形式。它便宜而且方便——一个汉堡包只要15美分，一份麦芽饮料只要20美分，一包薯条也只要20美分。

顾客们很快趋之若鹜。麦克唐纳兄弟开始扩展自己的王国。最终，他们按照同样模式开办了8家快餐店。（如今，只剩下一家在继续营业——在东洛杉矶开设的第三店。）他们的成功引起了雷·科洛克（Ray Kroc）（1902—1984年）的注意，这是一位出售牛奶搅拌器经营权的厨房用品推销员。1954年，科洛克以270万美元的价格购买了麦当劳在美国的经营权。1961年，购买了在世界的经营权。在剩下的历史中，麦克唐纳兄弟与这个品牌神化没有太大的联系了，科洛克接手了整个麦当劳世界。

科洛克给公司带来一种掺杂着朴素商业哲学的活力——“坚持不懈与个人决断是无所不能的”；“如果一个公司拥有两位想法相同的执行官，那么其中一位就是不必要的”；还有科洛克是如此帮助竞争对手的：“如果我看到一位竞争对手快要溺死了，我将在他的嘴里插上一根水管子。”这些言论其实都行之有效。麦当劳于1959年开设了第100家店，在美国之外的第一家店铺也于1967年开设。1990年，最后一座壁垒被攻克，麦当劳在莫斯科开设了快餐店。俄罗斯人在他们超市中什么也买不到，但羡慕资本主义的运转效率，当时在莫斯科的整个外国团体都在品尝麦当劳食品。

麦当劳的第九家连锁店——也是科洛克开办的第一家——开设在伊利诺伊州的Des Plaines。麦当劳的总部就设在附近的奥克布鲁克（Oak Brook）。今天，麦当劳在世界121个国家中拥有3万家店。每一天，令人惊奇的有4 500万人在麦当劳餐厅中用餐。

漂亮的小面包

麦当劳模式具有惊人的通用性——有限的选择、快速服务和清洁的餐厅。随着麦当劳成功地推广到世界，他们所做的可没有什么原创和后来创新之分。你在这里并不能获得鲁克斯（Le Roux）兄弟提供的美味奶酪三明治。取而代之的是，麦当劳恰到好处地提供了简单事物。设在肯尼亚内罗毕的一家餐厅与设在波兰华沙或是密歇根州巴特尔克里克的一家店看起来完全相同。（即使如此，公司也允许提供符合当地口味的食品——在印度提供羊肉汉堡、在以色列提供犹太教允许食用的汉堡。）这就是麦当劳，世界上“最成功的快餐服务组织”。

亨利·福特掌握了大批量生产的精髓；而麦当劳掌握了大批量服务的精髓。它是通过严守一些简单信条做到这一点的。质量、清洁、一致是麦当劳品牌赖以生存的基础。科洛克执著于这些信条。他反省到“这需要能够从汉堡包面包中看到美好事物的一定想法。”他是对的，其他没有什么人能够将这种简单的事情做得这样好。实际上，这样整齐划一的品牌正是使自己与众不同的关键因素。

这种理念多年来一直有效运作，但到了20世纪90年代麦当劳遭遇了疑问。这些问题并没有给公司带来决定性影响，但是它对公司的某些目标打上了烙印——毫无疑义的英国诽谤案使公司与两位个人的争执陷入拖延和花销巨大的过程中；像Arch Deluxe这样新产品的失败和不成功的55分汉堡包的促销。在最近几年，汉堡大王（Burger King）倒是享有某些优势。

1998年，公司任命新CEO杰克·格林伯格（Jack Greenberg），这是麦当劳有史以来第一位没有当过汉堡操作员的CEO。显而易见的是格林伯格热衷于当代时兴的管理理论——他说：“我并没有所有事情的答案，这就是一个强有力的地方。我自信我周围都是强有力的人，花费时间去倾听。一个能够获得反馈的环境是我们吸引优秀人才的惟一方法。”①——面对维持一个市场价值达到360亿美元（2002年3月）公司的惊人的巨大任务。

在许多方面，麦当劳今天所面临的问题也是许多其他品牌多年前所遇到的问题。比如，麦当劳现在是高度集中，它的中高级管理人员都倾向于根据级别讨论问题。非常显著的是，公司里听不到不同的声音。它也还忽视了对市场的划分——格林伯格说：“那种老式的告诉人们怎么做的模式已经被采用许多许多年了。现在我们需要一种不同的管理方法，更加注重那些不同的市场细分。”②

其他缺少的重要因素就是创新。从麦当劳昔日运作中已证明了它是一个缺乏想像力和总体上说不成功的创新者。“我们在开发一个新的主意并将其付诸于市场方面需要花费太多的时间。而且在决定是否要去做的问题上花费了太多时间。”③当格林伯格赞成这种情况必须改变的时候，在企业文化这么浓厚的一个巨大组织中如何能做到这一点仍然是一个疑问。

贸易环境还是那么艰巨，然而，格林伯格还要面对一项困难的任务。有些时候，麦当劳好像受到了所有方面的攻击。就在它刚刚处理好McLibel的诉讼后，又受到了疯牛病的影响，打击了利润。肥胖突然成为美国一个巨大的社会问题，一些寻找替罪羊的人们再一次将手指指向了麦当劳。于是麦当劳努力应对这种公共关系危局，比如它在法国投放了反对肥胖的广告，警告消费太多的巨无霸会损害健康。建立新的麦当劳就是消减这种食品有害健康的恐惧。这实际上看起来有一点不公平。许多食品如果进食过量都会对健康不利。某些人或许会设想自我控制可能是控制肥胖的一个因素。但这是麦当劳当今所要忍受的另外一个考验。

同时麦当劳继续保持发展的步伐。公司计划2003年开设1 400家新店，其中350家是在美国当地。格林伯格也努力打入中国市场。尽管维持住了利润增长，2002年5月公布的收入却是连续第六个下滑。为公司收入贡献了多达60%的美国市场需要振兴。格林伯格将2001年称为公司历史上“最具挑战性的时期”。更加肯定的是，麦当劳仍然具有所向无敌的全球力量。它的公开发行小册子中描述了以下遗憾：“即使作为市场的领导者，每一天麦当劳为之服务的人占世界人口不到1%。”总还有那么多的人需要食品。

注释

①Machan, Dyann, ‘Polishing the golden arches,’ Forbes, June 15, 1998.
戴恩·麦琛，“熠熠生辉的金色拱形”，《福布斯》，1998年6月15日。

②Machan, Dyann, ‘Polishing the golden arches,’ Forbes, June 15, 1998.
戴恩·麦琛，“熠熠生辉的金色拱形”，《福布斯》，1998年6月15日。

③Tomkins, Richard, ‘A mission to buff up the golden arches’, Financial Times; September 3, 1998.
理查德·汤姆金斯，“使金色拱形重新闪亮的任务”，《金融时报》，1998年9月3日。

McKinsey & Co 麦肯锡

咨询业巨头麦肯锡公司的内部员工总是将公司称为“这个企业”(The Firm)。之所以这么说的前提假设是麦肯锡在管理咨询业务中总是以一种截然不同的方式运作——更加庞大的账单、更巨大的耗时、更高的标准、更好的结果和更聪明的人参与。麦肯锡的咨询员总是将自己看作是商业界的电影明星，他们并不是依靠昂贵的装饰，而是靠自己的智慧来赢得人们的尊重。

麦肯锡公司不仅仅是一家咨询公司。它更代表了一种气质。固定不变的装束和专业级别的标准；形象端庄、行事稳健。它简直就是一架完全专业化的、获得了巨大成功的、运作流畅、精心上过油的金融机器。麦肯锡是专业服务行业中最伟大的品牌之一。

对麦肯锡公司的赞誉之词充斥着我们周围。对于管理咨询界的绝大多数考察总是止步在麦肯锡门前，并对它顶礼膜拜。《财富》杂志曾这么形容过麦肯锡公司，“它是我们这个星球上最为知名、最神秘、收费最昂贵、最有声望、最始终如一获得成功、最受人妒嫉、也最值得信赖的管理咨询公司。”[①]汤姆·彼得斯更加倾向于这种评述，“麦肯锡自身具有一种同温层般的信念。”[②]彼得斯的这种叙说没有任何夸大其词之处，这的的确确是一种事实。

麦肯锡学说中的信条与理念是推动公司前进的动力。在公司的目录中绝对找不到那种不喜好出风头的谦虚。除非卡迈尔派（Carmelite）（天主教，12世纪创立于叙利亚卡迈尔山的白袍修士，译者注）的女修士能与阿诺·史瓦辛格彼此间闲聊到一起，那么麦肯锡才能与谦虚这个字眼相容。

帽子文化（Hat culture）

然而，除去对公司的过分赞誉之辞外，麦肯锡到底有哪些不同寻常的地方呢？毕竟，它不是历史最悠久的咨询公司，Arthur D Little的历史能够追溯到19世纪80年代。同时，麦肯锡公司也不是世界上最大的咨询公司。根据公司雇员数和年收入，它也还只是个侏儒（但显而易见，每个雇员创造的收入完全不是这样）。麦肯锡的不同之处在于它总是认为自己是最好的并且发展出一套能使自己长盛不衰的氛围，而无疑这是最好的。

麦肯锡这种充满了光辉的信念是它独有的企业文化的一部分。这种创新应在很大程度上归功于一个人——马文·鲍尔（Marvin Bower）。他是在20世纪30年代加入麦肯锡的。根据公司章程每三年春季的时候麦肯锡150多位高级合伙人——就是各地的主管公开投票选择公司的常务董事。这使得鲍尔所留下的传统和麦肯锡的企业文化被很好地保留下来。这种令人敬佩的民主方式，麦肯锡的这种选举常务董事的方式比起一般公司遴选CEO的机制在选择新的掌舵者方面拥有更多的选择。

实际上，麦肯锡坚持不懈地强调自己的特殊性。鲍尔说道：“我着眼于向公司的高层提供管理建议，并在最好的法律公司所制定的专业标准下实施。”[③]结果，根据其清晰的商业存在目的，麦肯锡总是以这家公司崇高的而不是陈腐的企业面貌呈现在世人面前。麦肯锡的咨询员总是协同合作，麦肯锡的工作方式是全身心地投入而不是仅仅工作，是一份商业实践而不仅仅是一项业务。麦肯锡充满着自负，但却以一种彻底谦逊的方式挣钱。

鲍尔的信念是客户的利益能够增加公司的收入，如果你照顾客户，你将获得更丰厚的回报。（对麦肯锡来说，较高的收费并不意味着巨额利润，但却是一个能使顾客认真对待麦肯锡的简单而有效的方法。）鲍尔制订的其他准则还包括：咨询师应该对客户的事情保持缄默；应该告诉客户真实的情况，并时刻准备对他们的主张提出质疑；只应该同意做那些既是必要的，又能做好的事情。在这方面，鲍尔还进行了发挥。比如，他坚持麦肯锡所有的咨询师必须戴帽子——除非因为某些原因，如，在旧金山的事务所——并穿长袜。而很少客户能够适应咨询师的这种装束。

在麦肯锡工作可不是一件惬意的工作。防止经理的负面评价可不是一件容易的事情。期望简直是太高了。汤姆·彼得斯发现只有最优秀的人才做得到。麦肯锡的员工来源传统上是世界顶级的商学院——哈佛、斯坦福、芝加哥、麻省理工斯隆商学院、西北大学的凯洛格商学院、沃顿、法国的Insead等。一个表现麦肯锡强大吸引力的例子，即使是在网络公司发展到顶点的时候，麦肯锡公司仍是MBA毕业生们的首选工作之地。④

麦肯锡雇用的几乎都是男性雇员——一般也只有男性才能适应那里的工作。睿智、精力充沛的MBA学员一进入公司后马上就会经受煎熬。麦肯锡的雇员一般估计在45岁左右达到事业顶峰（如今在IBM任职的路·郭士纳在31岁时就成为麦肯锡有史以来最年轻的合伙人），他们在50岁左右时就逐步退出委员会的工作，在60岁的时候退休。他们工作非常辛苦，但所获得的报酬也非常可观。

不可避免的是，许多人承受不住重负离开或很快在咨询界销声匿迹(或投身于实业界)。咨询师明白他们所依靠的是什么。麦肯锡雇员小册子上写道："如果一个咨询师与公司不能一起前进，或者他最终也不能证明拥有公司原则上所要求的技能和品质的话，他（她）将被要求离开麦肯锡。这种要么上、要么退出的政策贯彻于整个公司。这就使我们能够持续保留住那些我们需要的高素质人才和维持向客户提供杰出服务的能力。"⑤

传统上，40年来，咨询员的更新率一直保持在17%左右。在网络革命达到顶峰的时候这个数字略微升高达到20%。随着网络公司头上的光环消失，这个数字又跌到12%左右。这个数字对于常务董事顾磊杰（Rajat Gupta）来说感到欣喜，又回到了原先的进出平衡。如果这个系统中缺乏足够的有头脑的人移动，公司就会停滞不前。让顾磊杰感到幸运的是，这只是一个很小的问题，而且也不大可能影响公司的发展前景。对于顾磊杰这位已经连续三届，现在是最后一任的常务董事（在公司内还没有人能够任期如此之长）应该感到欣慰。在1994年到2000年间，在全体人员的配合下，公司收入从15亿美元上升到34亿美元，公司在21个国家中新设了47家事务所，使得事务所总数达到84所，遍及43个国家。在顾磊杰退休之前，2003年，他仍将继续执掌麦肯锡的帅印使公司沿着他的稳健发展道路前进。与其他咨询公司不同的是，麦肯锡并不打算上市。它强调的是培养人才和为顾客利益服务。来自公众公司股东的压力在这里是不受欢迎的。公司也没有急切需要融资的要求。正像顾磊杰所说："这是一种智力密集型而不是资本密集型业务。"[6]而麦肯锡拥有充足的智力。

注释

①Huey，John，'How McKinsey does it'，Fortune，November 1，1993.
约翰·休伊，"麦肯锡是如何做的"，《财富》，1993年11月1日。

②Interview with authors.
面谈。

③Huey，John，'How McKinsey does it'，Fortune，November 1，1993.
约翰·休伊，"麦肯锡是如何做的"，《财富》，1993年11月1日。

④The Universum Graduate Survey 2000.
2000年大学综合研究报告。

⑤Hecht，Francoise，'The firm walks tall'，Eurobusiness，February 1995.
弗兰克斯·赫弛特，"公司成长"，《欧洲商业》，1995年2月。

⑥Skapinker，Michael，'Profile：Rajat Gupta'，Financial Times，30 March 2001.
麦克尔·斯克宾克，"顾磊杰档案"，《金融时报》，2001年3月30日。

梅塞德斯-奔驰

“我的主人，你为什么不给我买一辆梅塞德斯-奔驰呢，”詹尼斯·捷普林（Janis Joplin）痛哭道：“我所有的朋友都拥有保时捷（Porsches），我希望自己与她们略有不同。”梅塞德斯-奔驰长盛不衰的吸引力在一首歌中充分地表现出来。人们明白：他们自己也需要这么一辆车。

这个杰出品牌的所有者戴姆勒-奔驰公司的看法却略有不同。公司网站以它一贯的严肃宣称：“在戴姆勒-奔驰公司，‘梅塞德斯-奔驰’这个名字被认为是生产高质量和创新轿车的同义词。”

但是戴姆勒也并不反对捷普林所遗留下的对该车的喜爱之情。公司也在最近的广告战略中利用了她的歌曲。这使梅塞德斯品牌具有不可思议的力量：它是一种吸引了广大人群的拥有额外质量的汽车品牌。这个著名的人字形三星标识成为世界上有史以来最被广泛认知的标识之一。

1997年，全球顶尖品牌分析公司国际品牌集团（Interbrand）的品牌专家们将梅塞德斯排在品牌第七位，列在李维斯图尔斯和万宝路之前。这家咨询公司评论："对于许多人来说，梅塞德斯-奔驰是一种终极的身份品牌，它拥有安全、传统和长久。"

奔驰车还拥有那些你看不到的无形和特别的质量：一种世界顶级品牌的氛围。这是无法用言语形容的，梅塞德斯的驾驶者说：当你坐在方向盘后面的时候你会感到某些东西；一种你已经接触到了在某些领域达到人类最高成就的感觉；一种已经到达的感觉；一种比其他汽车不能再好的感觉。

至少，这就是梅塞德斯希望我们能感受到的。公司做了任何能够将这种无形感受确确实实传递给购买者的事情。

学习如何驾驶

戴姆勒-奔驰集团的起源可以追溯到1883年。这一年，在德国的小镇曼海姆（Mannheim），卡尔·奔驰（Karl Benz）、马克思·罗斯（Max Rose）和弗莱德里克·威海姆·埃斯林格（Friedrich Wilhelm Esslinger）创建了奔驰公司（Benz & Co.）。第一辆汽车是在1886年上路的。奔驰公司设计的第一辆汽车是在6月亮相的。在大约相同时间内，科特莱博·戴姆勒（Gottlieb Daimler）也独立工作，开始了他所设计的汽车的测试。

在19世纪80年代末期，这个品牌的标识已经开始出现。1888年到1889年的梅塞德斯广告或许是第一个汽车广告。在广告中对发明于1885年，被梅塞德斯爱好者们认为是真正汽车的三个轮子的汽车高唱赞歌。这种神奇的机器仅仅建造了十几台。大批量生产直到亨利·福特登上历史舞台后才实现。

1890年，戴姆勒在斯图加特（Stuttgart）郊外的Bad Cannstatt建立了戴姆勒汽车厂（Daimler-Motoren-Gesellschaft，DMG）。他宣称在美国康涅狄格州哈特福德（Hartford）生产的美国第一辆具有全部功能的汽车发动机是根据戴姆勒绘制的蓝图生产的。

戴姆勒的儿子们建议将星作为商标。他们的父亲曾经在寄给他爱人的一个明信片上面用一个星标记着他在道依兹（Deutz）的住所。他在明信片中写道："总有一天，由于我的工作，这颗星会熠熠生辉。"1909年，商标以星出现。它的三个尖代表着摩托化的三个分支：陆地、海洋和天空。

在第一次世界大战后的德国衰退阶段，戴姆勒公司和奔驰公司遭遇了艰难阶段，并且不得不多元化进入诸如打字机和自行车等其他消费品领域。

当时盛行的经济环境和汽车制造商过剩也鼓励建立联合。通过联合，企业能够获得更好的机会，能够获得自己生存下去所需的足够市场份额。1924年，戴姆勒和奔驰怀着同样的兴趣组成了一个联合体，他们生产的汽车都置于现在著名的梅塞德斯-奔驰的名下。

梅塞德斯-奔驰品牌使自己成为融合了德国工程学和时髦设计的经典。与其他德国汽车不同的是，这种最好的车型将汽车设计艺术的美丽与严肃的机器可靠性和长久性结合在一起。梅塞德斯汽车是为经久耐用而建造的。它们看起来和感觉起来都给购买者以信心，这种产品的溢价是物有所值的。

戴姆勒-奔驰公司的辉煌时期是在20世纪60年代到70年代，当时这种上等汽车重新定义了豪华车市场。当时声望是如此之高，任何汽车戴上三个角的星标识后，价格就算不上一回事。到20世纪80年代，美国的汽车市场变得无序，而欧洲汽车市场竞争变得愈演愈烈。并不仅仅是因为像宝马这样的欧洲其他制造商缩小了与梅塞德斯的差距，日本丰田公司的凌志（Lexus）——梅塞德斯的崇拜者，如果曾经有的话——也使尽了浑身解数挤进豪华车市场。

一些豪华汽车品牌破产，或是像英国汽车制造商美洲豹（Jaguar）和罗尔斯-罗伊斯（Rolls-Royce）发现自己被挤出市场而拼死寻找新的出路。曾经有一段时间，戴姆勒-奔驰好像与困扰欧洲轿车市场的这场危机无缘，但是最终，它发现自己需要努力应对竞争大趋势。

商业出版物曾简要地赞誉公司能力非凡的主席约尔根·施莱姆普（Jurgen Schempp）是德国的杰克·韦尔奇，韦尔奇以挽救了通用电气公司而著称。约尔根完全遵照纽戎·约尔根（Neutron Jurgen）的做法，他努力消减单一生产，而转变为一种更经济可行和更为扎实的步伐。但是即使拥有像梅塞德斯-奔驰这样的强有力品牌，公司也不可能单独生存。问题在于谁能与它联合。答案是：一个重新建立起来的、巨大改进了的克莱斯勒（Chrysler），这是一个代号叫佳马行动（Gamma Operation）的交易。

这项交易在1998年初成交，超过400亿美元的并购将这两个充满传奇色彩的汽车品牌结合起来。这结合了梅塞德斯品牌在豪华车市场强有力的态势以及克莱斯勒在大批量市场的份额。（梅塞德斯想通过自己更廉价的A型号汽车挤进大批量市场的努力被证明存在诸多问题。）

这项交易将了汽车行业中许多企业的军。这强调了在世界顶尖汽车制造商中一场生存游戏已经结束。在《财富》杂志一期中曾作如下评论："结果，是历史上最大的企业购并案，这是世界上第六大汽车制造商克莱斯勒与昔日排名第十五的戴姆勒-奔驰公司同舟共济、共同制造我们这个星球上第五大汽车制造商的开始。"

新公司收入（2001年）达到了1 361亿美元，雇员超过37.2万人。梅塞德斯的纯化论者可能会哀悼公司不得不放弃的德国标识。但是这项与克莱斯勒的交易保障了世界上一个最著名商标能够继续存在下去。实际看起来梅塞德斯的销售也没有受到负面影响。自从合并以来，梅塞德斯已经开发了多种新车型，包括了大受欢迎的E系列、SL系列和创新的Smart。公司在美国和欧洲范围的销售也开始攀升。实际上公司在2001年收入达到了创纪录的477亿欧元——利润为30亿欧元——对于梅塞德斯来说，这已经确保了它在世界豪华车市场第一把交椅的位置。

微软

微软品牌的到来意味着商业世界的一个巨大转变。有史以来第一次，品牌给一种无形的东西命名——一种叫做MS-DOS的计算机程序——比传统品牌更具威力。通过微软，比尔·盖茨给人的智能命名了品牌。

微软公司由盖茨和他长期伙伴保罗·艾伦（Paul Allen）创建于1982年。在20世纪80年代后5年里，微软成为华尔街宠儿。股票价格从1986年的每股2美元一路上扬到1996年上半年的105美元。盖茨成为一位数十亿美元身价的富翁，他的许多合作伙伴也成为百万富翁。

微软股票的崛起也标志着旧时代秩序的终结。在微软之前的科技品牌主要集中在硬件方面。IBM、数字设备公司（Digital Equipment）和摩托罗拉（Motorola）都是技术品牌。在底特律，像通用汽车、福特和克莱斯勒还有通用电气等品牌是基于自己技术领先地位。它们共同的做法就是将自己的标识放在顾客可以看到和接触到的技术上——即使他们并不知道这些机器是如何运作的。而微软却不同，它将自己的品牌付诸于一种叫做操作系统的东西上。

如果没有IBM机器这个载体，微软品牌没有任何意义：至少，这就是IBM在选择比尔·盖茨作为公司第一台个人计算机操作系统的供应商时所想到的。1980年与IBM一次决定命运的会谈之后，未来整个计算机工业——而且可以进一步说是整个商业世界——发生了人们意想不到的变化。蓝色巨人的主管人员与设在西雅图的一家软件公司签订了一项为他们第一台个人计算机开发操作系统的合同。他们当时只是简单地想将非核心活动外包给小公司可以节约时间。毕竟，他们占据了能够真正带来金钱和真正赋有权力的计算机硬件业务。你只能给实实在在的计算机命名一个品牌。但这一次他们错了。

对于某些评论员，当微软公司市值——这家除了在雷德蒙多（Redmond）和华盛顿（Washington）拥有少数房产以外就没有什么了的公司——超过了通用汽车，包括了通用所有固定资产、工厂、部件和库存的时候，整个商业世界在20世纪90年代发生了改变。紧接着，1998年9月16日，微软公司市值超过了通用电气，成为拥有市值2 620亿美元的美国最大公司。这种无形的人类智力品牌最终超过了物质品牌。

IBM是如何在其PC品牌上犯错的

IBM公司最终被逐出了PC机市场。这家曾把持了大型计算机市场的公司没有意识到个人计算机市场崛起的重要性和所带来的威胁。1980年，当蓝色巨人决定进入个人计算机市场的时候，苹果这个个人台式计算机先驱已发展成为1亿美元的业务。

1981年10月，当时的IBM主席弗兰克·凯利（Frank Cary）命令他的员工生产带有IBM标记的个人计算机。由于怀着尽早赶上的急迫心理，IBM人在整个项目中犯了两个关键性技术错误。这两个错误都来自于一项有关这种新机型的两个关键环节由外部公司开发的决断，这两个关键是将会成为个人计算机心脏的微处理器和操作系统。英特尔公司统一供应这种微处理器芯片，而另外一家总部设在西雅图的较小、不知名软件公司同意提供操作系统。

IBM个人计算机的最初投放可谓是一次商业成功。但公司最终由于将个人计算机业务中绝大多数的利润拱手让给两个合作伙伴而难以维继。根据IBM与微软最初签订的协议，蓝色巨人同意承担了MS-DOS开发的大部分费用，但微软有权将系统授权给第三方。这是一条被人扼住脖子的条款。

随着个人计算机工业的飞速发展，成千上万的新竞争者进入了这个市场。事实上，它们最终都使用了MS-DOS系统，并且付给比尔·盖茨特许权费用。但IBM所犯的错误还并没有终结。当它意识到自己最初所犯的错误时，IBM既没有成功地就合同重新谈判，又没有与微软绝交。更加令人感到迷惑不解的是，IBM的高级管理者枪毙了公司内部自行开发操作系统的提案，这本可以打破盖茨在个人计算机市场的壁垒。

大约此后十年，IBM仍然比其他厂商生产更多的个人计算机，但它的个人计算机系统部却在亏损。在高度竞争的计算机业务里，赚取大把利润的公司仅仅是那些供应芯片和操作系统的公司。直到今天，计算机市场仍被两个品牌主宰——英特尔和微软。

粗暴的爱

尽管获得了巨大成功，但顾客们好像对微软品牌怀有一种古怪的、爱恨交加的感情。这个品牌主宰了软件市场，但看起来就像内心宁静时会产生不信任一样，它成为了靶子。微软品牌就是公司自己取得杰出成功的牺牲品。这显示出如果人们感觉到一个品牌拥有太大的力量，那将会发生什么？

人们对比尔·盖茨存在着两种对等看法。对于微软公司的人来说，他是一个神秘的、几乎是虔诚性的人物；同时对于业界的其他人来说，他是一个公敌。这两种看法都是令人无法忍受的，但这衬托出了盖茨影响力有多么巨大。（所有有关滥用垄断权力的喧嚣使人们很容易记起20世纪70年代，IBM公司成为反托拉斯法案调查的目标。然而记忆逐渐在人们脑海中淡忘。今天，如果将这个蓝色巨人和微软相比，那么IBM显得十分圣洁，这就是能量的本质——我们对于那些了解最少的东西总怀有最大的恐惧。）

从微软早期，盖茨就执著于他的“在每一个家庭和每一张桌子上的计算机”的宏伟远景。（令人感兴趣的是，最初口号是“在每一个家庭和每一张桌子上的计算机上运行的都是微软程序”，但现在，这个口号的最后一部分通常被省略掉，因为这会使一些人感到不舒服。）最近的历史已经给公司很好的理由去淡化某些被认为具有攻击性的言辞。

最近，微软公司已改变了自己的品牌定位以反映软件的“促成角色”。“今天你想要到哪里去?”，这是微软最知名的口号，实际上这是原先“每一个家庭和每一张桌子上的个人计算机”形式的很自然的追随者。一种感觉，就是这种个人计算机革命已经获得了成功，而现在新的战斗领域已经转移到了消费者的想像力上。

从今天回顾，个人计算机从办公室扩展到家庭看起来是必然的。后见之明是一种令人惊奇的事情。然而，先见之明却显得更为有利，就像比尔·盖茨所展示的。非常重要的是记住这一点：当今无处不在的屏幕和键盘被我们认为是理所当然的，而仅仅在数十年之前还只是科幻小说中的物品。回到20世纪60年代，美国未来学家费尽心机去预测今后几个世纪人们希望将社会塑造成怎样时，他们都没有考虑到个人计算机的崛起。

比尔·盖茨一个人就担负起了将个人计算机普及到全世界家庭和办公室是不真实的，就像亨利·福特承担起汽车业的崛起一样。他们都有一个共同点，就是能够看到今后可能会发生什么，并在远景实现时能在市场营销中起到举足轻重的作用。

盖茨着手通过将微软改变为计算机工业中的一个主要参与者和利用自己主宰地位创立一个适应于应用高速发展的平台以实现自己的梦想。盖茨很早就意识到为使自己的梦想成功，最重要的就是建立行业标准。他知道，任何第一个这么做的企业都将会拥有确立在计算机工业中权威地位的巨大机遇。

微软紧紧抓住向IBM提供操作系统的交易不放。盖茨是幸运的。但如果同样的机会落到了硅谷其他同行的手里，结局或许会完全不一样。IBM之所以选择比尔·盖茨是因为他们认为他是一个不会产生巨大影响的人物。而此时，历史开始了新的篇章。

IBM没有认识到，而盖茨清楚地看到计算机世界处在发生巨变的边缘——这就是管理理论家们喜欢称作的一个范例变化。盖茨明白，不会再是守旧的IBM所保守的道路，未来是软件而不是硬件占据主导地位。他也明白市场的领导者IBM，需要对软件应用建立一种共有的标准或平台，这个品牌会是Q-DOS——一种已经存在的操作系统，盖茨花费了5万美元从其他公司购得——重新被微软命名为MS-DOS。但是即使是盖茨也没有意识到这项买卖会对微软多么有利。

比尔·盖茨太聪明了，他认识到：如果这次出牌正确，他的操作系统MS-DOS就会成为业界的标准。在当时，市场上的操作系统是寥寥无几的。

当时业界的一些人感觉到纯粹从技术角度来说，MS-DOS系统还有一些非常严重的缺陷。作为台式电脑的供应商，苹果电脑已经建立起来。苹果电脑的创始人已经为整个计算机商业带来了新的态度和文化。苹果品牌已经远远领先于微软：无论在品牌形象还是在预期质量上。

苹果机非常流行是因为它们能够非常简单的操作，而且让人乐于使用。公司已经开发出了著名的标识点击的苹果Macintosh操作系统，苹果电脑人在这场比赛中占先的信号早就发出了。

但盖茨拥有一个重要的盟友。具有讽刺意味的是，正是在操作系统背后的IBM品牌的强有力臂膀给与微软品牌力量。蓝色巨人已经主宰了商业主流机型多年，从某种方式姗姗来迟，但准备进入个人计算机市场。IBM这个值得尊重的名字成为这场即将到来的战斗关键。盖茨准确的判断随着这个世界上最值得信赖的计算机生产厂商进入个人计算机市场，这是建立苹果电脑之外的工业标准的一个绝佳机遇。多年以来，IBM一直骄傲地鼓噪："从来没有一个人因为购买了IBM电脑而被解职"。当时，IBM在计算机世界里可靠性上的声誉是无可比拟的。

品牌概念

品牌地位

在市场上许多因素与品牌地位相联系。当然，其中有三个最重要因素建立一个清晰的品牌定义，它们是实质性 (relevance)，意义 (meaning) 和远景 (vision)。

远景：品牌的方向

从品牌宣传的角度，远景与公司存在目的有关，并且在设定单一公司品牌能够被识别的情况下，意味着公司面对的方向。尽管在一些评论员的脑子里远景应该是一种完美的不能达到的美景，这样才能成为推动公司前进的推动力，但远景并不都是一些崇高的思想。仍然有许多公司非常简单地表述了他们的远景。Merck的"保护和提高人们的生活"就是一个极具抱负但可以实现的例子。

意义：顾客脑子里的品牌

在市场上商人能够努力给品牌定位之前，他们需要明确确定品牌的立足点是什么。通过形象品质的创造，品牌意义被表述出来。有关品牌的进一步决定将品牌形象作为试金石。一些人或许会争论道市场商人或许在市场上永远也不能给品牌定位；他们实际做的就是发送有关品牌的信号。有关定位都是由消费者的心理感觉所决定的。

实质性：品牌的核心

品牌都能够获得不同角度的扩展。秘密在于能够理解品牌的边界——就是超过了这个界限品牌就会失去自我的真实一面。品牌扩展太深不仅会造成特定品牌延伸的失败，也会对核心品牌造成损害。

关系：品牌和它的其他成分

一个品牌的定位必须考虑到竞争对手的条件。品牌并不是孤立存在的。对市场细分的品牌选择使消费者对品牌的感觉变得丰富多彩。

实际上，拥有IBM标识的机器充斥了市场，这也意味着它们所使用的操作系统会占据第一或是第二的位置。每一台从IBM公司售出的计算机都预装有MS–DOS系统。对于微软来说，IBM是一个完美的特洛伊木马。每一台拥有IBM标记的计算机都给与深藏机器内部的微软操作系统自由驰骋的空间。这就是比尔·盖茨令人惊异的好运。但接下来所发生的、需要很长篇幅解释的是，为什么是比尔·盖茨而不是施蒂夫·乔伯斯，或是硅谷的其他企业家，成为世界上的首富。

品牌游戏新规则

在旧世界，公司通过保持控制来保护他们的品牌。这就是苹果电脑通过拒绝自己的产品被克隆而试图去做的。苹果一直持有这种观点，就是确保自己产品质量的惟一途径就是控制住每一件事情。这也包括后来的Macintosh操作系统的所有权。多年来，公司坚决拒绝将苹果Mac操作系统的专利权授予其他的制造厂商。这意味着，任何想要使用友善的苹果操作系统的人必须购买苹果计算机。这听起来是一种挺有意义的战略——但只适用于旧的游戏规则。苹果所遇到的问题是根据商业模式和战略远景，它与硬件巨无霸IBM比起来还只是年轻的一代。

盖茨明白苹果电脑所作的并不适用于与众不同的无形品牌。到20世纪70年代末期，微软已经将自己的软件授权给不同的顾客。1977年，盖茨提供软件给Tandy，但是他也将BASIC 6502授权给苹果公司的苹果Ⅱ型电脑。微软进一步与其他众多顶尖计算机公司合作。这与比尔·盖茨的目的完全相配。微软已经开始用它的软件设定了工业标准——这是盖茨本人精确预计到的。在MS–DOS中他也沿用了这种战略。

20世纪80年代初，盖茨策划了微软从一个计算机语言的开发商转变到一个生产像Windows这样操作系统和Word和Excel等应用软件和其他工具软件的多样的软件公司上来。在这个转变过程中，他改变了计算机工业的格局——并且创造了一个最伟大的无形品牌。

20世纪90年代的绝大部分时间里，微软公司一直保持着无敌姿态，它收购了其他成功公司，更为重要的是，它的技术仍然继续生产出新一代操作系统和网页浏览器，并轻而易举地左右着硬件商业。然而到了2000年这一切都发生了改变。公司价值被驱使分割开来，重挫了800亿美元后又恢复到4 700亿美元，这是根据美国法院关于消除微软反托拉斯法案，而致使公司资产败落和分离。

在微软财富改变的背后存在着少数几个因素。这些包括来自于诸如Linux这样的公开资源软件的竞争威胁和全球个人计算机销量的减少，但是，或许对于微软公司股票价格最大的影响来自于司法部的反垄断诉讼。

起始于1998年10月，反垄断诉讼控告微软通过占据市场的主导权而限制竞争对手。这种主张的核心就是微软将它的网页浏览器IE与Windows操作系统捆绑销售。生产厂商不得不预先在他们的机器上安装IE浏览器。还有控告Windows操作系统与网景这样的浏览器兼容性问题。2000年本案最终判决对微软不利。结果公司被分裂。自然微软要求上诉。这个案件现在仍在沸沸扬扬，使微软在一个不确定的环境中继续经营。

同时，公司集中精力于自己一贯做得最好的事情。盖茨在2000年不再担任CEO，由施蒂夫·波尔默（Steve Ballmer）代替。盖茨发誓回到“自己所最喜欢的——集中精力于面向未来的技术研发上”。在微软这个案例中，这意味着下一代的Windows产品是个人计算机和互联网的紧密联合。微软继续在许多前沿领域阔步前进。随着推出自己的游戏机X–box，它希望能够赢得全球150亿美元的计算机游戏软、硬件市场的相当一块蛋糕。Pocket PC 2002赋予公司在掌上电脑市场一个有把握的地位。就像与往常一样，它覆盖了所有基本面。如果强迫拆分威胁也难以撼动微软，很难看到有什么力量能够做到这一点。在今后数十年里，微软品牌仍将会主宰市场，并将与品牌同在。

Nescafe 雀巢咖啡

9世纪，波斯人喜欢一种叫做“夸瓦”（qahwa）的饮料。法国国王路易十四（Louis XIV）也提炼出一种饮料。今天我们并不知道当初他对此有何反应。今天，咖啡被全世界成千上万的人享用。这个市场的主流是咖啡粉，在这个巨大的国际性生意里，有一个品牌获得了全球认同，这就是雀巢咖啡。每一天每一秒约有3 000杯这种世界顶级品牌的咖啡被人们享用。（Soluble nugget调查：28%的美国人将咖啡看作是早餐的一部分。）

雀巢咖啡，这种世界上第一种能够用水冲溶咖啡的开发花费了设在瑞士沃韦（Vevey）雀巢公司实验室科学家们8年时光。1930年，巴西咖啡研究院（Brazilian Coffee Institute）接触了雀巢公司主席路易斯·达波尔（Louis Dapples）。巴西生产的咖啡豆过剩。积压大量咖啡是一件非常糟糕的事情，希望能够继续开发出新的途径以促进销售。雀巢随后开展了这一研究，但是直到1937年，当拿出了他们版本的咖啡粉的时候，这些瑞士科学家们发出了如同阿基米德发现王冠纯金量一样的欢呼。这种不是“夸瓦”的饮料，现在仍然大量流行。

这种新产品一经发明就很快进入了市场并流行起来。第二次世界大战时，它在美国的工厂生产的所有产品——超过了100万包——都被输送到军队。战争使对雀巢咖啡的需求达到了顶峰——雀巢咖啡的总销量从1亿包上升到2.25亿包。（令人感兴趣的是，战争对品牌总有这么大的影响力——可口可乐巩固了它在美国人心智上的地位，军队喝着亨氏汤，靠雀巢咖啡来取暖。）

今天雀巢咖啡的版本不是一个而是几个。除了原味雀巢咖啡（Nescafe Original），咖啡的爱好者们还能享受到金牌雀巢咖啡（Nescafe Gold Blend）或是Fine Blend的味道。雀巢咖啡Alta Rica，Cap Colombie与Kenjara则更是充满异国情调，代表了一种世界各地收获咖啡豆的喜悦。还有意大利咖啡（Espresso）、卡布奇诺（Cappuccino）、瑞士巧克力卡布奇诺（Swiss Chocolate Cappuccino）和Organic。

这就是我所说的发展

- 1867年：亨利·内斯尔（Henri Nestle）发明了Farine Lactee Nestle（一种牛奶、面粉和糖的混合物）。
- 1875年：丹尼尔·彼德（Daniel Peter）发明了牛奶巧克力。
- 1881年：朗奇（Rowntree）发明了水果味芳香剂和果味口香糖。
- 1883年：朱利叶斯·玛吉（Julius Maggi）开发了干燥汤和牛肉汤块。
- 1933年：首次推出了美禄（Milo）。
- 1937年：推出了奇巧威化巧克力（Kit Kat）、聪明豆（Smarties）和Rolo糖果。
- 1938年：推出雀巢咖啡。
- 1952年：推出Nestle Quik。

咖啡之父

雀巢咖啡的创造者就是品牌巨头——雀巢。公司在世界范围拥有497家工厂，在世界100多个国家内销售众多品牌的商品。

雀巢公司的起源能够上溯到1867年。当时瑞士商人、化学家和发明家亨利·内斯尔（Henri Nestle）为那些无法用母乳喂养婴儿的母亲发明了一种婴儿营养食品。这种产品被称作Farine Lactee Nestle。这时雀巢也拥有了自己的标识——一个与他的姓氏结合的雀巢，给人一种母性和舒适感觉。这样一个王国建立起一种简单的观念。

1874年，朱勒斯·蒙耐瑞特（Jules Monnerat）从创始人手里收购了公司。他使公司聚焦在浓缩牛奶市场。这项业务迅速国际化。1898年，雀巢收购了一家挪威浓缩牛奶公司。不久之后，公司在美国、英国、德国和西班牙开设了工厂。稍后，公司首先兼并了Anglo-Swiss浓缩牛奶公司、然后是Peter、Cailler、Kohler、Chocolat Suisses。1907年公司开始在澳大利亚生产产品，并在新加坡、中国香港和印度建立了仓库。战后与Alimentana的兼并给整个帝国引入了马吉（Maggi）调味料和香皂业务。

在战后岁月里，公司使自己牢牢地成为食品行业巨头。从1950年到1959年，速溶咖啡销量提高了近3倍，从1960年到1974年，提高了4倍。雀巢的销量在战后15年间翻了一番。诸如冷冻干燥等创新手段帮助了公司的扩张——并在1966年推出了速溶咖啡品牌Taster's Choice品牌。

雀巢王国

速溶咖啡

- Nescafe
- Taster's Choice
- Ricore
- Ricoffy

烘烤咖啡

- Nespresso
- Bonka
- Zoegas
- Loumidis

矿泉水

- Perrier
- Contrex
- Vittel
- Arrowhead
- Poland Spring
- La Vie
- Vera
- Viladrau
- Santa Maria
- San Pellegrino

其他酒精饮料

- Nesquick
- Nescau
- Nestea
- Milo
- Carnation
- Libby's
- Caro

其他

- 日常用品——包括Milkmaid
- 早餐麦片——Shreddies
- 奶油咖啡——Coffee-mate
- 快餐和减肥食品——包括Lactogen
- 烹调用品——Maggi、Libby's 等等
- 冷冻食品——Findus 等等
- 冰激凌——Frisco等等
- 巧克力和糖果——After Eight、Rolo和Aero等等
- 宠物食品——Friskies等等
- 眼用产品——Alcon

这一系列的兼并和收购一直延续到今天。雀巢收购了克劳斯-布莱克韦尔公司（Crosse & Blackwell）、Findus、Libby's和Stouffer's等公司。在1974年，它成为法国化妆品集团欧莱雅（L'Oreal）的主要股东。公司核心业务的另一项拆分是20世纪70年代收购了位于得克萨斯州福特沃斯（Fort Worth）的爱尔康公司（Alcon Laboratories），这是一家药品生产企业，生产主要集中在眼睛护理系列药品。更为标准的收购包括Chambourcy（1979年）、卡纳森（Carnation）（1985年出价30亿美元）、罗群公司（Rowntree Mackintosh）（1988年）、Buitoni-Perugina（1988年）、毕雷矿泉水（Perrier）（1992年）和斯派乐斯宠物食品公司（Spillers）（1998年）。

这使雀巢公司成为世界上最大的食品生产企业，遍及世界的雇员达到了224 541名，制作和销售8 500种产品。它的销售收入超过了500亿美元。

Nike
耐克

JUST DO IT!

多年来，耐克的口号“只要做了就好（Just do it）”正是整个公司运作的生动写照。从1995年到1997年上半年这两年半的时间里，这个有着引人注目钩型商标的运动鞋生产商的销售收入从48亿美元增长到92亿美元，占据了美国运动鞋市场的半壁江山。同时，它继续在全世界范围内扩张，尽管此后放缓了速度。

耐克成名于——也是其主要收入来源——来自篮球和美国慢跑运动的繁荣，这两个市场现在都已经饱和。在1993—1994年短时间的停滞不前阶段，耐克公司对自身进行了重组——公司的CEO菲尔·奈特（Phil Knight）说过，“我们决定我们要成为一个体育公司，而不仅仅是生产运动鞋的公司。”①

这种新视野已经转化到以参加更加宽泛体育运动观众为目标的广告和赞助商。特别的是，公司大力宣扬这样一条信息，我们都能够以自己的方式成为适合自己级别的运动员。相应推出的产品与公司的品牌战略完全吻合。

1997年，耐克在市场营销上花费了令人难以置信的56亿美元，包括40亿美元作为赞助提供给单个运动员——泰格·伍兹（Tiger Woods）、迈克尔·乔丹是耐克赞助的最主要的两位耀眼明星。但是随着像篮球和慢跑这样的传统体育项目已经被吃干榨尽，公司被迫寻找其他新的可以运作的体育项目。为了达到奈特确定的到2002年达到20亿美元的目标，公司将足球放在了公司核心体育运动上。

在1998年由最终冠军法国举办的世界杯上，耐克赞助了巴西队的球星罗纳尔多（Ronaldo）、意大利的马尔蒂尼（Maldini）和英国兰的谢林汉姆（Sheringham）和斯科尔斯（Scholes）。公司支付给巴西队4亿美元，与该队签订了长达10年的合同。在2002年世界杯上，耐克赞助人员名单上包括了葡萄牙的路易斯·菲戈（Luis Figo）、法国的蒂埃里·亨利（Thierry Henry）、巴西队的罗纳尔多和罗伯特·卡洛斯（Roberto Carlos）。

耐克这个品牌的大部分广告宣传都集中在强调体育激情上。这逐步转变为广大客户所拥有的激情隐喻。最近，耐克正在试验使用一条新的口号，但并不是代替过去经典的“只要做了就好”。这个新的口号就是“我能（I can）”。

运动鞋的技术发展

- 1979年：The Tailwind——第一双拥有耐克气垫的运动鞋。
- 1983年：The Pegasus.
- 1985年：The Epic.
- 1987年：The Air Max.
- 1991年：The Air 180.
- 1993年：The Air Max.
- 1994年：Air Max 2.
- 1997年：Zoom Air.
- 1998年：Air Zoom Citizen.
- 2000年：Nike Shox.

耐克的起点

耐克的大本营设在俄勒冈的毕维顿（Oregon Beaverton）。他的长盛不衰总部位于波特兰（Portland）附近，这也反映了他对体育的执著。CEO奈特从位于John McEnroe Building的办公室内能够俯视他的整个王国。这种狂热在这个以为严肃运动员设计跑鞋起家的公司中一直保持着。

奈特和比尔·鲍尔曼（Bill Bowerman）在1964年创立了公司，鲍尔曼是俄勒冈大学的前体育教练。开办公司的主意起始于奈特在斯坦福商学院学习时的一个MBA项目。奈特相信利用日本的廉价劳动力，进口他们生产的鞋子，他就能够将当时的市场领袖阿迪达斯（Adidas）拉下马。他开始涉足于跑鞋业务。但在一个上午，鲍尔曼有了一个更好的主意。

根据耐克流传下来的传奇，这位体育教练通过将橡胶混合物注入华夫饼干架子里，生产出了一种全新的鞋底。这在运动鞋技术史上是开天辟地的事情。耐克准备着奋起急进。

胸怀抱负的运动员也赋予品牌热情。多年来，耐克培养了公司高度竞争性的管理方式，这也折射了体育场上男女运动明星的精神。

公司在1980年上市。从此，市场价值的增加已经超过了120亿美元——从3.86亿美元到130亿美元。对于在100美元上下的运动鞋来说，每双鞋的生产利润大约是20—25美元。

而近年来，耐克品牌的实力看起来有点让人缺乏信心。1997年第三季度，销售额下降了8%，而在公司库房内积压了大量产品。在公司发展历史上，也曾出现过这种回落。在20世纪80年代中期，奈特的一项错误扩张计划造成了公司销售额在1994年的下跌。

当心冒名顶替者

仿冒品牌价格十分便宜，而且也不仅仅出现在新加坡和远东市场上。今天最畅销的东西就是明天私造的目标。

- Ouzo 1成为Ouzo 21——在希腊只有一种ouzo品牌是值得顾客一饮的（它的立刻生效的作用看来没有完全摧毁你精神上的能力）。问题在于透过一个玻璃杯，这个数字能够非常容易地被人们所混淆。这个聪明的假冒者显然是一位十分热心的酒徒。
- Malibu被改成Marabou——一种拙劣的仿冒品，用的瓶子外观拙劣不堪。令人非常感兴趣的是仿冒者经常选择那些在你喝了满满一瓶酒后，与所发出的与世界著名品牌发音类似的名字。
- Baileys被缩减改为Bailes——所用的瓶子相似，但是产品名字却比起那种奶油利口酒少了一个字母。

- Tia Maria显出不同的姿态——Zia Marina、Tia Lia和Bella Maria——当一个外国发音的名字成为一个好主意的时候，它们也给与模仿者许多可能性。
- Johnnie Walker滑稽地成为Johnnie Hawker、Joe Worker和Johnny Black——这是一种传统的国际威士忌并且遭遇到比其他品种更多的仿冒者。美国制酒协会认为此种行为是很严重的。

但在最近，耐克也还受到其他问题的困扰。1997年10月18日，在美国的压力集团组织了一系列的全球抗议活动，抗议耐克在发展中国家使用童工，这个问题已经困扰了耐克许多年。抗议活动高峰时在美国50个城市和11个其他国家都有游行示威活动。

1998年5月，奈特在国家报业俱乐部（National Press Club）所做的声明中提到："耐克产品成为奴隶工资、强迫超时、独裁专横的代名词。"并且信誓旦旦要加以改变。他在公司内实施了一系列高姿态的主动性措施以解决剥削外国劳工的事实。

耐克针对大众的批评采取了一系列广泛的防御手段以保护公司在公众中的形象，并驳斥对其提出的指控。它参加了服装工业合伙企业（Apparel Industry Partnership），这是一个通过在海外工厂中加强行业范围管理条令以根除那些血汗工厂的新服装生产企业团体。

耐克也调整了它与印度尼西亚一些工厂的合同。因为这些工厂并没有追随耐克所规定的管理条令，同时耐克也希望通过此举引入一种对于那些没有达到公司所有标准的企业进行惩罚的系统。

尽管耐克式消遣娱乐仍然是一种流行的体育活动。加里·特鲁多（Garry Trudeau）在它的系列卡通漫画Doonesbury中仍将耐克公司一顿痛骂，并且在电影《大家伙》（The Big One）中将奈特作为对美国企业批评的例子。这个公司还被指责在它竭尽全力插足于足球市场时的不择手段。

1998年的世界杯不仅仅是运作方式的一个冲突。在法国举办的98世界杯，市场经营者耐克与重新恢复活力的欧洲运动鞋生产厂商阿迪达斯为争夺足球史上最大的奖金而进入了点球大赛——大约是45亿美元的运动用品销售。面对面碰撞的是两种新产品，阿迪达斯推出的是新的掠夺者加速鞋，而耐克进行回击的主打产品就是水星（Mercurial）鞋——真正由巴西球星罗纳尔多设计的。

在这两个品牌斗争中，耐克所采取的方法使它成为一个如此令人敬畏的品牌。阿迪达斯公司的发言人评论："耐克公司的那些家伙称这是一场战争，我们称它是一场竞争。"一位耐克公司的经理更愿意将它看作是一场体育比赛："从情绪上说，耐克的管理者像是顶尖的运动员，非常专注、非常坚定、不辞辛劳……他们想获得成功。"

"我们希望罗纳尔多能够在世界杯的决赛中进一个球……穿着我们的足球鞋。"结果，罗纳尔多确实出现在最后的决赛场中——却非常神秘的以极其糟糕、令人失望的表现收场，这几乎引起了一场骚动。他在场上看上去并不是在踢足球。巴西队被东道主法国队彻底击败。（有一些说法认为耐克对巴西足球队包括这位球星都施加了某种压力，尽管当时罗本人还显然不能胜任这种重任。）

2002年的世界杯上又像是霍利菲尔德（Holyfield）和泰森（Tyson）拳击赛的重演。再一次，阿迪达斯和耐克在大约60 亿电视观众面前大打出手。再一次，耐克展示出了两种新式产品。The Cool Motion足球衫是一种革命性的双面设计，在韩国和日本的湿热天气里能够减少排汗防止过热。这些衬衫提供给巴西、韩国和美国队。在足球鞋方面，Mercurial Vapor引入了一反传统的鞋底设计，这种设计被巴西球星罗纳尔多所赞赏。由于巴西和韩国队取得了令人鼓舞的战绩，罗纳尔多的重振雄风带来了强大的、令人振奋的影响力。2002年FIFA世界杯看来有两个赢家——其中之一就是耐克公司。

注释

①Lieber，Ronald，"Just redo it"，Fortune，June 23，1997.

罗纳尔多·莱博，"只要再做了就好"，《财富》，1997年6月23日。

✚ Red Cross

红十字会

在当今这个讲求品牌的年代里，人们通常容易忽视非营利性组织的品牌。实际上，不可避免的这部分品牌将越来越显得重要。在喧闹的市场上，它们可以与营利性组织媲美，获得人们的关注。在商业领域之外，我们可以看到政治团体将自己的品牌技艺发挥到了极致。表面上看起来，未来新兴政治力量就是那些最善于发挥自身品牌并能够最成功吸引人的团体。比如绿色和平组织（Greenpeace）和大赦国际（Amnesty International）已非常善于将自身信息和品牌影响最大化。

在其他领域，品牌也表现得越来越重要。在体育界，拥有终极无可比拟的品牌——奥林匹克。即使是那些最迟钝的管理人员也不能否认奥林匹克品牌的巨大能量。公司们都愿意投入数以千万计的美元与这个品牌发生关联。

无论如何，作为非营利性组织的代表仍然是红十字会。它那简单的标识是世界上最为人熟知的标识之一。这个品牌的声誉也并不因时光的流失而有丝毫减弱。在我们这个愤世嫉俗的时代，红十字品牌仍然保持着它最初的价值，而在这过程中几乎没有什么品牌管理，如果有的话也是很少的。这个品牌代表公平、中立、不依靠别人和人道主义。

现在红十字会大家庭拥有178个成员国，包括国际红十字协会和国际红十字联盟以及红新月会。（甚至那些令人困惑的官僚机构都不能否认红十字会品牌所拥有的巨大能量。）红十字会真正做到了全球化，这对大多数商业组织来说只能在梦中实现。绝大多数国家都有红十字组织——在穆斯林国家它们被叫做红新月会，而在以色列叫大卫之盾（Magen David Adom）。

红色黎明

就像大多数品牌一样，红十字会的发展也具有一定偶然性。19世纪50年代，亨利·杜南（Henry Dunant）（1828—1910年）在阿尔及利亚名叫塞蒂夫（Setif）的瑞士殖民地搞经营。他希望建立一座小麦面粉厂，但是他不能取得所需土地的出让申请。为了获得相关文件，杜南决定去找当时权力的核心人物——拿破仑三世。

当时，拿破仑三世正在与其他国家进行着另外一场战争——这次的对手是北意大利。杜南立即动身去找他。沿途，杜南偶然碰到在伦巴第的索弗利诺（Lombardy Solferino）发生的激战。这是彻底改变人生的一段经历。杜南花费了好几天在经过浩劫的战场上救死扶伤。在他后来所写的有关索弗利诺备忘录上是这样记录的："在和平年代成立一支完全由合格志愿人员组成的以在战时能够依靠热心和奉献精神照顾受伤人员为目的救济组织难道是不可能的吗？"

答案是肯定的。1863年2月17日，红十字国际协会第一次召开。它的工作——实际上主要是由杜南规划的——在诸如前南斯拉夫、索马里和亚美尼亚等国家中相继实现。仅仅美国红十字会就曾给与扎伊尔的卢旺达难民高达2 200万美元的资助。

从这个广为人知的品牌所获得的经验是简单明了的。首先，身份识别是至关重要的。红十字会在成立伊始就认识到这个问题，认为它的志愿人员需要一些标记或符号，以便使他们能够很快地被辨别出来。无论你在哪里或你要干什么，一种记号，无论是红十字还是耐克的勾，都是强有力的辨别方法。

其次，伟大的品牌都清晰地与所描绘的价值紧密相连。红十字会的价值不喻自明。或许更为重要的是，它们在这个领域的实际活动继续加强着这种价值。红十字会的志愿者简单和勇敢地将组织的价值体现在实践中，继续振兴和强调支撑品牌的价值。

第三，全球化或许是某些企业喜欢放在嘴边的话语，但是真正做到需要很长的实践并且要以国际化的角度去思考问题。伟大的品牌突破了国家间的界限，因为它并不将国界看作是一种障碍。

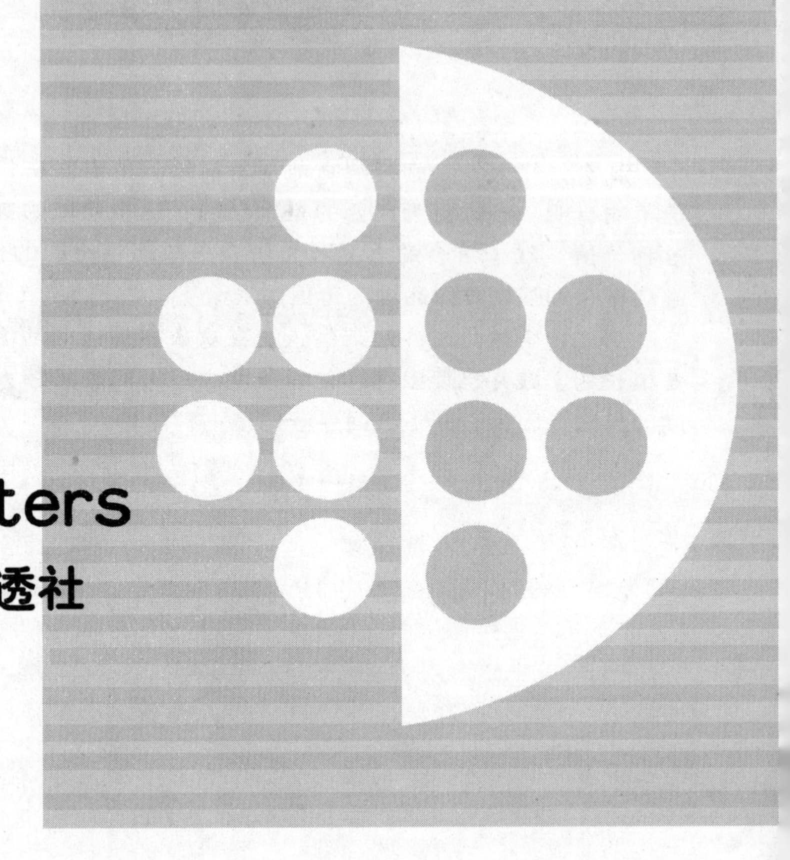

Reuters
路透社

路透是第一个伟大的信息品牌。它的最初业务就是通过电报系统在德国和比利时之间传递股票和商品价格，但是公司很快认识到新闻报道的价值，创建了一个在新闻收集领域最为著名和受人尊敬的品牌。通过路透新闻网传递过来的新闻通常就是那些含有重要线索、报纸将要长篇累牍报道的信息。

现在当听到路透这个名字时，大多数人仍会将这个品牌与国际新闻报道服务联系起来，但实际情况已完全不同了。现在路透的主要业务集中在提供金融数据上。今天，信息业务的收入只占公司所有收入的7%。这与向金融社会提供金融数据所产生的收入相比简直是小巫见大巫。需要特别指出的是，路透是通过安装在世界各地交易室内的计算机终端提供实时信息的市场领导者。

但是这些数据无论最终提供给媒体，还是华尔街的交易者们，原理都是一样的。在信息世界里，品牌就是一切。信息提供者的声誉就是顾客接收到高质量信息的惟一保证。

由于没有时间察看资源的可靠性，品牌就是一切。在一个多世纪里，路透成功地将它品牌的两个核心价值紧密地结合在一起，那就是准确性和速度。这使该公司被称为我们这个星球上最大的现钞制作机。

从鸽子窝赚取利润

1850年，尤里乌斯·路透（Julius Reuter）开始进行商业活动，以克服比利时和德国两国电报网之间的隔阂。他创建这个公司仅仅基于以下现实：就是顾客愿意为准时和准确的信息支付钱财。他利用鸽子从布鲁塞尔传递股票市场和商品市场的价格，当时布鲁塞尔是比利时电报网的最终结点，而信息传递到德国电报网的起点是亚琛（Aachen）。

能否及早收到关键数据，关系到人们在欧洲的股票市场或交易所内可能创造或者损失财富。那些将资金投在股票上的人必须确信信息是准确的。他们愿意支付可观的报酬给那些有信誉的信息来源，以便及早获得最新新闻。

1851年，路透搬到了维多利亚时代的金融中心——伦敦。当时，路透本人所掌握的新闻是一种非常有价值的商品。他在伦敦建立了十分著名的电报公司。在19世纪50年代末，他成功地建立起一套新闻采集和发布标准。路透开始成为“新闻第一人”。他确定了报道不仅要快速而且首先要准确，还有就是不偏不倚。要实现客观的报道显得更为困难一些，但这却是路透之所以赢得令人羡慕声誉的关键。今天，路透品牌的强势来源于它的初创者所培育起来的核心价值。

路透开始向英国最好的报纸提供发生在欧洲大陆的新闻报道。最终，他甚至说服了伦敦的《泰晤士报》刊登他的报道。这使他获得了建立自身品牌的机遇。第一次，路透的名字作为消息来源出现在新闻报道上。这是路透信息品牌构筑过程中的一个里程碑。

路透的早期活动包括路透发送了撒丁岛国王一次重要演讲的梗概，这篇演讲内容中有愿意与意大利统一的重要暗示。他的这些谈话要点在同一天就见诸于英国报纸。而《泰晤士报》自己记者的报道整整迟后了四天才见报。（早期活动中一个失败的事件就是过早刊登了拿破仑三世的有关讲话；在这件事上，路透被《泰晤士报》所击败。）

一个世纪以来，路透成为大英帝国一家独特的通讯社。这使得公司在

20世纪头几十年里获得飞速发展。随着大英帝国的日渐没落，路透开始转型向商界销售经济信息。这使公司在20世纪80年代末，税前利润每年达到了2.8亿英镑。

科技的发展加速了这个过程。20世纪70年代，公司迅速将大型计算机换成桌面上的个人计算机。新的科学技术也允许路透扩展自己的品牌。这也使得它从美国的竞争者道·琼斯（Dow Jones）手里分得市场的一杯羹。

从20世纪70年代早期，路透陆续开发了一批基于新科技的服务项目，包括外币汇兑业务，以及1973年推出的路透汇率监控（Reuters Monitor Money Rates）。这个系统进一步巩固了路透在金融数据服务方面本已有利的市场地位，并且使自己的品牌出现在无论是华尔街还是伦敦金融城众多人士的办公桌上。

在推出这个系统之后其他系统接踵而至。以市场为主导就意味着科技更新是一项有利可图的活动。在这些和其他市场中，路透从这个深入人心和让人信赖的品牌中受益匪浅，在多数情况下，它成为进入新市场的第一人。

相对于公司规模，路透公司在商业上的财务表现是极其令人鼓舞的。截止到1996年的11年间，公司的收入达到了29亿英镑，利润也从5 400万英镑跃升到7.01亿英镑。

公司前CEO，彼得·乔布（Peter Job），这位最初以记者身份进入公司的管理者，非常简洁地揭示出公司昔日所获得的成功："如果我们有什么不错的地方，那就是我们相信我们能够依靠它们去覆盖整个世界。在过去的十年里，我们所遇到的主要挑战就是征服那些没有人涉及的山峰。"

但随着市场日益成熟，有些事情已开始发生变化。这不仅仅是还没有被涉及的领域已经很稀少了，更因为竞争的加剧。真正的狼来了——一些信息供应商所带来的严重威胁——企业家迈克尔·布隆伯格（Michael Bloomberg）所创立的布隆伯格证券交易公司（Bloomberg's）。

在最近几年，路透也越来越受到消费者的重压。一些诸如市场分析员和经纪人之类的路透客户已经在抱怨公司运作不佳。特别是，他们希望看到路透坐在金山上能够做些令人兴奋的事情。而前CEO彼得并不愿意为了使之好转而进行一次大的并购——或是搞一些让股市高兴的新闻。

对于路透这个品牌，未来长远发展更大的威胁来自于位于伦敦舰队街公司总部的一种傲慢自大的氛围。路透最近犯的重大失误包括想将路透品牌扩展到广播业务的一次不成功的努力。

所有这些负面影响归集起来最终使公司的资产平衡表看起来不怎么诱人了。税前利润由2000年的6.57亿英镑下降到1.58亿英镑。这一年，在新任CEO汤姆·格罗司（Tom Glocer）的领导下，公司裁减了1 500个工作岗位。同时，路透也宣布了将公司重组为4个客户领域：金融证券、投资银行和经纪、资产管理和公司治理还有就是媒体。在2002年，公司进一步缩减了高层管理队伍。

然而路透仍然是世界上最大的国际新闻和电视公司，它在96个国家的226座城市中拥有超过1.9万名雇员。在我们今天这个电子时代里，路透也是互联网上被人们最广为点击的新闻来源。在一个对信息更加如饥似渴的世界里，公司有可能做了一些降低公司品牌声誉的特别愚蠢的事情。但在这种尝试中会辨别出新的机会，并且选择正确的科学技术。在路透以往的运作中都证明了在这两个方面它都是精于此道的。

Rolls-Royce 罗尔斯-罗伊斯

从来没有一个品牌像罗尔斯-罗伊斯一样，这个名字本身就成为最杰出质量的代名词。当查尔斯·罗尔斯（Charles Rolls）和亨利·罗伊斯（Henry Royce）用自己的名字命名这种著名汽车的时候，他们只有一个简单的目标。成立于1904年的罗尔斯-罗伊斯公司的目标就是制造“世界上最好的汽车”。

他们获得了引人注目的成功。从那时起，这个他们创造的伟大名字成为优异工程学和优秀质量的代名词。诸如胡佛和施乐（Xerox）等品牌名字成为它们所生产的产品的代名词，但只有罗尔斯-罗伊斯能够被广泛用来描述一种超过了行业所有标准的产品或服务。

罗尔斯-罗伊斯也为世界上的任何商人留下了深刻的教训。它证明了你可能拥有世界上最好的品牌，但仍然可能不会成为有活力的企业。1998年，这个充满传奇色彩的品牌成为两个德国汽车制造商——大众（Volkswagen）和宝马殊死争夺的战利品。最后大众取得了胜利，为此它付出了7.03亿美元的现金，从英国维克斯工程集团（British engineering group

Vickers）手里购买到了罗尔斯－罗伊斯汽车制造公司（Rolls-Royce Motor Cars）。在渡过90年风风雨雨之后，尽管充满爱国之心的罗尔斯－罗伊斯的支持者们匆忙成立了联合会并用尽浑身解数，但这个代表豪华的品牌最终从英国人的手中滑落出去。

实际上，罗尔斯的问题症结在于它的汽车制造要按照如此与众不同的规范，而变得毫无经济性可言。很简单，也并不存在着那么多愿意为传统手工制造和高质量零配件而支付额外费用的顾客。罗尔斯在汽车生产中从来没有运行过大批量生产。它的年销售量一直低于2 000辆，这相对于其他豪华车制造厂商的产量仅仅是沧海一粟。20世纪后期，对于奢华已是生不逢时。那种为了国王或王后，或是叼着烟卷的商业大亨而手工制造汽车的时代已经成为一种美妙的历史遗迹。这些时光已经尘封到历史的记忆中去了。

发动汽车

罗尔斯－罗伊斯公司来源于亨利·罗伊斯1884年创立的电子和机械工程业务。1904年，罗伊斯制造了他的第一辆汽车，同年遇到了自己未来的合伙人查尔斯·罗尔斯。罗尔斯本人在伦敦拥有罗尔斯公司（C.S. Rolls & Co.），这家公司是专门贩卖豪华轿车的。这两个人达成协议，罗伊斯会生产一系列新型号的汽车，而这种产品只在罗尔斯公司中销售，而且整个公司以他们两个人的名字重新命名。

这种冒险的成功促使1906年组建了罗尔斯－罗伊斯公司，并且开始推出银灵型号汽车。在一年的时间里，它就被英国媒体评为"世界上最好的汽车"。尽管在世界上的其他地方还需要更有力的说服。但是，品牌迅速让人们变得如此痴迷于这辆车。

为了回应战争的威胁。亨利·罗伊斯设计了他的第一台航空发动机——模仿鹰。在战争年代，近半数的盟军飞机装备了这种发动机。公司继续为霍克飓风和喷火型战斗机设计了发动机。这两种飞机在日后的大不列颠空战中起了决定性的作用。

1966年，汽车和飞机发动机公司与布里斯托希德利公司（Bristol Siddely）合并，这家公司是当时另一家主要的航空发动机制造商。当时，通过这次合并巩固了英国航空工业。但人们再一次为罗尔斯－罗伊斯汽车的品牌浪漫所折服。生产线上装配出的后继型号立刻成为经典车型。银影模仿了银灵宏伟的装饰和传统工艺。

对于富人和名人们来说，R&R（休息和放松）正是R&R的完美结合。在它头上笼罩的独一无二的光环使它的名字只能授予那些最高贵的汽车。这类车被修饰以著名的罗尔斯-罗伊斯徽章。它们看起来是那么浪漫，但在实际运作中却不是这样。罗尔斯-罗伊斯从来都不是一辆经济型座车，小功率的发动机或是塑料烟灰缸可从来都不是它的选择。

由于追求不切实际的东西，英国的汽车工业或许不能超越自己。其他一些著名车型也遭遇了相同境地。尽管有詹姆斯·邦德所带来的时兴，但是阿斯顿-马丁（Aston Martin）却在英国掌控的整个历史中从来也没有赚过一分钱，最终被福特公司兼并。当其他车型在马路上日渐消失，并最终只有在博物馆或私人收藏家的车库中才能让人一睹风貌的时候，美洲豹也终于屈服了。

但罗尔斯-罗伊斯却很特殊，它比阿斯顿更为特殊。在一个充斥着可以任意使用产品的世界里，它不仅仅代表着财富，而且还是一种高贵的象征。对于某些人来说，罗尔斯-罗伊斯代表着某种美好的渴求。是一种对完美的追求。对于另外一些人来说，这就是大英帝国没落的象征，这个品牌最终落在德国人手里仅仅是明确了未来欧洲高质量的汽车到底出自谁家。

极具讽刺意味的是罗尔斯-罗伊斯这个为皇室家族生产汽车的厂商现在属于德国大众公司，这是个以生产“大众型汽车”壮大起来的厂家。大众因生产一种叫做“甲壳虫”的汽车行业的丑小鸭而受到人们喜爱。这种车最为重要的特点就是粗陋和实用。这两个品牌的经历差距是如此悬殊。

这场交易只是汽车制造业特别是欧洲汽车制造业重量级地震之一。在最近几年，福特公司兼并了美洲豹公司，而且还控股了马自达（Mazda）公司；而同期，通用汽车控制了瑞典汽车制造商萨博（Saab）50%的股权。宝马收购了陆虎（Rover）公司，其中最引人注目的就是1998年克莱斯勒与戴姆勒-奔驰公司的合并。

当尘埃落地的时候，问题暴露了出来。在那个寒冷日子，大众击败宝马的胜利只是一个惨胜。当大众从维克斯集团手里收购到汽车业务的时候，它并没有获得商标品牌和汽车型号的专利权。因为当汽车业务最初卖给维克斯集团的时候，这些权利还仍然保留在罗尔斯-罗伊斯工程公司的手里。对大众来说更糟糕的是，在它收购了汽车业务部后，这些权利最终落到了宝马公司的手里，而他们为此付出的价格相对很低，只有4 300万英镑。

最终，这两家汽车生产巨头达成了一项协议。其中一条就是2003年大众将罗尔斯－罗伊斯汽车的生产移交给宝马公司，而大众继续保留本特利（Bentley）车型。许多市场分析人士认为这项协议有利于宝马公司。当宝马公司能够从享有崇高声望的罗尔斯－罗伊斯赚钱的时候，大众却需要花费大量金钱在没有什么人知道的本特利品牌上与罗尔斯一较高低。

如果从这段传奇中能够吸取什么经验教训的话，那就是在许多情况下，品牌最少也具有与产品同等的价值。罗尔斯－罗伊斯汽车业务如果没有了罗尔斯－罗伊斯品牌，那么它的价值就大打折扣。这个事实，大众很快就意识到了。

Sears, Roebuck
西尔斯－罗巴克

总存在着某一段时间，某一市场还没有被发现或被开发，美好的前景等待着人们的发现。而那些这么做的幸运儿通常能够改变整个产业的格局。西尔斯就是这样一个故事。西尔斯的故事基本上就是发现一个新的大市场：美国郊区、分隔的农场社团。

19世纪80年代，美国总人口为5 800万，大约是现在人口数的1/6。其中绝大多数人住在乡下——大约为总人口的65%。里查德·西尔斯(Richard Sears)就是其中之一。他生活在明尼苏达州孤立的北红杉区(North Redwood)，他是明尼阿波利斯和圣路易斯火车站上(Minneapolis and St Louis)的一个代理商。当时火车经常不在北红杉车站停靠，西尔斯交易的东西很稀少——木材和煤炭。西尔斯开展的业务中有一项是邮递手表。这生意不错，所以西尔斯订购了更多的货物。1886年，在明尼阿波利斯市成立了西尔斯手表公司。

后来西尔斯搬到了芝加哥市并雇用了阿尔万·罗巴克(Alvah C. Roebuck)来帮助自己。1893年，罗巴克公司(Roebuck & Company)诞生了。公司转型开展邮购手表和珠宝业务。到1895年，产品目录已经发展到了532页，内容从钓鱼用具到玻璃器皿，从女帽到马鞍等等零零总总无所不包。1893 年，公司的销售额为40万美元，而到1895年则攀升到了75万美元。

在这一点上，公司获得了巨大成功。但在前进道路上它将遇到更大的挑战。1895年，一个叫做朱利叶斯·罗斯瓦尔德（Julius Rosenwald）的服装制造商购买了公司的一份股份。就是罗斯瓦尔德这个人使公司在企业家西尔斯和罗巴克建立的基础上有了突飞猛进的发展。

零售的底细

里查德·西尔斯只是以自己的名字命名了公司，但他不能引领公司成为一家现代化企业。彼得·杜拉克在他的《管理实践》（The Practice of Management）中叙述说：“西尔斯本人的运作很难称作是‘商业活动’。他是一位精明的投机者，总是将陷入困境的产品全盘买进，然后通过投机者的广告，再一点点地分批卖出去。他所作的每一项生意就是完全的资产转移，当结束时，就是变现，仅仅是这种商业活动。但是他的这些活动根本没有创立一项商业业务，并且使它能够长久保持下去。实际上，与他之前做相似运作的许多人一样，他在几年后就会被踢出局。”

这对于将企业家精神带进公司的西尔斯来说是很小的瑕疵。比如，他的一个极具主动性的措施，就是对那些将购物目录分发给邻居或亲属的顾客进行系统性奖励。这在艾奥瓦州开始试行。顾客收到24本购物目录以备分发。如果其中的购物目录产生一份订单，那么最初发放目录的顾客就会受到奖励。

西尔斯故事

- 1886年：里查德·西尔斯（Richard Sears）开始销售手表以获取收入。
- 1887年：西尔斯搬到芝加哥并雇用阿尔万·罗巴克（Alvah Roebuck）。

- 1888年：推出第一本邮购目录。
- 1893年：西尔斯-罗巴克公司成立。
- 1896年：推出了第一本大规模目录。
- 1911年：成立了实验室。
- 1925年：建立了第一家零售店。
- 1945年：销售超过10亿美元。
- 1973年：总部搬到芝加哥的西尔斯大厦。
- 1981年：并购了Dean Witter Reynolds and Coldwell, Banker & co.。

然而朱利叶斯·罗斯瓦尔德却为公司带来了商业活力。1906年，西尔斯-罗巴克开办了芝加哥邮购车间。这是世界上最大的商业建筑物，车间面积300万平方英尺。然而，如此大的规模并不能与实际效率相匹配。西尔斯的业务大面积铺开但效率低。顾客有时候收到5份货品而他们只是订购了一份或什么也没有订购。物流简直就是一个恶梦。

公司对此付诸行动。推出了一个时间表，一旦接受到订单，产品就会在一个给定的时间内分发出去。一批传送带和斜道将抵达和分发联系起来。亨利·福特就被认为是在观看了人们在西尔斯-罗巴克库房工作的情景后受到启发而推出了他的大规模生产计划的。

公司遇到的下一个挑战就是如何应对零售渠道日益增长的竞争。这一点直接打击到西尔斯的目录邮购。同时，当时人们从农村向城市化的居住进程也逐步走上发展道路——到1920年，美国城市人口首次超过了郊区人口。很明显，这对西尔斯的核心市场产生了巨大影响。

在不能成功说服蒙哥马利-伍德公司（Montgomery Ward）转向零售业，罗伯特·伍德（Robert E. Wood）（1879—1969年）1924年被西尔斯雇用。朱利叶斯·罗斯瓦尔德很欣赏向零售商店迈进的主意；西尔斯在1925年开设了它的第一家店，并成为世界上最大的货物销售商。到1928年，西尔斯拥有192家店铺。西尔斯一直急风暴雨般地开店——仅仅20世纪20年代的一年中，西尔斯在每一天都开设新店。到1931年，零售商店成为西尔斯业务的主流。

直到今天西尔斯仍然兴旺发达，而他的竞争对手蒙哥马利-伍德公司在2000年申请倒闭时不得不关闭了自己的店铺。而相反，西尔斯却保持了令人生畏的零售力量，它拥有867家百货店，超过1 300家的其他店，还有大量的货品通过自己拥有的独立店铺销售。公司在2001年经历了一次翻天覆地的改组，尽管收入略有下降，但仍然达到7.35亿美元。

Sony
索尼

20世纪70年代，日本电器巨头松下公司（Matsushita）发明了VHS格式的录像标准并决定将其付诸特许使用。而索尼公司同期发明了一种比VHS优越得多的格式——贝它（Betamax），但是没有将它特许注册。最终VHS成为世界的通用标准，而贝它则淡出了历史的舞台。这或许是在索尼公司短暂而充满巨大成功的先征服日本再征服世界的历史中，惟一的一次丧失机会。

盛田昭夫（Akito Morita）（1921—1999年）二战期间在日本海军服役，主要进行物理学研究。盛田昭夫本可以继承家族衣钵，继续从事米酒生意（他曾提及自己是日本最好和最悠久的米酒酿造家族的长子和第十五代继承人）。实际上，盛田昭夫与和井深大（Masaru Ibuka）（1908—1997年）在二战结束后就创建了索尼公司。

他们二人投入了相当于845英镑的资金在东京的一所被炸弹摧毁的百货商店建立起了自己的生意。公司的主要经营者和井深大是一位资深技术专家，而盛田昭夫则是一位推销员。索尼公司最早的名字为东京电信工程株式会社。该名称放在产品标牌上显得并不太合适，所以盛田昭夫后来下决心将它换掉。公司最早生产的都是些收音机部件和电饭煲之类的产品，顾客对产品的反映也并不太好，像电饭煲就被顾客认为很不可靠。今天，索尼已经发展成为一个拥有450亿美元资产，超过18万雇员的公司。根据一次哈里斯调查，该公司品牌成为美国人最为敬仰的品牌。

创新专家

1949年，公司开发出一种磁介质录音带，并于1950年销售了日本第一台磁带录音机。1957年，公司生产出一种收音机，尺寸只有衣服口袋大小。一年后，公司改名为索尼（sonus在拉丁语中为“声音”的意思）。此后，公司所有产品上都标示以Sony。在1960年推出了世界上第一台晶体管电视机。随着索尼公司全球市场不断扩大，它的这种在现代科技帮助下生产越来越小产品的策略被证明是完全正确的。

索尼

- 1946年：盛田昭夫与和井深大投资845英镑开创他们的公司。
- 1954年：注册东京电信工程株式会社，生产晶体管。制造了日本第一个晶体管和第一台全晶体管收音机。
- 1968年：第一台单枪三束显像管彩色电视。
- 1971年：第一台彩色磁带录像机。
- 1975年：贝它（Betamax）录像机系统——第一种家用录像系统。
- 1979年：推出Walkman。
- 1981年：推出索尼电子摄像机。
- 1982年：世界上第一种CD播放机。
- 1983年：第一台便携录像机。
- 1985年：第一台数字式磁带录像机。
- 1988年：索尼购买了CBS Records以组建索尼音乐娱乐公司（Sony Music Entertainment）。
- 1989年：收购了哥伦比亚广播公司以组建索尼电影娱乐公司（Sony

Pictures Entertainment)。索尼推出了3.5寸软盘。

- 1995年：推出Playstation电视游戏机。
- 1999年：推出便携式游戏机（Pocket Station)。
- 2000年：推出了Playstation 2电视游戏机。

1961年，索尼设在美国的公司成为在华尔街上市的第一家日本公司。1989年，索尼收购了哥伦比亚广播公司。截至1991年，在索尼公司135 000名雇员中，外国雇员占了大半。盛田昭夫也以日本企业家代表的形象而闻名于世。他久经世故、极富企业家精神，与西方传统的企业家标准格格不入［他在与日本政客石原慎太郎（Ishihara Shintaro）合著的《日本可以说不》（The Japan That Can Say No）一书中，大肆宣扬一种更为狂妄、自负的日本方式]。

1993年，盛田昭夫在打网球时引发脑溢血，之后辞去了公司主席的职务。在同一年，公司遭受了自创建以来最大的挫折。它在电影业务上损失了整整32亿美元——这是索尼历史上所遭受的最重大的挫折。尽管如此，索尼公司仍是一家拥有450亿美元资产的公司。

盛田昭夫和索尼的故事与日本工业复兴是同步发展的。盛田曾说道："我们处在一个能做伟大事情的自由世界里。我们证明了世人对标有日本制造产品印象的转变，从意味质量低劣到代表品质卓越。"当索尼第一次尝试进入西方市场的时候，它永远不会忘记日本产品被讥讽为是粗制滥造的。如今日本产品已完全克服了这个障碍，这实在是商业史上的一个巨大成就。

盛田昭夫和索尼故事最发人深省的地方就是要不断地去挖掘新市场。这就是被盛田昭夫所称的索尼的"先驱精神"。盛田昭夫说道："索尼是一位先驱者，它永远不会跟在别人的屁股后面。通过创新，索尼希望能服务于整个世界。它将执著地探索人们未知的领域——索尼有一个重要原则，那就是尊重和鼓励发挥个人能力——并且总是尽量使每一个人都能充分发挥出自己的优点。这是索尼最重要的力量。"当松下这样的公司还在沿着索尼的道路走下去的时候，索尼已经迈出了新的步子，一项产品紧跟着一项产品，一项创新紧跟着一项创新。

索尼给世界带来了手持式摄像机、家用录像机和软盘。索尼公司最著名的成功案例要数开发随身听，这种产品的开发始于盛田昭夫的某一灵感闪现。这种今天司空见惯的产品背后有着一个充满传奇色彩的故事。一次盛田昭夫偶然注意到年轻人行走时喜欢听音乐。他综合考虑这两种因素，并由此创造了随身听。“我相信任何市场研究都不能告诉我们，这样做会获得成功。”他又强调说：“因为大众并不知道这会怎么样，而我们知道。”这种极具光彩的市场营销靠的可不仅仅是运气。盛田昭夫曾说过：“如果你一生都坚信你所选择的道路是最好的，那么你就会迸发出世界上最好的主意。”盛田昭夫一直认为分析和教育对制定最有效的商业选择并不是必不可少的。“你可以完全理性地操作机器，但如果与人打交道，那么有时理解可远比逻辑思维重要得多。”盛田昭夫也是《永远不要在意在校成绩》（Never Mind School Records）一书的作者。

盛田昭夫一直强调日本人除了具有很强的市场本领外，还在工作态度上表现出不同的文化背景。“永远不要打破别人的饭碗。”他提议，“日本人拥有令人敬服的工作态度，而且能够适应任何工作。”盛田昭夫将管理看作既是起点又是终点。“如果我们遇到衰退，我们不应该裁减工人。这个时候，公司应该牺牲它的部分利润。这本应是管理者承担的风险和肩负的职责，员工是没有任何罪过的。那么为什么要让他们来承担这种苦痛呢?”

令人惊异的市场延续支持了盛田昭夫有关管理职责的遗产。尽管他在1999年去世，索尼公司仍然继续艰难地不断推出创新产品，如索尼Playstation 2电视游戏机和索尼Vaio便携式计算机。它将日本的电器巨头松下公司和日立公司从它们各自传统市场第一的宝座上拉下马来。索尼公司现总裁出井伸之（Nobuyuki Idei）响应公司创造者的这种哲学思想，他说：“现在，你不需要什么工程师。你自己拥有敏锐鼻子，如果你没有的话，你将不能运转像索尼这样的公司。”①

注释

①Gibney, Frank, ‘A new world at Sony’, Time, November 17, 1997.

弗兰克·吉布尼，“索尼的新世界”，《时代周刊》，1997年11月17日。

Starbucks 星巴克

1971年吉罗·宝威（Gerald Baldwin）、戈登·鲍克（Gordon Bowker）和杰夫·西格（Zev Siegl）三人在西雅图的Pike Place 市场开办了一家精品咖啡店。为了开办这家店，他们三人筹集了1万美元。他们将这个生意叫做星巴克（Starbucks）。（他们相信以字母“St”打头，听起来既让人不易忘记也具有诱惑力。）

他们的咖啡店（coffee store）——特别指出的是不是咖啡小铺子（coffee shop）——开始营业，并且开始赚钱。在头一年里，星巴克就开始获利。1973年，开始烘制自己的咖啡。星巴克不断发展，1982年邀请了哈沃德·舒尔茨（Howard Schultz）来帮助市场营销。舒尔茨是在布鲁克林长大的，并且在北密歇根大学获得橄榄球奖学金进行学习，后来成为施乐公司的销售员。

1983年，星巴克兼并了皮特斯公司（Peet's）。而且在这一年合伙人之一吉罗·宝威最终离开公司，开始专心运营皮特斯的生意。紧接着开始了一场革命。1987年哈沃德·舒尔茨以400万美元的出价买断了星巴克的管理队伍。（商业琐事：比尔·盖茨帮助舒尔茨草拟了出价报告。）直到2000年舒尔茨一直兼任公司的主席和CEO，之后欧林·史密斯（Orin Smith）成为公司的CEO和总裁，而舒尔茨获得了首席全球战略家的头衔。

从小做起

舒尔茨开阔了公司的眼界。他在芝加哥开设了一家店，星巴克开始腾飞了，紧接着开设了更多的店铺。这种方法就是品牌推广的经典办法。舒尔茨说："我们的目标就是增加那些通常在超级市场走廊里购买的商品价值。我们所谓的招待员向顾客介绍世界上优质的咖啡就像酒水促销小姐拿出最好的葡萄酒一样。"①

星巴克提供优质的服务配合以长新不衰的产品。它略带调侃地宣称："星巴克不是一种流行趋势，而是我们的一种生活时尚"。在星巴克培训员工的手册中注明："对于美国人来说，我们的成长是伴随着认为咖啡就是一种从自动售货机中流出的、热的、深褐色的液体饮料。添加东西就是使它能喝。与这种方法截然不同的是将咖啡制作看作是一种有品牌的餐饮。你选用你所能够买到的最好的咖啡豆，确信它们都是新鲜的；你用你最好的配方；你将这些咖啡豆磨碎到适合的程度再加上清洁、纯净的水。"

星巴克很少以广告来建立自己品牌的强势。舒尔茨说道："我们集中在创造价值和客户服务上。我们的成功证明了你能够建立一个国家级品牌，而用不着使用30秒钟的广告。"②在1987年到1988年间，星巴克在广告上的花费少于1 000万美元。

取而代之的是建立了广泛的联盟以使产品能够遍及更加宽广的范围。他与众多的企业建立了联盟，比如巴诺（Barnes & Noble）、Costco、Horizon和联合航空（United Airlines）。（与联合航空结成联盟的令人可以理解的原因是它可使星巴克有机会面对高达7 500万的旅行者。）星巴克也同时设计出大量的副产品。如与Dreyer's Grand推出的星巴克冰激凌；与百事合作推出的Frapuccino，甚至与Redhood Ale啤酒公司开发了一种（噩梦般的）含有咖啡的啤酒。

这样当然也存在着引进错误合伙伙伴的风险。但舒尔茨充满信心地认为能够避免这种情况的发生，"我并不认为在我们持续的推出和提供最好产品的时候，会发生自我损害的事情。"

星巴克的方法类似于沃尔玛所采用的方法。这可不是什么公司和善的表现，这意味着公司采用强硬的手段挤进市场，并且迅速扩大自己的规模来压制住更小的竞争对手，使他们被剔除出局。在这种环境下是不能安心喘口气的，星巴克总是小心翼翼地积蓄着自己的品牌。它说到“提升咖啡的经历”并且渴望新时代的哲学化思想。

沿着这条道，舒尔茨——有报纸称之为“充满福音”——发展了一套极富人道的管理模式。舒尔茨说：“我们所作的就是我们所说的在我们的品牌中最为重要的一个组成部分——员工。是人创造了这个奇迹，是人创造了经验。”他的自传体著作被贴切地称之为《将你的全部身心付诸于此》(Pour Your Heart Into It)。

1992年，公司开始上市。在五个月里公司的股票市值翻了一番。（舒尔茨个人手里的股票市值达到7 000万美元。）公司的美人鱼标识遍及了全世界。

今天，星巴克在世界范围内拥有超过4 700家的咖啡店，股票市值达到95.6亿美元。公司仍然在欧洲进行业务发展。在2001年至2002年间，在欧洲大陆的瑞士、奥地利、西班牙、德国和希腊开设了店铺。星巴克也涉足于拉丁美洲和亚洲。当在东京开设咖啡店的时候，排队等候者达上百人。

20世纪90年代末期，星巴克已经在美国开设了1 600家咖啡店。收入达到了13亿美元，目标是2000年达到2 000家。现在它的眼睛又盯上了世界。1998年，星巴克在伦敦开店并且计划到2003年在欧洲开设500家店铺。

注释

①Ioannon, Lori, ‘Making customers come back for more’, Fortune, March 16, 1998.
劳利·伊欧纳，“成功使顾客回归”，《财富》，1998年3月16日。

②Ioannon, Lori, ‘Making customers come back for more’, Fortune, March 16, 1998.
劳利·伊欧纳，“成功使顾客回归”，《财富》，1998年3月16日。

Swatch

斯沃琪

1979年，埃纳斯特·汤姆科（Ernest Thomke）开发了斯沃琪手表。几乎在一夜间，处于休眠状态的瑞士手表工业复苏了。昔日粗糙的计时工具成为代表时尚的一种附属品，瑞士手表工业占据的市场份额从15%跃升到超过50%。

斯沃琪诞生于一场侵袭瑞士手表制造业的危机中。1983年，当这种色彩明亮的手表第一次展现在世人面前时，它看起来违反了瑞士传统手表工业所遵循的每一条原则。这是一个品牌公然离经叛道，并且以此改变了整个行业规则的经典案例。

1982年这种新产品在美国市场投放，努力的结果是令人沮丧的。只有当这种手表在广告宣传语“你拥有第二住宅，那为什么不拥有第二块手表呢?”下冠之以“第二手表”，这才击中了顾客的心。这种缩写为“S”的手表，成为我们今天人所共知的斯沃琪品牌。

第一种斯沃琪手表的部件少于51个，大大少于任何类似的石英手表。与之相反的，传统的机械手表拥有125个以上的部件。制造这种手表的人赌注顾客并不关心到底有多少个零件，而是会对斯沃琪丰富的款式感到新奇。这种赌博获得了胜利。一个新的手表品牌已经诞生。从此斯沃琪出现在人们身边并与之相伴。

斯沃琪手表的制造并不是由瑞士技工而是由机器人完成的，所以制造成本非常低。斯沃琪手表都是封装在塑料壳里。修理并不是一种选择。与瑞士早期的手表不同的是这种产品并不意味着由父亲传给儿子，这完全是一种可以扔掉的计时工具。消费者被鼓励抛弃旧的斯沃琪手表而购买新的。对于这种品牌定位的关键就是能够持续不断地提供新设计。这是第一次，手表能够按照季节来改变。

品牌概念

联合品牌（Co-branding）

联合品牌就是两种或两种以上的独立品牌——通常是来自不同的公司——联合起来以支持一种新产品或是服务。这在实践中已越来越流行以充分利用品牌的竞争优势。

通过这种实践，可以结成联盟联合、实现新的经济规模和更有效的利用新技术，促使品牌增加影响力和声誉。

联合品牌通常发生在那些引入新品牌或是组成新合资企业并不合算的市场。所有参与的品牌都将保留原有独立的品牌，而且通常这些品牌在公众认可度上都基本上相同。

在以遵循恒久价值为特点的工业中，斯沃琪显得不同一般、酷和有趣。公司座右铭是：“总是新的，总是不同的。”保持品牌持久强势的秘密就是不断的创新。新的设计和颜色，开始时每六个月改变一次，以后变得更频繁，以保证回报购买者。极具敏感的定价——价格在25—35美元之间——以保证年轻人能够承受得起。自此以后这一点成为公司的金科玉律。到1997年，销售的手表超过2亿块。

旧的手表工业中呼唤时间

斯沃琪手表的故事就是一个经典的有关战胜对手的神话。20世纪70年代中期到1983年，瑞士的手表制造业眼睁睁地看着自己在世界市场上的份额衰退，从30%下降到了仅仅9%。在十年中损失了将近2/3的市场份额。随着日本手表业横扫市场，瑞士甚至在他们传统强势的高质量时钟方面也输掉了。曾经被认为是世界上最好的手表制造工业已成为历史。

情况看起来只有奇迹才会将瑞士手表工业从倒闭边缘拯救出来。他们最终创造了奇迹：一个叫做斯沃琪的品牌奇迹。

拯救状况不佳手表工业的努力就是组成了一个由瑞士最主要制造商结成的联盟。这包括了瑞士一些最为著名的手表品牌。这个联盟叫ASUAG–SSIH，后来由商人尼古拉斯·海耶克（Nicolas Hayek）资助重新成立了SMH瑞士微电子和手表制造业企业集团——最终成为斯沃琪集团。

但这是依靠埃纳斯特·汤姆科——ETA SA的总裁以及ETA的首席工程师雅克·穆勒（Jacques Muller）提出了制胜的计划。汤姆科开发了狂想（Delirium）表，然后是世界上最纤细的手表。他建议用“狂想”表的低成本版本对抗日本的威胁。这就是汤姆科开发了斯沃琪原型的技术特点和所有重要市场概念。

创造第一块斯沃琪手表充满了问题。首先，汤姆科秘密购买了制造他的大胆创造的核心部件专利权。瑞士传统的制造企业都禁止用塑料制造齿轮或其他部件。

研发在极其秘密的条件下执行。作为手表工业指导者的尼古拉斯·海耶克支持了整个项目，这种产品之所以能够在瑞士产生，他起到了关键作用。

在ASUAG与SSIH联合起来创立了斯沃琪集团之后，海耶克在1986年成为集团的主席和CEO。这个包括了宝珀（Blancpain）、欧米茄（Omega）、浪琴（Longines）、雷达（Rado）、天梭（Tissot）、雪铁纳（Certina）、美度（Mido）、咸美顿（Hamilton）、皮尔帕门（Balmain）、凯文·克莱（Calvin Klein）、飞菲（Flik Flak）和Lanco等著名品牌的集团总部设在瑞士的比恩市（Biel–Bienne）。

海耶克以能够将汤姆科一手制定的计划付诸实施和力挽瑞士手表工业狂澜而享有盛誉。因他所取得的成就，特别是对发展瑞士品牌的贡献，他获得了Bologne大学的荣誉博士学位。

改变时间

引进新设计和新科技的步子一直成为斯沃琪品牌保持长盛不衰的关

键。近年来，比如，在普通塑料斯沃琪手表之外新的发展不断涌现出来。推出了新的型号，包括Chrono和Irony（一种金属手表，与传统的斯沃琪概念大相径庭）。

其他令人耳目一新的创新包括以光为动力的太阳能斯沃琪Solar；拥有优美旋律的会演奏的斯沃琪音乐表MusiCall；和世界上第一种用纸制作的手表Beep Swatch。另一项斯沃琪的创新就是Access，一种具备控制功能，能够在世界众多滑雪场地当滑雪向导的手表。

在市场营销方面斯沃琪也一样推陈出新。公司将产品与重大的活动联系起来，包括在美国死亡谷心脏地带举办的Cirque de Soleil活动。它也是一些极限竞赛活动的赞助商，包括滑雪、冲浪、山地自行车赛。

公司上下、产品设计和市场营销都充斥着创新精神，这使斯沃琪集团能够站在世界手表工业的前列。2001年，斯沃琪的收入达到了41.81亿瑞士法郎。对于这样一个刚刚走出襁褓的品牌来说已经相当不错了。

1918年，丰田佐吉（Sakichi Toyoda）建立了丰田棉纺织布公司（Toyoda Spinning & Weaving Co.）。20世纪30年代，随着自动织机的发展，公司确信自己未来的业务应该聚焦于其他方面。公司创立者的儿子丰田喜一郎（Kiichiro Toyoda）专攻机械专业并且游历过美国和欧洲。1936年，他决定公司的未来业务应该放在汽车制造业上，并且将公司的名字改为丰田（Toyota）。（丰田这个名字来自于一场竞争——丰田在日语里意味着速度并且这个字总共有八划，这个笔划数意味着繁荣。在西方人的眼里，这个词比较好发音但是没有什么具体意义。）直到1950年，丰田喜一郎仍然担任着公司的总裁，而且直到1995年，丰田公司一直由丰田家族的人把持着。

丰田的第一部车是AA型车（作为一项以防万一的政策，公司仍然维持着它的原有业务——织机的生产一直到20世纪50年代。）20世纪50年代，丰田在中国台湾和沙特阿拉伯建立了办事处。它开始生产铲车（现在它在这个市场上占据第一位），并且进入美国市场（1958年）和英国市场（1965年）。

最早进入美国市场并不成功。它的皇冠型车是为日本市场设计的，并不适合于美国的高速公路。最终丰田采取了正确的措施。1968年花冠（Corolla）型轿车的成功推出使公司向前迈进了一大步——到1975年它取代德国大众汽车成为美国最大的汽车进口厂家。1984年它与通用汽车建立合资厂在美国生产丰田汽车，彻底地进入了美国的市场中心。［这个合资企业也生产通用汽车的普林斯（Prizm）型轿车。］

更多的成功接踵而至，佳美（Camry）型车成为美国1997年最畅销的轿车。现在丰田将它的兴趣放在发展“混合电力”型轿车上——1997年在日本推出并从2000年起在全世界全面铺开。丰田的触角还延伸到金融服务业、电信、房地产、航海机械、游船、货物配送和航空服务业。

精益意味着丰田

现在，丰田是世界上第三大汽车生产商（排在通用汽车和福特公司之后）。它每年生产450万辆汽车。在日本占据了将近40%的市场份额。在于3月份结束的2002财政年度，公司的税前收入达到了1 110亿日元。这是日本首家利润超过1 000亿日元（合75亿美元）的非金融性企业。

之所以取得如此大的成功，关键在于它的产品，丰田总是走在西方竞争者的前面。如果你到过丰田公司的总部大楼你就会发现这种结果的原因了。在那里你会发现三个人的肖像。第一幅是公司的一位创始人，紧挨着的是公司现任总裁，另外一幅是美国的质量学大师爱德华兹·戴明（W.Edwards Deming）的画像。20世纪70年代，当西方企业界运用昂贵、庞大和怒气冲冲的工人生产极其耗油的汽车的时候，丰田运用戴明的方法已经迎头赶上。80年代初，西方的企业界才如梦初醒般地开始实施戴明的质量管理措施。而这已经变得太晚了。丰田已经走得更远了。（实际上，丰田之所以一点也不在意将所有的质量管理方法都告诉给西方企业界就是这个原因。）

丰田的进步被人们称之为：“精益生产”（lean production）或叫丰田的生产系统。［这套系统的设计师通常被认为是大原太一（Taichi Ohno），他就丰田的这种生产方法写过一本小册子并最终成为一名咨询师。］从丰田的观点来看，精益生产并没有什么革命性的东西。实际上，精益生产是丰田对于质量的有机追求的一部分，并且它的原型能够回溯到20世纪50年代。只是在1984年，在丰田开始与通用汽车在加利福尼亚建立合资厂，西方工业界才开始清醒，并且“精益生产”这个词才开始四处传播。

这个词是基于三种简单的原则。第一项是准时生产（just-in-time production）。如果盲目地预测人们会购买它们，那么无论是生产汽车还是任何其他产品都是没有意义的。浪费（muda）不是好的事情。生产应该紧密地与市场的需求联系起来。第二条，对于质量的职责是基于每一个人，质量的缺陷一经发现就必须尽快地纠正。第三条，也是令人不太容易理解的是“价值流”（value stream）。公司将不再被看作是一系列不相关的产品和过程的组合，而是将它看作为一个连续和统一的整体。一个流程既包括了供应商也包括了顾客。

凌志征服一切

1990年丰田推出凌志汽车，丰田生产哲学和谨慎发展品牌优势达到一个顶点。凌志最初被看作是日本模仿的一个胜利。一些媒体嘲笑丰田公司的厚颜无耻——“如果丰田能够将梅塞德斯的星标识拷贝到凌志汽车的前脸上，那么在大多数情况下将会愚弄大多数人。”

对于凌志汽车，丰田公司改变了目标。凌志汽车设计优于梅塞德斯和宝马。（丰田一直热心地告诉人们，他们用了7年时间，花费了20亿美元，动用了1 400名工程师，2 300名技术工人，发展了450种原型，取得了200项专利才制造了凌志。）它的标准配件包括一个卫星导航系统和其他尖端设备。丰田极其有效的措施表现在该车在日本修建的完全仿美国、德国和英国的高速路上一公里一公里的仔细测试，在这些仿造的路段上连交通标志也都一样。

经受住了严格审查，通过拥有凌志的体验，凌志开始真正的给对手造成威胁。即使在出现问题的时候，服务仍然是优秀的。产品早期的一个问题造成了凌志汽车的召回。凌志要求经销商马上亲自通知顾客。除了承受一些负面影响外，凌志通过此举加强了分销渠道。凌志做事就像其他人一样，但是它在处理问题方面却是以一种友善、人性的方法。通过凌志，丰田证明了它屹立在行业前列的能力仍丝毫也没有减退。

Virgin
维珍

维珍王国创始人，理查德·布兰森（Richard Branson）曾说道：“我坚信一个品牌如果正确使用的话，那么它的使用范围是没有什么限制的。”布兰森重新改写了品牌游戏的规则。

直到今天，布兰森最伟大的成就就是创立了世界上首屈一指的通用品牌。而其他著名品牌是它们所装饰产品的同义词，胡佛真空吸尘器、可口可乐饮料、李维斯牛仔裤等所指的就是特定的几种商品。但在西方品牌中，维珍拥有将品牌延伸到不同产品的能力。过去，从来没有一个单一品牌能够成功地运用到如此众多、不同范围的产品和服务当中去。无论是避孕套、金融服务、婚纱还是性手枪（Sex Pistols）乐队，维珍品牌都涉足其中。

维珍品牌最为重要的一个方面就是它在所处不同细分市场上所表现出的可信性。已存在的维珍品牌产品和服务为公司新进入的领域向顾客提供了可信度。当然维珍家族之间的这种关系也可能带来相反影响。无论是提供伪劣产品、劣质服务还是不值得信赖产品，公司品牌形象都将蒙垢。那么维珍一个广泛适用品牌的基础也将被破坏。

尽管获得了令人瞩目的成功，而布兰森愿意让我们相信这一切并不是有什么计划的。他给我们的印象是维珍现象就是人们在某些时候所遇到的偶然事件之一。这是布兰森的神话之一。他使这一切看起来和做起来是如此简单。

“1969年，当我们用‘维珍’这个名字来代替‘Slipped Disc’作为我们唱片公司的名字时，我当时就有一个比较模糊的想法，就是创立一个让人容易记住的名字，并且推广到其他为年轻人生产的产品中去。”[①]

“追寻维珍公司的成功是一件非常有趣的事情，否则如果我们将公司称作‘Slipped Disc Records’，那么Slipped Disc避孕套不太可能获得如此成功。”

他就是那种整个生活充满冒险的人。他直言不讳地批评商业学校和管理理论，布兰森喜欢将自己描述为街头的一个普通人（尽管他出身于舒适的中产阶级家庭）。他就是聪明才智胜过高个子的小个子男人。他的著名维珍商标的产生体现了典型的维珍公司做事方式。

布兰森解释道：“当维珍唱片公司逐步获得成功的时候，我们是遵循着我们的直觉。最初，音乐反映‘嬉皮士’时代，我们的背对背裸体女人标识也正是这种反应。然后，当庞克（Punk）出现的时候，我们觉得需要一种新鲜的标识……但并不是将精力花费在提出这种新标识上，我用了一整天向我的图形设计师解释需要什么，他将自己的涂鸦扔在地板上——现在著名的维珍署名——是在送往洗手间的路上被我幸运地挑出来的。”

这听起来太具偶然性了，这字体反映了一种非同寻常的企业家思想，这就是使商业活动推陈出新适应他所生活的时代。今天布兰森是由200多家公司，全世界雇员超过2.5万人结成的网络的核心推动力量。他的商业兴趣跨越了旅游、饭店、消费品、计算机游戏、音乐和航空运输。你甚至可以购买到维珍养老金和投资计划。

金融服务业完全不同于在20世纪80年代以性手枪乐队为代表的最终帮助庞克登上历史舞台的青年唱片业务。从那时起，维珍通过一位年轻的名叫麦克·欧菲尔德（Mike Oldfield）的不知名的艺术家录制的天碟《管钟》（Tubular Bells）在嬉皮士一代人中赢得尊重。唱片《别介意这个家伙》（Never Mind the Bollocks）就是在披头散发的年轻人中树立维珍品牌的绝好产品。布兰森创造了一种充满了反叛和商业的新的融合——并且发现了独一无二的新品牌主张，从此他反复重复着这种模式。

最初瞄准的是年轻人，随着布兰森逐渐成熟，维珍的表现也是如此。布兰森说："四年前，我们努力吸引他们的父辈，现在我们进入了养老金和生活保险业务，我们并没有遇到灭顶之灾的危险，但是我们时时刻刻注意不能丢掉年轻人。我希望人们能够感到他们生活中需要的大部分东西都能在维珍找到。至关重要的是我们决不能让他们失望。"②到了20世纪90年代，维珍名字好像出现在世界上任何地方。维珍品牌是如此无处不在，好像没有一天不能看到理查德·布兰森推出一些新的维珍产品或服务。这个著名飞翔的V字标识成为飞机、大型百货商场、电影院的图文装饰，而且还初次登场于可乐的饮料罐。

这些举措促使一些人会发问维珍品牌是否会被淡化。那些能够真正明白他所从事的工作的人，认识到布兰森所创造的是一种全新品牌的陈述。比如，著名品牌咨询公司国际品牌的主席约翰·墨菲（John Murphy）评述："除非他毒杀了某些人或是将品牌运用到诸如养老金和复印机等不适合产品上，我怀疑维珍品牌是否会真的被稀释。"而墨菲并没有预料到1996年，维珍会真的提供金融服务——包括养老金。

布兰森总是不断表明维珍公司最重要的资产就是公司品牌的声誉。将维珍品牌放在任何一个不合适产品上，整个公司的声誉都将垮掉。他简洁地说："我们的顾客相信我们。"

布兰森的哲学就是："照顾好你的品牌，它就会持续到永远。"这是维珍品牌核心推动力。在他所有毫无质疑强调维珍这个名字一致性的举措中，一个重要方面就是布兰森的个人风格——这成为维珍品牌立足的重要一环——这就是不安于现状。他有一种去冒险或是涉足于新领域的永不知足欲望。布兰森骨子里就是坚持不懈地不断扩大自己帝国边界。这样做的关键就是不损害公司好声誉。这种情况也遭遇了一些进退两难的局面。这也是布兰森亲历关注的问题之一。

他说："我们正在扩展和培育我们品牌的使用。但我们总念念不忘的就是我们只将品牌放在适合或是将要适合的产品或服务上——这就是我们严格的标准。"

在最近几年，他对维珍品牌的立足进行了长远和艰苦思考。他相信公司已经建立起来的声誉是构架在五个关键要素上：金钱的价值、质量、可靠性、创新还有就是一种虽有不确定性、但可触及的娱乐的感觉。（另外一种有关维珍品牌价值的更为简短的说法就是：真实和娱乐、与时俱进和不同、顾客的拥护者、以商业价格获得一流服务。③）

与传统工程学背道而驰的是在审视新商业项目的时候，维珍拥有全新的品牌价值衡量标准。他说任何一种新产品或服务必须能够满足或是在未来能够预期到符合下列条件：

- 最好的质量；
- 它必须是创新的；
- 它必须是物有所值的；
- 它必须能对已经存在事物产生挑战；
- 它必须是有趣的或是厚脸皮的。

维珍宣称它所选择的项目十之八九都是盈利潜力巨大。但是如果它们并不适合集团的价值，还是将被拒之门外。④但布兰森说："如果一个主意符合以上五个方面中至少四个的话，我们通常会对它进行仔细评估。"

布兰森的品牌

- 1968年：首次发行《学生》(Student)杂志，理查德·布兰森的第一项业务冒险开始建立。
- 1969年：唱片公司开始选择使用"维珍"这个名字。
- 1970年：开始维珍邮寄订购服务。
- 1971年：在伦敦牛津街(Oxford Street)开设了维珍唱片商店。
- 1973年：维珍唱片。
- 1977年：维珍签约性手枪乐队。
- 1980年：维珍唱片进入海外市场。
- 1983年：成立维珍Vision(这是维珍通讯的前身)，发行电影和录像。成立维珍Games(计算机游戏软件发行商)。
- 1984年：推出维珍大西洋航空和维珍货物(Virgin Atlantic Airways and Virgin Cargo)。
- 1986年：维珍集团在伦敦证券交易所上市。
- 1987年：推出维珍美国唱片，很快在日本设立了分支机构。股票市场崩溃，维珍股价跌破90便士。布兰森不得不放弃恶意收购E-MI的企图。
- 1988年：布兰森宣布管理层收购维珍集团。

- 1991年：维珍运作希思罗（Heathrow）第一机场的服务。布兰森将Megastores业务的50%出售给了W.H.Smith。
- 1992年：将维珍音乐卖给了Thorn EMI。
- 1993年：英国航空为诽谤行动支付61万英镑，再加上所有诉讼费用（所有费用相信超过了450万英镑）。开始推出维珍电台1215 AM。
- 1995年：推出维珍直接个人金融服务。
- 1996年：维珍婚礼、维珍网络和维珍铁路集团。
- 1997年：推出维珍自己的银行业产品Virgin One Account。
- 1999年：推出维珍移动通讯。
- 1999年：理查德·布兰森获得爵士称号。

理查德的推销

沿着这条路，布兰森已经成功地将自己推销给数以百万充满崇敬心情的顾客。实际上，说服顾客去相信公司首脑也是维珍品牌所主张的一个重要方面。

布兰森本人看来可并不像是一部曲调和谐的公关机器，但他将自己转变为一个到处走动、被谈论的品牌标识。麦当劳拥有一头红色卷发的罗纳德·麦当劳，迪斯尼拥有6英尺高的米老鼠，而维珍拥有一个“笨蛋总裁”。每一次，当他的照片出现在报纸和杂志上的时候，都提升了维珍品牌。

这是一个完全经过深思熟虑、或许是一个公司所采取的最有效率的促销战略。当然对于品牌声誉所冒的风险是，如果布兰森个人形象开始暗淡的话也将紧密影响整个品牌形象。然而直到今天[5]这种行为还是非常成功的，这使布兰森能够以很少的广告预算树立起维珍品牌。

计算一下，当布兰森乘热气球环游世界的壮举失败，换来报纸长篇累牍的采访和高达几分钟的全球新闻广播报道，这该有多大的广告价值。一位美国广告业主曾经说：“做这道数学题时，零是不够用的。”

但在推出维珍大西洋航空（Virgin Atlantic Airways）的时候，他使用了新手段。一般大型航空公司每年花费在广告上的费用多达上百万。布兰森很快意识到维珍航空如果生存下去惟一可用的就是免费媒体。这就使得他开展了一系列铤而走险、不同凡响的作为和公开的惊人举措。显然，做出挑战Blue Riband的决定——试图打破穿越大西洋的最快纪录——这是在布兰森发现自己支付不起在纽约电视上进行航线促销广告费用后做出的。这是布兰森曾经屡试不爽的一个策略，他本人将个人时间的1/4 用在公关活动上。⑥

作为一位成长于20世纪60年代的企业家，他曾经被描述为“嬉皮士资本家”。此外，他获得了冒险家的声誉——创造了横穿大西洋的最快纪录，还有就是几乎在乘热气球环游世界的尝试中送了命。

他的在商业领域之外的大胆行为可以与他在商业生活中无所畏惧的出轨行为媲美。他反复将维珍品牌用在攻击市场领袖和撼动原本四平八稳的市场上——首先是唱片公司，然后是航线，而最近是饮料和金融服务行业。这些商业冒险有几次几乎使公司滑到了破产边缘。但是这些都为维珍公司起初在英国公众，现在是世界人民心目中赢得了一个特殊的地位。

但是他的这种标新立异的公众形象掩盖着布兰森的另外一面。⑦尽管他拥有众多财富，但是他的商业抱负仍然没有穷尽。不时，几乎在每日的生活中，他好像都会引入新冒险。“一名残酷、无情、野心勃勃的工作狂”是一本传记对他的描述。在维珍品牌好像无穷无尽的弹性庇护下，在维珍有选择的攫取中，维珍不断进行着冒险。1999年末，推出了维珍移动通讯，主要提供手机和移动通讯服务。还推出了维珍Active，一个健康与健身公司，以及网上汽车经销商维珍汽车，还有维珍.COM，这主要通过互联网提供大量维珍产品，但总体来说以维珍命名的仍然较少。

从一点延伸

人们经常询问布兰森的有关维珍的问题之一就是这个品牌能够延伸到多远？一些评论员坚信将维珍品牌放在领域如此之广的产品和服务上，布兰森要冒极大的品牌淡化的风险。

而布兰森对于这种批评的回答是只要对品牌的整体性没有什么危害，那么一个品牌的弹性是没有穷尽的。他的这个理论已被付诸于实践检验。以维珍火车（Virgin Train）为例。不管布兰森如何说辞和行动，维珍火车的运作仍然给公众留下了拙劣的印象；这或许可以指责维珍的所有火车，维珍火车的服务撞上了障碍物，就再也没有回到轨道上来。

1999年，根据铁路战略权威机构的数字，维珍火车成为英国最不准点的火车。2001年2月，由于受哈特费尔德（Hatfield）撞车事故刺激，布兰森决定实施一项车票半价的奖励措施，以吸引人们回到铁路上来。他保证"想那些饱受堵车之苦的乘客们所想。"但不幸的是现实是变得人满为患，无论是现场还是电话订购，人们排起了长队，需要等待很长时间才能够买到车票。维珍火车低估了需求。设在苏格兰的维珍呼叫中心在星期一就收到了37.6万个电话，而平时的工作量只有2万个，订票处的业务足足增长了600%。继之而来的混乱和负面公众效应会对潜在的公关危机产生实实在在的影响。维珍火车的局面完全不同于布兰森在商务上的处理风格。布兰森总是不惜代价的保护自己品牌的形象，因为他知道保持公众对于维珍品牌的信赖和自信，是整个维珍集团获得成功的基础。维珍火车的表现威胁并破坏掉了这种信任。作为回应，他必须说维珍火车所有车辆都是30年车龄的老爷车，而且多年来铁路运营已经资金不足了。当布兰森接受运营铁路的挑战时，他就声明他将用5年时间将国内这条运营最糟糕的线路改造成为最好的。预计2003年的时候引入倾斜型车厢，运行时速达到140英里，大幅降低旅行时间，并同时更换掉所有旧式车厢。这能够在一定程度上挽回维珍火车的形象。由于这样做，尽管车票风波产生了一些损害，但没有太大的影响。

维珍品牌的持续影响力在近年来显现出来。调查发现96%的英国消费者听说过维珍，96%的人能够清楚知道布兰森是维珍公司的创始人。

一位评论员曾经如此说道："维珍在英国商业中是独一无二的现象。最本质的说，维珍拥有一项财产，一种无形资产——这就是它的名字。从金融服务到航班，从火车运营到大型娱乐商场、软饮料、服装，甚至婚庆，这个品牌能够立即为消费者所认知，并且伴以有效的质量、便宜的价格和很少人能比及的时髦。"⑧

布兰森打算沿着这条道路继续走下去。但是他也指出维珍的战略并不是对任何品牌都适用；这是基于他所称作"信誉品牌"而不是注重传统的产品和服务的品牌。

注释

①Branson，Richard，BBC 'Money Programme' Lecture，1998.

理查德·布兰森，英国广播电台"金钱计划"讲座，1998年。

②Rodgers，Paul，'The Branson Phenomenon'，Enterprise magazine，March-April 1997.

保罗·罗杰斯，“理查德现象”，《企业家》杂志，1997年3-4月。

③Andrew Campbell & David Sadtler，‘Corporate breakups’，Strategy & Business，Third Quarter，1998.

坎贝尔·安德鲁、塞德特·大卫，“企业停止不前”，《战略与商务》，1998年第三季度。

④Virgin Group literature.

维珍集团著作。

⑤And despite an allegation of sexual harassment.

不管性骚扰的一个断言。

⑥Mitchell，Alan，‘Leadership by Richard Branson’.

艾伦·米切尔，“理查德·布兰森的领导能力”。

⑦Jackson，Tim，Virgin King，HarperCollins，London，1994.

提姆·杰克森，《维珍王国》，伦敦，1994年。

⑧Rodgers，Paul，‘The Branson Phenomenon’，Enterprise magazine，March-April 1997.

保罗·罗杰斯，“理查德现象”，《企业家》杂志，1997年3-4月。

★Wal-Mart
沃尔玛

沃尔玛是依靠山姆·沃尔顿（Sam Walton）的个人品格和他对零售业的远见卓识，从一个非常小的生意发展成为今天这样的庞然大物。“我将我所有的精力都放在建立我们所能做到的最好的零售公司上。而在此期间内，创造巨大的个人财富可从来也不是我个人的特殊目标。”①

1945年，沃尔玛创立于阿肯色州新港区（Arkansas Newport）。当时年满27岁的山姆·沃尔顿获得了经营5分和1角店的特许营业执照。第一年他就取得了不错的业绩，销售收入达到8万美元。到了第三年，这个商店已经为他带来22.5万美元的销售额。而到1950年，随着租约到期，沃尔顿搬到了阿肯色州本顿维尔（Bentonville），开设了名为“沃尔顿的”店。不久以后，他又开设了另外一家。1962年，他开设了第一家大规模郊区折扣店。

今天，沃尔玛已经发展成为一个商业巨无霸。它是美国最大的公司，年销售收入达到了2 180亿美元。每星期光顾沃尔玛商店的顾客达到1亿人。公司总共拥有1 600家折扣店、1 100家超级市场、30家邻居店市场（Neighbourhood Market），以及500家山姆会员店（Sam's Club）。沃尔玛在阿根廷、加拿大、德国、墨西哥、波多黎各和巴西都设有店铺，在中国和韩国开办了合资企业。在美国，沃尔玛拥有96.2万名雇员，在其他国家雇员人数达到了28.2万。今天，沃尔顿家族仍然拥有这个商业巨人38%的股份。

沃尔顿的商业道路

沃尔顿的成功应该归功于以下原因：首先他创立了一个深思熟虑以朴素为要素的品牌。他就是一位在街边开设店铺的你的老友。沃尔顿帮助建立了一个有关自己的、像所有成功美国人的故事的神话。这确实是千真万确的，但对于山姆·沃尔顿来说还有更重要的东西。沃尔玛品牌的立足于在本地成长和忠实于美国人发挥着作用，尽管在现实生活中，沃尔玛的成功促使许多比它更小的店铺纷纷倒闭。

沃尔顿之所以成功的第二条原因就是他能够建立一种非常强大的企业文化。沃尔顿能够赋予人职责——“店中之店”就是授予部门领导人权力。并给与利润分享和其他激励措施。沃尔顿与人沟通的技巧彻头彻尾是乡巴佬陈旧的老一套——这位百万富翁能够给你说清他是多么了解和关心公司底层的人——但是也并不像其他公司的CEO们亲自到第一线去。这是一种非常老套的办法，但却行之有效。

第三，沃尔玛对于信息的大量投入。它狂热地分享信息。沃尔玛甚至投资于一个卫星通讯系统以便在组织内部迅速传递知识和经验。

对于这样一个像是家庭的场所，沃尔玛对于采用新的科学技术具有疯狂的热情。它是使用电子数据交换（EDI）的先驱之一。早在20世纪80年代末期，像朗杰乐（Wrangler）和通用电气（GE）这类的沃尔玛供应商都使用了卖主管理存货系统（vendor-managed inventory system）用以补充沃尔玛商店和库房的存货。采用现金注册扫描仪这样的信息技术意味着沃尔玛能够获得有关顾客消费习惯和消费行为的详细情况。这些信息能够反馈给供应商，告诉他们应该生产什么，生产多少并且运到哪里去。仓储和存货能够大大降低。这就使得仓储只占用公司10% 的可用面积，而竞争对手在这方面的平均水平高达25%。负责管理信息系统的副总裁兰迪·莫特（Randy Mott）说：“每一项成本、每一活动所占用的时间都被仔细分析过，以确保基于每一天的分析做出更好的销售规划决策。”②

沃尔玛正在实施数据采集软件（data mining），以便发现在美国2 400

家店铺的格局。充货系统总监罗布（Rob Fusillo）的目标是管理一个店铺的存货就像每一个店铺都在这条链子上一样。[3]实际上，沃尔玛运行着世界上最庞大的数据系统，包含了24吉兆（1吉兆=1 000兆）字节的数据。

数据的采集起始于销售环节。沃尔玛从每一个店铺采集到的每一种产品售卖信息通过网络将数据传送到设在阿肯色州本顿维尔总部的数据库里。根据特定的需求，这些数据将被搜索，有关店铺和产品的销售趋势也将被分析出来。这就使公司能够对补充货物、顾客消费趋势、季节消费趋势做出正确决断。目标就是将正确的产品在正确的时间内运送到正确的商店。兰迪·莫特说："我们的商业战略在所有层面上完全依靠数据。对于每一项成本、每一件商品都被精心的分析，以确保根据每一天的运作制定出更好的商品销售决策。"

沃尔玛成功的最后一个要素是它循序渐进、小心翼翼地改变了基本规则。品牌逐步扩展，但非常慎重地这样做。第一间山姆会员店于1983年在俄克拉何马州的Midwest City开设；1988年开设了第一家超级市场；1991年开设了第一家国际商店。

沃尔玛继续保持着增长。它对自己不断提高的要求也是其特有的品质之一。1977年，沃尔顿宣布他希望公司在四年内能够成为超过10亿美元的公司；1990年，公司宣布它的目标是在2000年，将现有店铺的数量翻番，每平方英尺销售额再增加60%。沃尔玛总是展望着更远大的目标，并付诸实施。

现在沃尔玛仍继续醉心于自我扩张。而美国的其他企业却在经济衰退的边缘步履蹒跚。而这种经济阵痛对沃尔玛来说只是癣芥之疾，它仍在不断提高着自己的利润。当折扣店业务的主要竞争对手K-Mart到了申请破产保护的境地，而沃尔玛仍然欣欣向荣地阔步前进，成为美国最大的公司并在2002年被评为财富500强第一名。尽管获得了上述成功，沃尔玛计划在2003年及以后实施一项极积极的店铺开张计划。这个计划主要集中在超级中心，在2002年计划最少修建100家。

注释

①Walton, Sam, Sam Walton: Made in America, Doubleday, New York, 1992.
山姆·沃尔顿，《山姆·沃尔顿：美国制造》，纽约，1992年。

②Taylor, Paul, 'Making close links with shoppers', Financial Times, March 17, 1998.
保罗·泰勒，"与购买者紧密相连"，《金融时报》，1998年3月17日。

③Stedman, Craig, 'Wal-Mart mines for forecasts', Computer World, May 26, 1997.
克雷格·斯泰德曼，"沃尔玛为预测挖掘"，《计算机世界》，1997年5月26日。

Wrigley's
箭牌口香糖

如果有一个公司既能够管理好自己的品牌又能够经营口香糖，那就是箭牌公司（Wrigley's）。威廉姆·莱格利（William Wrigley Jr）在开始生产这种最终将自己的名字与产品紧密联系在一起的口香糖之前，先是经营肥皂，然后是洗衣粉业务。

莱格利是利用广告进行品牌促销的先驱。从一开始，他就意识到对于诸如肥皂、洗衣粉、口香糖之类的日用品，需要做些事情将它们在客户面前展现出来以示区别。他预测20世纪品牌营销将崛起。直到今天，他创立这家公司的经过仍是最具说服力的企业案例之一。

莱格利的故事是美国企业家那种持之以恒和掌握时机精神的缩影。他所创立的品牌经受住了时间的考验。箭牌口香糖成为市场上最知名的产品。今天，他和他的公司继续生产惟一一种消费品——高质量的口香糖。在美国，这些品牌包括箭牌薄荷（Spearmint）、双薄荷（Doublemint）、水果（Juicy Fruit）、大红（Big Red）、冬日清新（Winterfresh）、无糖（Extra sugarfree gum）以及Freedent non-tack gum。在美国市场之外生产和销售的品牌包括PK、Orbit和Excell。

在公司百多年历史中，箭牌公司主要由莱格利家族控制——他们之中大多数人都叫莱格利。从公司的创始者到今天已经整整三代人了，先是威廉姆·莱格利，然后是他的儿子菲利普·莱格利（Philip K. Wrigley），菲利普的儿子就是现在的公司总裁和CEO小威廉姆·莱格利（William Wrigley）。代表着第四代的人的威廉姆·莱格利（William Wrigley Jr）作为公司的副总裁正在静静地等候接班。

早期岁月

1891年，威廉姆·莱格利从费城搬到芝加哥。今天，在那里的北密歇根区410号耸立着作为公司总部的箭牌大楼。当时，他只有29岁，兜里也仅仅只有32美元。他的口袋或许显得空空荡荡，但他的头脑却充满梦想。作为一名天生的推销员，威廉姆梦想能够开始自己的事业。

在芝加哥，他的主要业务是批发肥皂。领先于他所处的时代的是，莱格利明白促销的益处。为了使他的产品能够更加吸引购买者，他提供了免费洗衣粉之类的赠品。后来洗衣粉被证明比肥皂更受人们的喜爱，像任何优秀企业家一样，莱格利撤出肥皂业务转到洗衣粉业务上来。

如果没有后来的一次促销活动，他或许会持续发展这项业务。1892年，他决定凡是顾客每购买一罐洗衣粉，则赠送两包口香糖。而口香糖看起来比洗衣粉更受到消费者的欢迎。莱格利再一次改变了业务，他觉得口香糖就是自己未来的希望所在。历史又一次证明他的这次选择又是对的。

莱格利一开始生产口香糖，Lotta Gum 和Vassar在同一年上市。1893年，公司推出了水果和箭牌。从此这两种广受人们喜爱的产品开始与我们相伴。

莱格利本人市场营销的天赋在业务发展过程中发挥了重要作用。他是认识到品牌能量的首批企业家之一。从一开始，他就集中力量在各类报纸上做箭牌口香糖的广告。到1907年，他准备加大广告的力度，但计划遭受打击——芝加哥商业社会的经济衰退。当其他公司纷纷削减广告预算的时候，莱格利却正好相反。他将这看作通过广告使自己的生意广受人们瞩目的好时候。他更加努力地提升品牌形象并增加了产量。

莱格利所受到的打击比他所能说出来的要多得多。但是他的反周期逻辑，一种许多伟大企业家所具有的品质，对他能够屹立不倒起了很好的帮助作用。到1911年，箭牌成为美国的第一大口香糖。他引入了PK口香糖——这种产品不是松散地装在盒子里，而是装在紧密包裹的小球里销售的。这个名字，显而易见，是与广告语“紧密包装——正好保存”紧密联系的。

到第一次世界大战爆发的时候，箭牌开始扩展自己的海外业务。1915年，公司建立了在澳大利亚的第一家工厂。到了1927年，这种著名的口香糖开始在英国生产。第二次世界大战给公司带来了巨大的商业繁荣，因为盟军购买了大量的口香糖，他们相信这能够消除紧张、提高警惕性，并且能够提高士气。

1919年箭牌公司上市成为公众公司。1923年，公司的股票第一次出现在纽约证券交易所和中西部（Midwest）股票交易所里。1944年，箭牌的所有产品全部提供给美国在海外和海上执勤的部队（就像赫雪巧克力一样）。这种举措或许减低了今天的一些影响力，但是标语“战友，带口香糖了吗？”在当时的军人中轰动一时。

战后，十几岁的孩子又给箭牌带来了另外一次巨大繁荣。当不能再吞云吐雾的时候，他们便开始大嚼口香糖。他们父母的行为也保证了这种流行，他们看不起自己任性的儿女们的持续咀嚼运动并将咀嚼口香糖看作是一种粗俗的行为。这就使得箭牌口香糖在高中生中获得了从未有过的流行。

随着时代的进步，美国的消费者变得从来也没有像今天这样注重卫生。清新口气成为一件非常重要的事情。再一次，又是莱格利挽救了一切。口香糖额外的功效就是能够消除酒精和烟草异味——这是成千上万的年轻人和那些总是对烟酒游离不定的丈夫们所坚信的。

时光是倾爱箭牌公司的。随着美国文化的输出并遍及整个世界，时间为公司的业务经营带来了巨大财富。这种过程最初起源于第二次世界大战中嘴里不停咀嚼着口香糖的美国大兵，并且在20世纪60年代、70年代、80年代和90年代，通过好莱坞的电影而持续下去经久不衰。

所有这些都意味着口香糖对于美国人来说就像是国内的烟草一样，是一种没有替代品的商品。美国国内巨大的市场过去是、未来还是箭牌获得胜利的保障。

具有讽刺意味的是，如今许多美国品牌的产地并不是美国当地。今天，箭牌在它遍及世界的14家工厂内生产声名显赫的口香糖——北美三家、欧洲五家、非洲一家、亚洲/大洋洲五家，在俄罗斯还有一家正在兴建。在许多国家中，箭牌口香糖仍然占据着市场领袖的地位。在欧洲许多国家中，箭牌占据了超过80%的市场份额，在美国则为50%。

Xerox
施乐

施乐（Xerox）是历史上最伟大的技术型品牌之一。就像胡佛品牌，它也是一个家族继承品牌。这个品牌与它的产品联系是如此紧密，以至于演变进入了人们日常谈话。在施乐这个案例里，公司品牌是建立在自己所创立的工艺上——施乐静电复印技术。在美国，人们仍将复印文件叫做“Xeroxing”。

在20世纪的大部分年代里，施乐公司是世界上某些变化最为迅速的市场的主宰和创新力量。今天，施乐公司不仅仅与其他顶尖复印机制造厂商竞争，而且也在与快速发展的高技术数字影像业务竞争。

在施乐整个的、有时略显有麻烦的历史中，它显示出一种能将品牌想像与时代发展协调一致的非凡能力。

施乐已显示出了它的品牌持久能力。20世纪70年代，公司重新投资以击退来自日本企业的威胁。而最近，在90年代早期，施乐又重新对自己的品牌形象进行定位，使自己从一个昔日被人们认为是陈旧的办公设备供应商转变成为一个“文档公司”。

涉足复印行业

1906年，施乐复印技术的发明者切斯特·卡森（Chester Carlson）生于西雅图。同年，哈洛伊德公司（Haloid）在纽约罗彻斯特正式成立。该公司主要生产和销售相纸。在同一地点，还存在着另外一位雄心勃勃的照相用品生产商——柯达公司，这是由企业家乔治·伊斯曼创立的。

1938年，卡森在位于纽约皇后大街的实验室中制作出第一台施乐图形影像机。1947年，哈洛伊德公司从位于俄亥俄州的Battelle Development Corporation of Columbus的卡森手中获得了施乐型复印机专利许可证。一年以后，这两个公司宣布发明了静电印刷术，并且将单词“Xerox”和“xerography”申请注册。

1949年，第一台静电复印机A型正式面世。1958年，哈洛伊德公司与兰克公司（Rank Organization）在英国成立了合资公司兰克-施乐有限公司（Rank Xerox Limited）。同年，哈洛伊德公司更名为哈洛伊德-施乐（Haloid Xerox Inc）。

1959年，公司推出了革命性的施乐914型复印机——这是世界上第一台普通纸自动复印机。从此办公室中的氛围与从前大不一样。在该型机推出不久后的1959年，《财富》杂志宣布施乐914是“美国市场上有史以来最为成功的商品”。第二年哈洛伊德-施乐从Battelle购买了静电复印及该技术世界范围内的所有专利权。

1961年，公司更名为施乐公司，并在美国纽约的证交所上市。一年后，富士-施乐公司成立。1969年施乐获得了其欧洲业务兰克-施乐公司的绝大部分股权。

对于许多人来说，施乐已成为锐意进取的管理思想的一个缩影。在一年后，也就是1970年公司在加利福尼亚建立了著名的施乐-帕里阿图研究中心（Xerox Palo Alto Research Center），该中心从此成为公司技术创新的发源地。1974年施乐公司成为首批创立企业大学的企业，在弗吉尼亚州李斯堡（Leesburg）成立施乐教育和发展国际中心（Xerox International Center for Training and Development）。

在当时，拥有静电复印机技术专利并在市场上起到举足轻重力量的公司就是施乐。但是这些在后来都发生了变化。

20世纪70年代，施乐公司执著于和自己的竞争对手以及位于罗切斯特的邻居柯达公司竞争——反过来柯达亦是如此。当时，柯达公司刚刚推出了一些高价格的复印机。施乐将这看作是对其传统市场的侵犯。由于完全执迷于这个对手，施乐公司的人并没有关注一些新兴的像赛文（Savin）和佳能（Canon）这样的正在一点点侵蚀非主流市场空间的公司。

突然间，或者看起来如此，施乐公司发现再也不能忽视这些公司的存在了。这些原先不值一提的公司已经发展壮大成为施乐最主要的竞争对手。而直到此时，施乐才意识到这种威胁的严重性，但它已经丧失了超过一半的市场份额。

20世纪70年代末，施乐这个静电复印机的先驱，发现自己已经身陷不得不努力赶上竞争对手这样一个令人绝望的境地。公司终于埋头苦干开始了一场史诗般的回击。在这场争斗开始后，公司的品牌强势——并结合了日本全质量管理的制造奇迹——将会发挥重要作用。公司设在康涅狄格州斯坦福德（Stamford）的新总部证实了自己，并且开始再一次挑战自我。

当其他美国企业还仍然死抱着那些认为日本企业的成功不是依靠更优秀的管理而是廉价劳动力的成本节约想法不放的时候，施乐却看得更远。它与富士公司的合作关系使得它能够更容易近距离地审视日本的经济奇迹。施乐很快认识到日本的企业治理远比美国企业所认定的优秀得多。施乐是美国第一家接受日本新管理技术的公司，这种技术原本对施乐公司造成了致命威胁。

公司转变成质量运动的热心者，并且开始将“第一次就做好”引入公司所作的每一件事中。在很短的几年后，施乐又回来了。1983年，“通过质量表现领导能力”，施乐的全质量管理公诸于世。学到了重要的一课，公司发誓将再也不允许满足于忽视对手或是停止继续保持自己处于技术革命最前沿的努力。这个战略最为重要的部分就是利用合资企业和其他风险股份——知识股份——合伙权。

在20世纪80年代和90年代，施乐持有大多数美国第一流科技公司的股份，包括苹果、微软和美国太阳微系统公司（Sun Micro Systems）。它设在帕里阿图的具有革新意义的研究机构施乐帕里阿图研究中心（Xerox PARC）成为技术突破的温床。硅谷的一些成功传奇要么思想是在这里孕育的，要么是深受这里工作的影响。

20世纪90年代的景象表面上看来对施乐还不错，但在末期，事情却又偏离轨道向不好的方面发展。首先，施乐公司最接近的竞争者爱肯公司（Ikon Office Solutions）和丹卡商业系统（Danka Business Systems）开始陷入苦苦挣扎的境地；这是一个信号，说明了施乐所处的市场所有的方面都将迎来疾风骤雨。2000年，在经历了一段管理的惨淡经营之后，这一年显现出很低的销售额和居高不下的成本，施乐宣告了公司16年以来的第一次季度亏损。公司很快债台高筑——大约有170亿美元，数额上差不多与公司一年的总收入相同。顾客开始产生了不满，甚至产生了公司进入破产保护程序的谣言。

在这种状况下，新总裁和CEO安妮·马尔卡希（Ann Mulcahy）登上历史舞台。如果施乐，这个已经成为英语本身不可分缺部分的一个品牌，能够生存下去，那么这将归功于安妮·马尔卡希。她实施了一套非常强硬的拯救计划，主要有以下三方面：减少成本、提高效率、提高现金减少债务。削减了10%的职工队伍，即解雇了超过8 000名雇员。出售了部分资产，将债务减少到50亿美元。只有一次马尔卡希没有节省开支的就是公司的传统在研发上的力量。施乐花费了近10亿美元开发新的数字彩色打印机iGen3。

尽管公司在2002年又重新盈利，但要想品牌恢复成为昔日的巨头还要走相当长的一段艰辛道路。随着文件电子化的发展，陈旧的黑白复印已经飞速成为一项行将就木的技术。如果这里存在一个教训，那就是所有的科技品牌必须明白他们不能够守在自己的功劳簿上睡大觉，哪怕是一秒钟。“要么创新、要么死亡”，这是完完全全的现实。施乐已经表明了它能够成为新的典范，而且如果它想保持成功那么它也必须将再一次这么做。

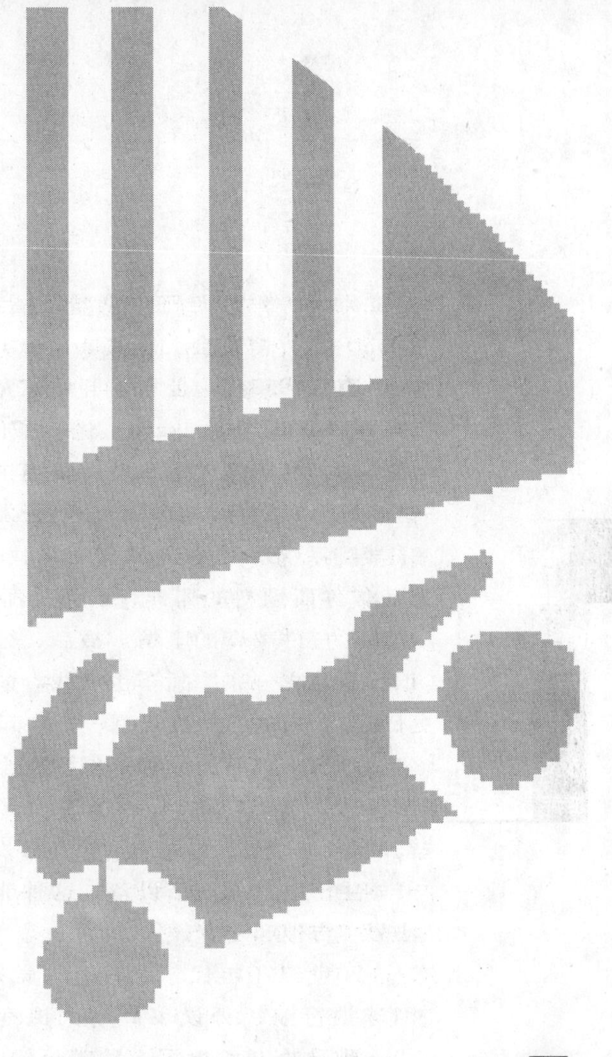

雅马哈

如果你想举出有关品牌延伸的例子，那么就选择雅马哈（Yamaha）。无论在何处，雅马哈都应算得上品牌延伸最好的榜样。事实也确实如此。

雅马哈是制造乐器的。如果你购买了雅马哈风琴或任何一款吉他、合成乐器，或是雅马哈的乐队、管弦乐器，产品质量绝对是没有任何问题的。

雅马哈也生产汽车和摩托车。雅马哈摩托车公司创立于1955年，现在它是世界上第二大摩托车制造企业。

人是最重要的

音乐是公司最早的宠儿。1887年，山叶寅楠（Torakusu Yamaha）（1851—1916年）制作了他的第一台风琴。十年后，他创立了日本乐器公司（Nippon Gakki）并担任公司总裁一职。公司开始生产钢琴——一开始是直立钢琴，然后是三角钢琴，还有风琴。1904年，公司在圣·路易斯（St Louis）世界博览会上获奖。

直到1953年，公司才开始拓宽自己的视野。这时，公司的总裁川上源一（Genichi Kawakami）进行了他的第一次海外巡游。也就是从那时起，雅马哈投身于喧嚣的工业竞争当中。他之所以这么做完全是根据自己的一些嗜好。1954年，雅马哈公司开发了一种高保真播放机并推出了雅马哈音乐学院系统。更令人惊异的是，公司开始生产自己研制的125型摩托车。（正像你所预料的那样，公司之所以会对摩托车生产感兴趣，完全是因为发生了一件离奇的事情。战后，公司的总裁川上源一决定利用手头那些陈旧设备建立一条摩托车生产线。公司很快就将整个生产线整合起来，并且开发出公司的第一种车型——要知道这些设备通常是生产钢琴和风琴的。）

雅马哈拥有将品牌扩展到完全不相关领域的惊人能力，诸多事实已证明了这一点。1955年，公司建立了雅马哈摩托车公司。它的下一步就是射箭装备、一种新型电子风琴和开发FRP雪橇并推向市场。1964年，公司又开始生产浴盆等洗浴设备。这种能力被发挥到了极致。紧接着公司推出了小号、吉他和定音鼓。

20世纪70年代，这种令人觉得混乱的局面再一次出现。公司进入了网球拍行业，开设了高尔夫课程和开发了日本的一些旅游胜地。80年代，雅马哈开发出了一种碳纤维高尔夫球杆，并开始生产工业机器人和滑雪靴。

将这些看来毫不相关的不同经营活动联系起来的就是雅马哈品牌。这个品牌有如此强大的力量以至于在雅马哈选择进入的任何市场都会起到举足轻重的作用。而这样做的危险就是每一次公司都必须不能出丝毫偏差。

这种方法就是维珍公司的总裁理查德·布兰森所推崇的。事实上，布兰森总是在批评西方那些有关品牌的传统想法。他本人也将维珍的方法比做是那些日本公司的方法。对于玛斯公司决定不允许自己的著名品牌放在宠物食品这一事件的思考，布兰森说："我所说的玛斯综合症影响了这个国家中的每一个市场部和广告公司。他们认为品牌只依附于产品，而且品牌可能延伸的范围是有一定限制的。他们好像已经忘记了没有人会对弹奏雅马哈钢琴、骑行雅马哈摩托，或在三菱（Mitsubishi）汽车内收听三菱音响，路过三菱银行而感到任何不便。"

雅马哈对此的解释显示出非常的理性，它说："企业非常根本的目标就是反应它所能反应的每一件事，为世界人民生活质量的提高做出贡献。”这好像显得太宏伟了，但这确实给公司带来了宽广范围内的丰厚利润——而且雅马哈的成功也从事实上反映出了这一点——没有什么人能够轻易否认。

读者意见反馈卡

反馈卡序号（由我们来填写）：________________

感谢您购买带有“博集天卷”标识的图书。非常希望您抽出几分钟时间，填妥下面的表格寄给我们，或给我们发来电子邮件。

您的意见对我们很重要。

收到您的来信后，您将自动成为“博集读书俱乐部”的会员。我们将按您留下的地址（或电子邮件地址）不定期地给您寄去（或发送电子邮件）最新图书信息，并可享受优惠折扣购书。

您购买的图书书名：

请附阁下资料（或名片）：

姓名：

地址：

邮政编码：

E-mail：

A.您的年龄：☐20岁以下　☐21~30岁　☐31~40岁

☐41~50岁　☐51~60岁　☐60岁以上

B.您的性别：☐男　☐女

C.您的职业：☐中小学生　☐大学生　☐教师　☐机关职员

☐企业白领　☐工厂员工　☐企业管理人员

☐科研人员　☐新闻出版工作者　☐医务工作者

☐法律工作者　☐军人/警察　☐待业/下岗

☐离退休人员　☐其他（请注明）

D.您的学历：☐初中及以下　☐高中或中专　☐大学　☐硕士　☐博士

E.您是通过何种途径知道这本书的：

☐广告　☐报刊　☐书店陈列　☐老师推荐

☐同事朋友介绍　☐其他（请注明）

F.您是在何处购得这本书的：

□新华书店　□民营书店　□商场、超市书店

□网上书店　□书摊　□读者俱乐部

□邮购　□书市或图书节　□其他

G.哪些因素促使您购买了这本书：

□个人兴趣　□他人推荐　□报刊介绍　□书名

□封面　□图书内涵　□作者译者　□装帧设计

□目录　□价格　□漫画插图　□名家序言

□其他（请注明）

H.您会向您的同学、朋友、同事推荐这本书吗：

□极力推荐　□方便了就推荐　□不推荐

我们的地址：北京海淀区半壁街南路8号汇景阁公寓612室　博集天卷　收

邮政编码：100089

E-mail：jiaoliu@booky.com.cn

电话：010-88517175/6转208